“十二五”职业教育国家规划教材
高等职业教育食品加工技术专业教材

焙烤食品加工技术

（第三版）

朱　珠　梁传伟　主　编

中国轻工业出版社

图书在版编目（CIP）数据

焙烤食品加工技术/朱珠，梁传伟主编. —3 版. —北京：中国轻工业出版社，2025. 1

“十二五”职业教育国家规划教材

ISBN 978 - 7 - 5184 - 0172 - 7

Ⅰ. ①焙…　Ⅱ. ①朱… ②梁…　Ⅲ. ①焙烤食品—食品加工—高等职业教育—教材　Ⅳ. ①TS213. 2

中国版本图书馆 CIP 数据核字（2016）第 160127 号

责任编辑：马　妍　　责任终审：劳国强　　封面设计：锋尚设计
版式设计：锋尚设计　责任校对：晋　洁　　责任监印：张　可

出版发行：中国轻工业出版社（北京鲁谷东街 5 号，邮编：100040）
印　　刷：三河市万龙印装有限公司
经　　销：各地新华书店
版　　次：2025 年 1 月第 3 版第 9 次印刷
开　　本：720 × 1000　1/16　印张：18. 25
字　　数：360 千字
书　　号：ISBN 978 - 7 - 5184 - 0172 - 7　定价：38. 00 元
邮购电话：010 - 85119873
发行电话：010 - 85119832　010 - 85119912
网　　址：http://www. chlip. com. cn
Email：club@ chlip. com. cn

242363J2C309ZBW

本书编写人员

主　　编　朱　珠（吉林工商学院）

梁传伟（淄博职业学院）

副 主 编　田海娟（吉林工商学院）

叶　敏（湖北大学知行学院）

参编人员　张　艳（吉林工商学院）

张传智（吉林工商学院）

孟宏昌（河南漯河职业技术学院）

吴　斌（信阳农林学院）

本书电子教案制作人员

策　　划　朱　珠　吉林工商学院

主　　编　田海娟　吉林工商学院

制　　作　陈海燕　长春科技学院

丁子茗　吉林农业大学

倪思琦　吉林农业科技学院

前言（第三版）

近年来，高等院校工科专业毕业生的紧张就业趋势以及就业单位对工科毕业生综合能力和动手能力的要求，从侧面反映出当今社会对现代人才的培养提出更高的要求，社会需要的是理论能力和实践能力均较强的专业性、应用性人才。实践性教学环节是高等院校教育的重要组成部分，它对培养学生实践能力和提高学生综合素质，确保教学质量，更好地把理论与实践结合起来等方面有着重要的作用。高等院校工科专业作为社会培养专业性、应用性的工程技术人才的主力，加强工科专业的实践性教学环节，实施教学改革，提高教学质量，迫在眉睫。

《焙烤食品加工技术》（第一版）出版至今，得到了全国众多高职院校食品类专业师生的认可，先后被评为"普通高等教育'十一五'国家级规划教材""十二五"职业教育国家规划教材，同时也得到从事相关焙烤食品生产同行的高度评价。

随着焙烤食品加工科技不断进步和焙烤产业高速发展，本教材的一些内容需要进一步完善与修改，及时补充新的内容。本次修订《焙烤食品加工技术》，就是力图反映最新的高职教学思想，为此，我们在本书第二版的基础上，按照模块教学式教材编写进行编写与补充。

《焙烤食品加工技术》（"十二五"职业教育国家规划教材）根据高职高专食品专业人才培养目标和要求，以及国家、行业等最新标准，按照模块、项目等编写体例，配有【学习目标】、【综合实训】，以及知识点、思考题，精简教材内容为主，特别注重每一部分的加工技能综合实训，以"基础理论知识掌握、强化实践性训练、突出实效"为原则，以提高学生在实际工作岗位中的适应性为目的。

本书由吉林工商学院朱珠、山东淄博职业学院梁传伟主编，朱珠负责统稿。参加本书编写人员有（以章节为序）：绪论、第二章由吉林工商学院朱珠编写；第一章由湖北大学知行学院叶敏编写；第三章由河南漯河职业技术学院孟宏昌编写；第四章、第七章由山东淄博职业学院梁传伟和吉林工商学院张艳编写；第五章由信阳农林学院（原信阳农业高等专科学校）吴斌和吉林工商学院张传智编写；第六章由吉林工商学院朱珠编写；第八章、附录由吉林工商学院朱珠、张传智编写。各章焙烤产品加工技能综合实训由吉林工商学院田海娟、张艳编写，全书图、表由张传智负责整理。

由于作者水平有限，书中缺点错误在所难免，敬请广大读者批评指正。

编者

2016 年 7 月

前言（第二版）

近年来，高校工科毕业生的紧张就业趋势以及就业单位对工科毕业生综合能力和动手能力的要求，从侧面反映出当今社会对现代人才的培养提出更高的要求，社会需要的是理论能力和实践能力均较强的专业性、应用性人才。实践性教学环节是高等院校教育的重要组成部分，它对培养学生实践能力和提高学生综合素质，确保教学质量，更好地把理论与实践结合起来等方面有着重要的作用。高等院校工科专业作为社会培养专业性、应用性的工程技术人才的主力，加强工科专业的实践性教学环节，实施教学改革，提高教学质量，迫在眉睫。

《焙烤食品加工技术》（第一版）出版至今，得到了众多高职院校食品类专业师生的认可，被评为“普通高等教育‘十一五’国家级规划教材”，同时也得到从事相关焙烤食品生产同行的高度评价，多次重印、供不应求。

随着焙烤食品加工科技不断进步和焙烤产业高速发展的要求，教材的一些内容需要进一步更新与修改，及时增加新的内容。本次修订《焙烤食品加工技术》，就是力图反映最新的高职教学思想，为此，我们在第一版的基础上进行了一些内容的修订与补充。

《焙烤食品加工技术》（第二版）根据高职高专食品专业人才培养目标和要求，删除陈旧过时内容；根据国家、行业等最新标准，更新了相关数据；以精简、重组并整合教学内容为主，增添各类焙烤食品加工技能综合实训，以“基础理论知识掌握、强化实践性训练、突出实效”为原则，以提高学生在实际工作岗位中的适应性为目的。

本书由吉林工商学院朱珠、山东淄博职业学院梁传伟主编，朱珠教授整理并统稿。参加本书编写人员有（以章节为序）：绪论、第二章由吉林工商学院朱珠编写；第一章由湖北大学知行学院叶敏编写；第三章由河南漯河职业技术学院孟宏昌编写；第四章、第七章由山东淄博职业学院梁传伟编写；第五章由河南省信阳农业高等专科学校吴斌编写。第六章由朱珠、梁传伟共同编写；第八章、附录由吉林工商学院朱珠和田海娟共同编写；各章焙烤产品加工技能综合实训由吉林工商学院田海娟编写。

由于作者水平和经验有限，书中缺点错误在所难免，敬请广大读者批评指正。

编者

2012 年 7 月

前言（第一版）

本教材根据高职高专食品专业人才培养目标和规格要求，打破本科教学的学科性束缚，精选教学内容；删除陈旧过时内容，精简、重组并整合教学内容；增添典型加工实例，以“基础理论知识掌握、强化实践性训练、突出实效”为原则，以提高学生对实际工作岗位的适应性。

本教材的主要特点：

（1）焙烤食品加工技术是一门综合性较强的应用学科，是研究焙烤食品在生产中原辅料、半成品和产品的加工过程和方法以及质量检验与控制的学科。

（2）本教材在学习焙烤食品原辅料、加工厂卫生管理等相关知识的基础上，重点掌握面包加工技术、饼干加工技术、蛋糕加工技术及其他焙烤食品加工技术。

（3）本教材充分体现高职高专教育特色，突出实用性，采取典型案例教学方式，做到由浅入深、循序渐进；每章前面都有“学习目标”，之后都有“思考题”，目的是帮助学生理解每章教学的内容，培养学生综合运用理论知识的能力。

（4）从食品专业知识、技能和现场实际操作入手，了解焙烤食品装饰料的制备、焙烤食品管理及其他相关知识。并采用必要的生产加工实例来进行教学，对常出现的质量问题进行分析、控制。

本教材由吉林工商学院朱珠、山东淄博职业学院梁传伟主编，朱珠教授统稿。参加本书编写人员有（以章节为序）：绪论、第二章由吉林工商学院朱珠编写；第一章由湖北大学知行学院叶敏编写；第三章由河南漯河职业技术学院孟宏昌编写；第四章、第七章由山东淄博职业学院梁传伟编写；第五章由河南省信阳农业高等专科学校吴斌编写；第六章由朱珠、梁传伟共同编写；第八章、附录由吉林工商学院朱珠和张智静共同编写；附录由张智静整理。

在编写中，参考了大量书籍，在此谨向有关编著者表示诚挚的谢意。

由于作者水平和经验所限，书中缺点或错误在所难免，敬请广大读者批评指正。

编　者

目　　录

绪　　论

［学习目标］

了解焙烤食品分类及其发展趋势。

焙烤食品是以小麦粉为主要原料，通过焙烤手段加工成的一类食品，主要包括面包、饼干、蛋糕及各类点心等。

知识一　焙烤食品的发展

大约6000年前，埃及利用谷物制作类似面包的食品，公元1175年，考古学家在埃及宫殿壁画上发现了制作面包的图案。据传这一加工技术后来传到了希腊。随着面包加工技术的发展，希腊人在面包中加入了蜂蜜、鸡蛋、奶酪等，于是蛋糕类产品也发展起来了。

饼干是由面包发展而来的，最早在法国出现了“Biscuit”一词，是指把面包片再烤一次，即烤面包片。

据史料记载，我们的祖先利用小麦磨成的粉，加入水调和成面糊，放在烧热的土窑内烤成又脆又硬的薄饼，类似于现今的烙饼、锅盔，是我国特有的焙烤食品。

中式点心（酥皮、桃酥、京式月饼、广式月饼等）是世界众多焙烤食品中的一大门类。

知识二　焙烤食品的分类

目前，焙烤食品种类繁多，按其生产工艺特点可以分为六大类，即面包类、蛋糕类、饼干类、起酥类、气鼓类、小点心类等。

1. 面包类

面包类品种较多，采用小麦粉、酵母、食盐、水等为主要原料，辅以奶粉、鸡蛋等辅料，经搅拌、成型、烘烤而成。分为硬式面包、软式面包、主食面包、果子面包、模具面包等。主要品种有方形、圆形、花样、梭形等。

2. 蛋糕类

蛋糕类品种较多，采用鸡蛋、砂糖、面粉等为主要原料，配以黄油、巧克力、果料等辅料，经搅拌、成型、烘烤而成。分为乳沫类蛋糕、面糊类蛋糕、戚风类蛋糕。主要品种有蛋糕卷、水果蛋糕、黄油花蛋糕等。

3. 饼干类

饼干类的主要产品是以面粉、糖、油、蛋等为主要原料，配以巧克力、果料等辅料，经搅拌、压片、成型、烘烤而成。分为韧性饼干、酥性饼干、苏打饼干、威化饼干等。主要品种有动物饼干、各式酥性饼干、夹心饼干等。

4. 起酥类

起酥类为西点中的主要产品，有奶油千层酥、奶油螺丝卷、派类、牛角可松、丹麦式松饼等。

5. 气鼓类

气鼓类又称哈斗。经烫面、成型、烘烤后形成中空类的产品以后，再灌入奶油等。

6. 小点心类

小点心类主要用黄油、绵白糖、蛋品等配以果酱、巧克力粉等制成，产品造型小巧美观，有蛋塔、果塔类等。

知识三　焙烤食品现状及发展

焙烤食品是一类方便食品，随着工业化、自动化的发展，食品的加工技术更加方便化、合理化，在解放生产力等方面起到了巨大的推动作用。

面包在欧、美、俄罗斯等国作为人们的主食，而在我国还是停留在糕点、小吃的消费程度上，对广大人群的日常饮食影响不大，尚未成为人们的日常必需品。

我国焙烤食品的加工，近年来无论在加工工艺，还是生产品种方面都有了较大发展，特别是面包、饼干、蛋糕的生产，不论在品种上还是消费数量上都有较大提高，但在加工技术、成品质量、生产规模和花色品种等方面，与国外一些国家相比还有很大差距。

要使焙烤食品加工技术及生产规模在我国有大的发展，就应进一步在学习外国技术的基础上，研究适合我国国情的焙烤食品。

在社会高速发展的今天，要求我们改变以往的传统生活方式和饮食习惯。焙烤食品工业的大发展，对我国饮食结构合理化、生产加工工业化、家务劳动社会化等方面，都可以发挥良好的作用。

在焙烤食品生产、加工方面，我们不仅要引进世界先进加工技术，而且更要将其进行改革，洋为中用，不断开发适合我国人民生活习惯、营养需求、消费水平的焙烤食品。

模块一　焙烤食品原辅料

［**学习目标**］

掌握和了解焙烤食品用料的种类及加工特性，以利于更好掌握焙烤食品生产技术，为日后新产品的开发打好基础。

项目一　小　麦　粉

小麦粉（也称面粉）是制作焙烤食品的主要原料。小麦粉的性质对于焙烤食品的加工工艺和产品的品质起着决定性的作用，而小麦粉的性质往往是由小麦的性质决定的，从事焙烤食品制作的技术人员一定要了解一些关于小麦和小麦粉的知识。只有掌握了焙烤食品的这一主要原材料的物理、化学性质后，才能帮助解决产品加工及其开发研制中的问题。

知识一　小 麦 种 类

小麦不仅是我国的主要粮食作物之一，更是世界上分布最广、栽培面积最大、生产量最多的粮食作物。小麦的种类很多，一般按播种季节、颗粒皮色和麦粒粒质进行分类。

1. 按播种季节分类

小麦按播种季节可分为冬小麦和春小麦。根据气候条件，我国小麦生产划为三大自然区，即北方冬麦区（河南、山东、河北、陕西）、南方冬麦区（江苏、安徽、四川、湖北）和北方春麦区（黑龙江、新疆、甘肃）。一般北方冬小麦蛋白质质量较好，其次是北方春小麦，南方冬小麦相对较差。

2. 按颗粒皮色分类

小麦的色泽主要是由皮层以及胚乳透过皮层显示出来的颜色。小麦按颗粒皮色可分为红麦与白麦。红麦多为硬麦，皮层为红褐色或深红色，皮层较厚，麦粒结构紧密，出粉率较低，粉色较差，但筋力较强。白麦多为软麦，皮层呈乳白色或黄白色，皮层较薄，出粉率较高，粉色较好，但一般筋力较弱。

3. 按麦粒粒质分类

小麦按麦粒粒质可分为硬质小麦与软质小麦两类。一般识别方法是将小麦从横断面切开，观察其断面，呈半透明状的称作角质，呈粉状的称作粉质。麦粒角质率达 50% 以上的为硬质小麦，麦粒粉质率达 50% 以上的为软质小麦。一般硬麦色深，籽粒不如软麦饱满，但面筋含量较高，品质较好，适宜做面包；软麦色浅，籽粒饱满，但面筋含量较低，适于做饼干和糕点。

知识二　小麦粉的化学成分与其在焙烤加工中的工艺性能

由于我国各地小麦品种和制粉方法不同，小麦粉中化学成分的含量差异较大，见表1－1、表1－2。

表1－1　小麦粉中主要化学成分含量　单位：%

品种	成分					
	水　分	蛋白质	脂　肪	碳水化合物	灰　分	其　他
标准粉	13～14	10～13	1.8～2.0	70～72	1.10～1.30	少量维生素和酶
精白粉	13～14	9～12	1.2～1.4	73～75	0.50～0.75	

表1－2　小麦粉中矿物质与维生素含量　单位：g/100g

品种	成分					
	钙	磷	铁	维生素 B_1	维生素 B_2	烟　酸
标准粉	31～38	184～268	4.0～4.6	0.26～0.46	0.06～0.11	2.2～2.5
精白粉	19～24	86～101	2.7～3.7	0.06～0.13	0.03～0.07	1.1～1.5

1. 水分

在小麦粉的国家标准中，规定小麦粉的水分为13%～14%，这主要是从小麦粉的生产工艺和保管中的安全角度考虑的。小麦粉水分含量过高易引起酶活力增强和微生物污染，导致小麦粉发热变酸，缩短小麦粉的保存期限，同时使焙烤食品产率下降。

2. 碳水化合物

碳水化合物占小麦粉的70%以上，其主要是淀粉和少量的可溶性糖及纤维素等。

（1）淀粉　淀粉以粒状存在于胚乳细胞中。在小麦淀粉中，直链淀粉占24%，支链淀粉占76%。直链淀粉易溶于热水中，生成的胶体溶液黏性不大也不易凝固；支链淀粉不溶于冷水，只有在加热、加压的条件下才溶于水中，生成的胶体溶液黏性很大。由此可知，支链淀粉含量多的小麦粉，其黏性大，不利于焙烤制品生产的操作。

在糕点和饼干生产中，遇到面筋含量过高或弹性过强的小麦粉时，添加适量的淀粉可以稀释面筋的浓度和调节面筋的胀润度，从而改善面团的可塑性。添加的淀粉以小麦淀粉或玉米淀粉较好，大米淀粉次之。但添加量不宜过多，一般为5%～10%。添加淀粉过多，会使制品僵硬或易断碎。

在酸或酶的作用下，淀粉可水解为糊精、麦芽糖和葡萄糖。淀粉的这种性质在焙烤制品的生产和营养方面具有重要意义。

在焙烤制品生产过程中，当面团中心温度达55℃时，酵母会使淀粉酶加速活化，使得淀粉水解为糖的变化加速，面团因之会变软，这时淀粉吸水膨胀，形状变大，与网状面筋结合形成强劲结构。

（2）可溶性糖　小麦粉中含有2.5%的可溶性糖，主要是葡萄糖、麦芽糖、蔗糖。在面包与苏打饼干生产中，糖既是酵母的碳源，又是形成面包色、香、味的基质。另外，还有少量可溶性的戊聚糖，它能与阿魏酸发生交联作用，形成凝胶体，给予面团一定程度的刚性。

（3）纤维素　纤维素是构成小麦皮层的主要成分（小麦皮层又称麸皮），它占小麦粒总量的2.3%～3.7%（干物重）。纤维素是最稳定的碳水化合物，不溶于水，也不易被酶水解和被人体消化吸收。小麦粉中麸皮含量过多，还影响面包的外观和口感。它是小麦粉质量的一个重要指标。但小麦粉中含有一定数量的麸皮有利于胃肠的蠕动，能促进对其他营养成分的消化吸收。

3. 蛋白质

小麦粉中蛋白质的重要性不单独表现在它的营养价值上。在面包、饼干、糕点的生产中，由于蛋白质的吸水膨胀而形成面筋。面团中面筋的量与质量对其制品有很大的影响。如果小麦粉中的面筋含量少而且筋力小，则制成的面包起发度小，面包坯容易发生“塌架”。在生产饼干和糕点时，如果小麦粉中面筋含量过高，饼干坯容易收缩变形，同时造成成品不松脆等现象。所以，小麦粉中蛋白质的重要性主要表现在它形成面筋的特性上。

（1）蛋白质的分类及其性质　小麦粉中蛋白质可根据形成面筋的特性分为面筋蛋白和非面筋蛋白两类，也可根据它们在水及各种溶剂中溶解程度的不同分为麦胶蛋白、麦谷蛋白、球蛋白、清蛋白和酸溶蛋白（表1－3）。

表1－3　小麦粉中的蛋白质种类及含量

项目	面筋蛋白		非面筋蛋白		
	麦胶蛋白	麦谷蛋白	球蛋白	清蛋白	酸溶蛋白
含量/%	40～50	40～50	5.0	2.5	2.5
提取方法	70%乙醇	稀酸、稀碱	稀盐溶液	稀盐溶液	水

小麦粉中蛋白质主要是面筋蛋白，其中麦胶蛋白和麦谷蛋白占80%以上。麦胶蛋白具有良好的延伸性，但缺乏弹性。麦谷蛋白则富有弹性。麦胶蛋白与麦谷蛋白对面团形成具有极其重要的意义。

（2）蛋白质的胶凝与胀润作用　蛋白质的水溶液称为胶体溶液或溶胶。在一定条件下，浓度增大或温度降低，溶胶失去流动性而呈软胶状态，即为蛋白质的胶凝作用。所形成的软胶称作凝胶，凝胶进一步失水就成为干凝胶。蛋白质吸水膨胀称为胀润作用，蛋白质脱水称胶凝（离浆）作用。这两种作用对面团调制有着重要的意义。

（3）面筋　将小麦粉加水调和成面团，静置20min，在室温水中揉洗，除去淀粉和其他物质，直至水不变色为止，剩下柔软、灰色、无味、有弹性、黏性的凝胶体就是面筋，即面筋是高度水化了的蛋白质胶体。面筋的主要成分是蛋白质，另外还有少量的淀粉、纤维素、脂肪、糖类和矿物质。一般湿面筋含2/3的水，干物质占1/3，因此，把洗出来的湿面筋量被3除，就可以得出小麦粉中蛋白质量的近似值。其干物质成分见表1-4。

表1-4　干面筋的化学组成

化学成分	麦胶蛋白	麦谷蛋白	其他蛋白	淀　粉	脂　肪	糖　类	灰　分
含量/%	43.2	39.1	4.4	6.45	2.8	2.23	2.00

由表可知，面筋干物质的80%以上是麦胶蛋白和麦谷蛋白，它们是组成面筋的骨架。淀粉、糖类、脂肪和其他蛋白质都包藏在面筋的网络结构之中，起填充作用。

面筋的工艺性能是评价小麦及小麦粉品质的主要指标之一。

①弹性：指面筋在受到外力（拉力或压力）作用变形后恢复原状的能力。弹性良好的面筋在受外力作用时变形较小，当外力除去后，又能迅速恢复原状，且不留痕迹，而弹性差的面筋则相反。

②韧性：指面筋被拉伸或者压缩时所表现出的抵抗力。韧性良好的面筋在拉伸时有很强的抵抗力，而韧性差的面筋甚至在下垂时，也会因其自身重力作用而自行伸长，甚至断裂。一般来说，弹性好的面筋其韧性也强，反之，其韧性也弱。

③可塑性：与弹性正好相反，它是指面筋受外力作用变形后不能恢复原状的能力。显然面筋的弹性越强，其可塑性越差，反之，其可塑性越好。

④延伸性：面筋被拉伸到一定程度而不断的能力，可以用延伸长度来表示。即对一定质量的面筋，能拉伸越长，其延伸性越好。有时也利用面筋的比延伸性来衡量面筋的工艺性能。比延伸性是指面筋1min被拉长的长度（厘米）。

根据湿面筋含量，可将小麦粉分为三个等级：高筋小麦粉，面筋含量大于30%；低筋小麦粉，面筋含量小于24%；中筋小麦粉，面筋含量为24%～30%。

根据测量指标，可将面筋分为优良面筋、中等面筋、劣质面筋三类。优良面筋的弹性好，延伸性大或适中；中等面筋的弹性好或中等，延伸性小；劣质面筋的弹性小，韧性差，甚至由于本身重力而自然延伸至断裂，完全没有弹性或冲洗面筋时，不黏结而流散。

（4）蛋白质的变性　蛋白质变性对面包烘烤有重要的影响。水是蛋白质胶体的重要组成部分，同时它可以填充链间的空隙，使蛋白质稳定。加热会使天然蛋白质分子中的水分失去而导致蛋白质变性。

4. 脂肪

小麦粉中脂肪含量甚少，通常为1% ~2%，主要由不饱和脂肪酸组成。小麦粉及其产品的贮藏过程与脂肪含量关系很大，即使是无油饼干，如果保存不当，也很容易酸败。从这点来看，小麦粉中脂肪含量越少越好。

5. 矿物质

小麦粉中的灰分主要有钙、钠、镁、磷、铁等。小麦粉中灰分含量的高低，是评价小麦粉品质优劣的重要指标。灰分主要存在于小麦皮层中的糊粉层里，为1.5% ~2.2%，小麦粉中灰分随出粉率的高低而变化。小麦粉加工精度高，出粉率低，灰分含量低，粉色好；小麦粉加工精度低，出粉率高，灰分含量高，粉色差。

6. 维生素

在小麦粉所含的维生素中，以B族维生素（维生素B_1、维生素B_2、维生素B_5）及维生素E的含量较高，维生素A的含量较少，缺乏维生素C，几乎不含维生素D。由于小麦粉维生素的不完全性及焙烤食品均需经过高温烘烤，有些产品还加碱，致使小麦粉中的维生素损失殆尽。因此，应提倡对焙烤食品强化维生素。

7. 酶

小麦粉中重要的酶有淀粉酶、蛋白酶、脂肪酶等。

（1）淀粉酶　小麦粉中含有对焙烤食品制作非常重要的酶，即α-淀粉酶和β-淀粉酶。这两种酶能使小麦粉中的破损淀粉或α-化淀粉水解转化成麦芽糖，作为供给酵母发酵的主要能量来源。

（2）蛋白酶　小麦粉中含有很少量的蛋白酶，水解面筋蛋白质，而使面团软化和最终液化。在使用面筋力过强的小麦粉制作面包时，可加入适量的蛋白酶制剂，以降低面筋的强度。这有助于面筋完全扩展，并缩短搅拌时间。但蛋白酶制剂的用量必须严格控制，而且仅适合于用快速法生产面包。

（3）脂肪酶　脂肪酶是一种对脂质起水解作用的水解酶，在小麦粉贮藏期间将增加游离脂肪酸的数量，使小麦粉酸败，从而降低小麦粉的烘焙品质。小麦内的脂肪酶主要集中在糊粉层，因此，高等级粉比低等级粉贮藏稳定性高。

知识三　小麦粉品种的选择

1. 专用粉

食用专用粉即根据用途不同所生产的适应于不同面制品的小麦粉，见表1-5。

表 1-5 各种专用粉质量标准

专用粉名称		等级	水分/%	灰分（干基）/%	粉色、麸星	粗细度	湿面筋含量/%	面筋筋力稳定时间/min	沉降系数/S	含砂量/%	磁性金属物含量/(g/kg)	脂肪酸值（湿基）	气味口味	制品品质评分/分
面包		1	≤14.5	≤0.60	按照实物标准样品对照检验	全部通过CB30，留存CB36不超过10.0%	≥34.0	≥9.0	250~350	≤0.02	≤0.003	≤80	正常	≥85
		2	≤14.5	≤0.75			≥32.0	≥6.0	250~350	≤0.02	≤0.003	≤80	正常	≥75
酥性饼干		1	≤14.0	≤0.50	按照实物标准祥品对照检验	全部通过CB36，留存CB42不超过10.0%	22.0~32.0	≤2.0	—	≤0.02	≤0.003	≤80	正常	≥85
		2	≤14.0	≤0.70			22.0~28.0	≤2.5	—	≤0.02	≤0.003	≤80	正常	≥75
发酵饼干		1	≤14.0	≤0.50	按照实物标准样品对照检验	全部通过CB36，留存CB42不超过10.0%	26.0~32.0	≤2.0	250~350	≤0.02	≤0.003	≤80	正常	≥85
		2	≤14.0	≤0.70			26.0~32.0	≤2.5	250~350	≤0.02	≤0.003	≤80	正常	≥75
糕点	蛋糕	1	≤14.0	≤0.50	按照实物标准样品对照检验	全部通过CB36，留存CB42不超过10.0%	18.0~22.0	≤1.5	≥250	≤0.02	≤0.003	≤80	正常	≥85
		2	≤14.0	≤0.70			18.0~24.0	≤2.0	≥250	≤0.02	≤0.003	≤80	正常	≥75
	酥性糕点	1	≤14.0	≤0.50	按照实物标准样品对照检验	全部通过CB36，留存CB42不超过10.0%	18.0~22.0	≤1.5	≥160	≤0.02	≤0.003	≤80	正常	≥85
		2	≤14.0	≤0.70			18.0~22.0	≤2.0	≥160	≤0.02	≤0.003	≤80	正常	≥75

（1）面包专用粉　这是用量最大的一种食品专用粉，我国目前所生产的食品专用粉有一半属于此类。面包专用粉的最大特点是必须具有数量多而质量好的蛋白质，并要求有良好的持气能力，否则难以制得体积大、弹性高、结构细密而均匀的面包。我国目前普遍认可的面包专用粉技术指标是：面筋含量 >30%，灰分 <0.6%。

（2）饼干专用粉　由于人们对饼干的口感要求是“脆”，因此，饼干专用粉的最大特点是低蛋白，这一点与面包专用粉正好相反。我国内地目前所用的饼干专用粉的湿面筋含量一般都小于26%，香港地区标准规定面筋含量小于23%。

（3）糕点专用粉　糕点专用粉的特点是使制品保持松散的结构。而糕点的稳定性最终取决于均匀而膨胀的淀粉的存在。因此，一般要求糕点专用粉具有粉质率高、蛋白质含量低、α-淀粉酶活力低的特点，并要求具有很低的淀粉损伤率。我们目前用于制作糕点的小麦粉与用于制作饼干的小麦粉的质量要求相近。

2. 等级粉的选用

（1）面包生产用粉　总的来说，生产面包要求选用面筋含量较高且面筋弹性和延伸性较好的小麦粉。这样制成的面团具有良好的延伸性，弹性大，持气能力强，产品体积大、膨松，内部呈细密而均匀的海绵结构，并富有弹性。用面筋延伸性小、弹性差的小麦粉制出的面团板结，不易起发。而用面筋延伸性过大，韧性过小的小麦粉制成的面团将向四周流散，面包起发度小，容易发生“塌架”。

（2）饼干和糕点生产用粉　生产饼干和部分糕点要求选用面筋含量低，筋力较弱，弹性、韧性和延伸性均较低，可塑性良好的小麦粉。这样制成的面团具有较强的可塑性，弹性较小，保证面团经模压后，保持其形状和大小不变，使产品酥松、花纹清晰等。

项目二　糖

焙烤食品中常用的糖有蔗糖、饴糖、淀粉糖浆等。

知识一　糖的种类

1. 蔗糖

（1）白砂糖　白砂糖是白色透明的纯净蔗糖的晶体，其蔗糖含量99%以上，甜味纯正。蔗糖易溶于水，其溶解度随温度上升而增加（0℃时，溶解度为64.13%；100℃时，溶解度为82.97%）。

（2）黄砂糖　黄砂糖是制造白砂糖的初级产物，因含有未洗净的糖蜜杂质，故带黄色，一般极易吸潮、不宜保存。多用于低中档产品。由于无机杂质较多，特别是含铜量较高，最高可达2mg/kg以上，使饼干在贮藏期间容易发霉变质。

另外由于它的水分较高，研磨成糖粉十分困难，一般以溶化为糖浆较为适宜。同时，因黄砂糖带有杂质，则溶液过滤后才能使用。

（3）绵白糖　绵白糖由粉末状的白砂糖加入2.5%左右的转化糖或饴糖，经干燥冷却而制成，因此，具有晶粒细小均匀、质地绵软细腻、入口即化等特点。因其颗粒微小，易于搅拌和溶解，在面包、饼干等加工时，可直接在调粉时加入。它还更多地用于油脂多的面包，装饰油炸面包卷的表面，以增加外观的吸引食欲作用和香甜风味。绵白糖易结块，为防止结块常常拌有玉米淀粉。

2. 饴糖

饴糖又称米稀、麦芽糖等，它是淀粉经糖化剂（如麦芽淀粉酶等）糖化后，再经浓缩而成的，是一种半透明的浅黄色液体。其主要化学成分是麦芽糖（占40%～45%）和糊精，此外还含有水分、葡萄糖、蛋白质、矿物质等，具有较高的营养价值。其甜度为0.2～0.46。

3. 淀粉糖浆

淀粉糖浆又称葡萄糖、化学稀等，它是淀粉经盐酸水解制成的，主要由葡萄糖、糊精及少部分麦芽糖组成。淀粉糖浆是一种浅黄色黏稠的液体，甜味温和，易被人体消化吸收，甜度为0.68～0.74。

4. 转化糖

转化糖是蔗糖溶液与酸共热或在酶的催化作用下水解而成葡萄糖和果糖的等量混合物。转化糖因有还原作用，所以也被称为还原糖。转化糖应随用随配，不宜长时间存放。

5. 果葡糖浆

果葡糖浆是将淀粉经过酶水解制成葡萄糖，再用异构酶将葡萄糖异构化成果糖，故也称为异构糖。因该糖浆的组成是果糖和葡萄糖，所以称为果葡糖浆。果糖是天然糖中最甜的糖，甜度是蔗糖的1.5倍，故果葡糖浆的甜度增加。

知识二　糖在焙烤食品中的工艺性能

1. 增加制品甜度和营养价值

糖的发热量较高，且具有迅速被人体吸收的特点。

2. 调节面团中面筋胀润度

面筋形成时主要靠蛋白质胶体内部的浓度所产生的渗透压吸水膨胀形成面筋。如果面团中加入糖浆，由于糖的吸湿性，它不仅吸收蛋白质胶粒之间的游离水，还会造成胶粒外部浓度增加，即增加蛋白质胶体外水的渗透压，使胶粒内部的水产生反渗透作用，从而降低蛋白质胶粒的胀润度，造成调粉过程中面筋形成程度降低，弹性减弱。

3. 改善制品色、香、味、形

糖对热敏感，一经加热，这些糖在高温下发生焦糖化反应产生焦糖苷和焦糖稀，从而使制品表面呈金黄色或褐色，而且还赋予制品理想的香味。但要适度控制焦糖化反应，过度的焦糖化反应，对制品的色泽和香味均不利，有时还会产生焦苦味。

4. 提供酵母生长与繁殖所需营养

生产面包和苏打饼干时，需采用酵母进行发酵，酵母生长和繁殖需要的碳源可由淀粉酶水解淀粉来提供。但是发酵初始阶段，淀粉酶水解淀粉产生的糖分不足以满足酵母需要，此时酵母主要利用配料中加入的糖为营养。因此，在面包和苏打饼干面团发酵初期加入适量的糖会促进酵母繁殖，加快发酵速度。

5. 抗氧化作用

糖是一种天然的抗氧化剂，这是由还原性糖（饴糖、化学稀等）的还原性决定的。即使是使用蔗糖，在糖溶解过程中也有相当一部分蔗糖变成转化糖。尤其是配方中加入有机酸时，这种转化更为明显。另外，美拉德反应会产生一些还原性的物质，也具有抗氧化性，这些物质就变成为油脂稳定性的保护因素，防止发生酸败，延长保存期。一般酥性饼干不加抗氧化剂也不易产生酸败正是这个原因。

项目三　油　　脂

食品中使用的油脂是油和脂肪的总称。在常温下呈液态的称为油，呈固态的称为脂，它主要来自动物、植物。油脂是焙烤食品生产的重要原料之一。

知识一　常用油脂的种类及特性

1. 动物油脂

奶油和猪油是焙烤制品生产中常用的动物油脂。熔点高，常温下呈半固态，可塑性强，起酥性好。

（1）奶油　奶油又称黄油或白脱油，由牛奶经离心分离而得。含有80%左右的乳脂肪，16%左右的水分和少量乳固体。熔点28～34℃，凝固点15～25℃，具有一定的硬度和良好的可塑性，适用于西式糕点裱花与保持糕点外形的完整。

（2）猪油　猪油是从猪的特定内脏的蓄积脂肪及腹背等皮下组织中提取的油脂，多为油酸与亚油酸。在常温下呈软膏状，熔点36～42℃，色泽洁白，有特殊的香气。猪油的可塑性、起酥性较好，但融和性与稳定性欠佳，常用氢化处理或交酯反应处理来提高品质。

2. 植物油

植物油品种较多，有花生油、芝麻油、豆油、菜籽油、棕榈油、椰子油等，除棕榈油、椰子油外，其他各种植物油均含有较多的不饱和脂肪酸。植物油熔点低，在常温下呈液态。其可塑性较动物油脂差，在使用量多时，易发生“走油”

现象。棕榈油、椰子油却与一般植物油有不同的特点，其熔点较高，常温下呈半固态，稳定性好，不易酸败，故常作油炸用油。

3. 氢化油（硬化油）

氢化油又称硬化油，是将液态油经氢化处理，使脂肪酸饱和程度提高后所得到的一种再制油。氢化油为白色或淡黄色，无臭、无味。它的可塑性、乳化性、起酥性、稠度均优于一般油脂，特别是具有较高的稳定性，不易氧化酸败，因而成为焙烤食品生产的理想用油。氢化油因其氢化程度不同而性质有所差异，用于焙烤食品的氢化油的熔点最好在 31～36℃之间，凝固点不低于 21℃。

4. 起酥油

一般认为，能对焙烤食品起显著酥松作用的油称为起酥油。它是以动植物精炼油为基础再经过硬化、混合、速冷、捏合等处理使之具有可塑性、乳化性等加工性能的油脂。它一般不直接食用，而作为食品加工的原料油脂。起酥油与人造奶油的主要区别是起酥油中没有水相。起酥油的种类很多，一般分为全氢化起酥油和掺和起酥油。全氢化起酥油又分为一般起酥油、饼干用起酥油和高度稳定性起酥油。掺和起酥油是少量高度氢化处理的固体油和未经过氢化处理的液体油混合而成的，一般根据性质分为动物性和植物性混合起酥油及全植物性起酥油。全氢化起酥油不含过度不饱和脂肪酸，比掺和起酥油更稳定。

起酥油的可塑性和乳化性均好，使得制品便于操作和保持一定量的水分，松软可口。同时，起酥油均经过氢化处理，油脂中的不饱和脂肪酸含量降低，制品在贮藏中的稳定性也增强了。

5. 人造奶油

人造奶油是以氢化油为主要原料，添加适量的牛奶或乳制品和色素、香料、乳化剂、防腐剂、抗氧化剂、食盐、维生素，经激烈搅拌、急速冷却结晶而成的。内含有 15%～20% 的水分和 3% 的食盐。它的特点是熔点高、油性小，具有良好的可塑性、融合性，但其色、香、味，特别是营养价值都不及奶油。因其价格比奶油便宜一半以上，同时乳化性能比奶油好，故在焙烤食品中是奶油的良好代用品。

6. 磷脂

磷脂即磷酸甘油酯，其分子结构中具有亲水基和疏水基，是良好的乳化剂。含油量较低的饼干，加入适量的磷脂，可以增强饼干的酥脆性，方便操作，不发生粘辊现象。

知识二　油脂的加工特性

1. 可塑性

可塑性即柔软性（用很小的力就可使其变形），即保持变形但不流动的性质。其机理是在液态的油中包含了许多固态脂的微结晶，这种固态结晶彼此没有直接联系，互相之间可以滑动，其结果构成油脂的可塑性。

面包、蛋糕、饼干的制作要求油脂有可塑性，同时，也希望可塑性温度范围较大。可塑性好的油可与面团一起伸展，因而加工容易，产品质量好，可使面包体积大、口感良好。油脂太硬容易破坏面团的组织，太软又因接近液状，不能随面团伸展。

2. 起酥性

起酥性是通过在面团调制过程中阻止面筋的形成，使得食品组织比较松散来达到起酥作用。一般认为，单位质量的脂肪被膜小麦粉粒的面积越大，其起酥性就越好。可塑性适度的油脂其起酥性也好。油脂如果过硬，在面团中会残留一些块状部分，起不到松散组织的作用；如果过软或液态，那么会在面团中形成油滴，使成品组织多孔、粗糙。

3. 融合性

融合性是指油脂经搅拌处理后包含空气气泡的能力或称拌入空气的能力。油脂中结合的空气越多，当面团成型后进行烘烤时，油脂受热越流散，使制品膨松。

4. 乳化分散性

乳化分散性是指油脂在与含水的材料混合时的分散亲和性质。制作蛋糕时，油脂的乳化分散性越好，油脂小粒子分布越均匀，得到的蛋糕也会越大、越软。乳化分散性好的油脂对改善面包、饼干面团的性质，提高产品质量都有一定作用。

5. 稳定性

稳定性是油脂抗酸败变质的性能。

知识三　油脂在焙烤食品中的工艺性能

1. 增加制品的风味和营养

各种油脂可以给食品带来特有的香味。同时，油脂具有较高的发热量(39.1kJ/g)，并含有人体必需的脂肪酸（如亚油酸等）和脂溶性维生素（如维生素 A、维生素 D、维生素 E 等），从而使食品更富营养。

2. 调节面团的胀润度（反水作用）

提高面团可塑性。由于油脂中有大量的疏水烃基存在，使油脂具有疏水特性。在酥性面团调粉时，油脂分布在小麦粉蛋白质或淀粉粒的周围形成油膜，这就限制了小麦粉的吸水作用，也限制了面筋的形成。

3. 起酥作用

在调制酥性面团时，油、水、小麦粉经搅拌以后，油脂以球状或条状存在于面团中，在这些球状或条状的油内，结合着大量空气，空气的结合量与小麦粉调制时的搅拌程度和糖的颗粒状态有关。搅拌充分或糖的颗粒越小，空气含量越高，当成型烘烤时，油脂受热流散，气体膨胀并向两相的界面流动。此时，由化学疏松剂分解释放的 CO_2 及面团中的水气化，也向油脂流散的界面聚结，使制品破碎成很多孔隙，成为片状或椭圆形的多孔结构，使产品体积膨大、疏松。油脂的融合性越好，其作用越显著。

4. 影响面团的发酵速度

在发酵面团调制时，若油脂用量过多或添加顺序不当，就有可能在酵母细胞周围形成一层不透性的油膜。这层油膜会妨碍酵母对营养物质的摄取，影响酵母的正常生长、繁殖，从而影响面团发酵速度。

5. 润滑作用

油脂在面包中最重要的作用就是作为面筋和淀粉之间的润滑剂。

6. 在制品中的不稳定性

许多油脂稳定性欠佳，添加到制品中又因扩大了油脂与空气的接触面积，使其更加不稳定，不耐贮存。必须采用稳定性较高的油脂，或者通过添加抗氧化剂和增效剂来提高油脂的稳定性。

知识四 焙烤食品常用油脂的选择及要求

1. 饼干用油脂

首先应具有优良的起酥性和较高的氧化稳定性，其次要具备较好的可塑性。饼干的疏松性虽然有赖于疏松剂的正确使用以及调粉操作中面筋的控制程度和鸡蛋、磷脂的使用等，但目前生产饼干仍以人造奶油和起酥油为主，特别是应采用稳定性好的全氢化起酥油。

生产韧性饼干时，由于用油量较少，一般是 10% ~14% （以小麦粉为基数），糖的用量也较其他品种低，是属于低浓度的配方。因此，油脂原料固有的香味对产品的风味，会产生远较酥性饼干大得多的影响。故要求采用脱臭较为纯净的油脂，或本身香味较为愉快的油脂，如奶油、人造奶油、优良猪油等。

苏打饼干的酥松度和它的层次结构是衡量其质量优劣的主要标志，同时由于这种饼干糖含量少，缺乏对油脂酸败的重要避免因素，保存时的稳定性较差。因此，苏打饼干也使用酥性和稳定性兼优的油脂，尤其是起酥性方面比韧性饼干要求更高。实践证明，猪油的起酥性很好，植物性起酥油虽能使饼干产生良好的层次，但疏松度较差。故常将植物性起酥油和优质的猪板油配合使用来互补不足。

酥性饼干重糖、重油，加之调粉时间短、温度低，选用的油脂应能防止面团中产生油块或斑点结构。用于这类饼干的油脂不仅要求稳定性高、起酥性好，而且熔点也要高，否则由于含油量多易造成“走油”现象，使产品疏松度差，表面不光滑。这种油脂还需要有较宽的可塑性范围，使面团在温度变化不太大的范围内尽可能保持其良好的加工性能，防止因升温而“走油”，因降温而硬结，以致影响加工及成品质量。因此，酥性饼干最理想的油脂是人造奶油及植物性起酥油。

2. 糕点用油脂

（1）酥性糕点　生产酥性糕点可使用起酥性好、充气性强的油脂，如氢化起酥油。

（2）起酥糕点　生产起酥糕点应选择起酥性好、熔点高、可塑性强、涂抹性好的固体油脂，如高熔点人造奶油。

（3）油炸糕点　油炸糕点应选用发烟点高、热稳定性好的油脂。大豆油、菜籽油、棕榈油、氢化起酥油等适用于炸制食品。近年来，国际上流行使用精炼棕榈油作为炸油，该油中饱和脂肪酸多，发烟点和热稳定性较高。

（4）蛋糕　奶油蛋糕含有较高的糖、牛奶、鸡蛋、水分，应选用含有高比例乳化剂的高级人造奶油或起酥油。

3. 面包用油脂

生产面包所用油脂应考虑以下三方面：

（1）应选用可塑性范围广、易于同面包原料混合，并且在醒发中不易渗出的油脂。

（2）应选用风味良好的油脂，特别是用量多时，对烘烤后产品的风味有很大影响的油脂。

（3）应选用起酥性好和抗淀粉老化的油脂，这种油脂能在面团中形成薄膜状，并在烘烤过程中由于气体受热膨胀，使面包心的蜂窝结构更为均匀细密而且疏松，并能长时间保持柔软状态。

从上述可知，在选择面包用油脂时应着重考虑油脂的味感、起酥性、融合性和乳化性，稳定性次之，符合这种要求的油脂有猪油、奶油、人造奶油、氢化油等。

项目四　乳、蛋及其制品

乳、蛋及其制品具有很好的营养、良好的加工性能，是焙烤食品，尤其是高级面包、糕点、饼干等的重要原料之一。

知识一　乳及乳制品

1. 乳的种类

鲜牛奶、奶粉、炼乳、干酪等。

2. 在焙烤食品中的工艺性能

改善制品组织，增进焙烤食品的风味和色泽，提高了焙烤食品的营养价值，延缓焙烤食品的老化。

知识二　蛋及蛋制品

1. 蛋的种类

蛋的种类包括鲜蛋、冰蛋、蛋粉等。

2. 在焙烤食品中的工艺性能

蛋清的起泡性、凝固性，蛋黄的乳化性，它们可改善焙烤食品的色、香、味、形，提高其营养价值。

蛋品中含有丰富的营养成分，其蛋白质是全价蛋白质，从而可提高面包、糕点的营养价值。此外，鸡蛋中铁相对较多，钙较少；而乳品中钙相对较多，铁较少。因此，在焙烤食品中将蛋品和乳品混合使用，在营养上可以互补。

项目五　疏　松　剂

在焙烤食品生产中，能够使食品产生体积膨大、组织疏松特性的一类物质称为疏松剂，又称膨松剂。按其来源分为生物疏松剂和化学疏松剂。生物疏松剂主要是酵母，利用酵母生长繁殖产生 CO_2 气体，使面包、苏打饼干疏松。化学疏松剂则是通过化学反应产生 CO_2、NH_3 气体使产品体积膨松。

知识一　生物疏松剂——酵母

1. 酵母在面包中的作用

（1）使面包体积膨松。

（2）改变面包的风味。

（3）增加面包的营养价值。

2. 酵母的种类及其使用方法

（1）鲜酵母　鲜酵母又称压榨酵母，它是通过选优良酵母菌种，经过扩大培养和繁殖，将酵母液用离心机分离和压榨除去大部分水分得到的块状压榨酵母，含水分 <75%，淡黄或乳白色。

鲜酵母活性不稳定，发酵力一般在 600～800mL。活性和发酵力随着贮存时间的延长而大大降低。因此，鲜酵母随着贮存时间延长，需要增加其使用量，使成本升高。这是鲜酵母的最大缺点，另外，鲜酵母容易自溶和自我发酵，使其发酵力降低，以致死亡、腐败，因而必须在 0～4℃贮存。鲜酵母有被干酵母逐渐取代的趋势。

使用方法：按配方所规定用量，加温水，稍经活化即可使用。

（2）活性干酵母　活性干酵母是鲜酵母经低温干燥而制成的颗粒酵母。水分含量为 4%～9%，它活性稳定，发酵力高达 1 300mL。一般不需要低温贮存，可在常温下贮存 1 年左右，但成本较高。

使用方法：在使用前需经活化处理。一般将酵母置于25～30℃的温水中，并加入糖，缓慢搅拌成均匀的酵母液，放置10～20min，待其表面产生大量气泡后即可使用。

（3）即发活性干酵母（速效干酵母）　由鲜酵母经低温干燥而成，但采用了特殊的生产工艺，使其有许多微孔，表面积增大，其吸水溶解速度较快，且能很快产生效力。

速效干酵母发酵力高达1 300～1 400mL，使用量比鲜酵母和活性干酵母低，活性特别稳定，在室温条件下密封包装可达2年左右，甚至贮存3年仍有较高的发酵力。发酵速度很快，能大大缩短发酵时间，特别适合于快速发酵法生产面包，但价格较高。实验室常使用此酵母。

使用方法：不需要活化，直接加入面粉中。

3. 酵母的品质检验

在生产过程中随时注意观察酵母的质量，主要采用手触法、口尝法和水溶法三种。

（1）手触法　将手指插入酵母内，检查是否有温度过高而内部发热现象。对散装鲜酵母要注意手触时是否粘手、松散。凡是内部发热、粘手或不松散者都是质量次劣的酵母，使用时其用量要比常规量大。严重次劣的酵母则不宜制作面包。

（2）口尝法　取少量酵母样品放在口中品尝，优质的酵母入口（遇水）很快溶化，酸味很少。反之则次劣。若很酸、入口不化而发黏则不宜使用。

（3）水溶法　将酵母放入容器内，将30℃酵母量两倍的温水加入容器内，10min后观察：液面有大量密集小泡，温度上升少，则酵母活化力强，生命力旺盛。若发现升温过高，则酵母活化力弱，是劣质酵母。

知识二　化学疏松剂

1. 碱性疏松剂

（1）碳酸氢钠（$NaHCO_3$）　俗名小苏打。白色晶体粉末，易溶于水，水溶液呈弱碱性，pH为8.3。加热到60℃开始分解，是目前使用最广泛的疏松剂。但其分解产生的碳酸钠残留于食品中，使制品呈碱性，影响风味。用量稍多时会使制品表面产生黄色斑点。

（2）碳酸氢铵（NH_4HCO_3）　俗称臭粉。白色结晶，易溶于水，水溶液呈碱性。有吸湿性，潮解后会加快分解。热稳定性差，在空气中容易风化，在36℃即分解，在60℃时可完全分解。

碳酸氢钠与碳酸氢铵各有其缺陷。若将其混合使用，一来可以减少各自的用量，二来可以减弱各自的缺陷。其参考用量见表1－6。

表 1-6 化学疏松剂使用量 单位：%

饼干类型	碳酸氢钠量	碳酸氢铵量	饼干类型	碳酸氢钠量	碳酸氢铵量
酥性饼干	0.50~0.60	0.20~0.30	苏打饼干	0.20~0.30	0.10~0.20
甜酥性饼干	0.30~0.40	0.15~0.20	酥性糕点	0.16~0.45	0.20~0.60
韧性饼干	0.70~0.80	0.35~0.40			

碱性疏松剂具有价格低、保存性较好、使用时稳定性较高等优点，所以在糕点、饼干生产中仍被广泛使用。

2. 复合疏松剂

为了消除碱性疏松剂的缺点，人们研制了性能更好的专用来胀发食品的一种复合疏松剂，称为发粉或泡打粉、发泡粉。它是 1895 年由美国人研制出来的。

复合疏松剂一般由碱剂（小苏打）、酸剂、填空剂和稀释剂等组成。其作用原理是酸剂与碱剂遇水后发生中和反应，释放出 CO_2 使成品不含有碱性物质，从而提高了产品的质量。

各种焙烤食品对发粉反应释放 CO_2 的速度要求不同，故所需使用的发粉不同。按反应速度的快慢或反应温度的高低可分为速效性发粉、缓慢性发粉与持续性发粉（双重发粉）。由于规定发粉中碱性盐只能使用小苏打，因此，唯一能控制发粉反应快慢的方法是选择不同的酸性盐来调配。酸性盐与小苏打粉反应的快慢是由酸性盐的氢离子解离的难易程度决定的。故利用酸性盐解离的特性，而调配成各种反应速度不同的发粉。

（1）速效性发粉　在低温时即可迅速反应，一般与水接触几分钟即放出大部分 CO_2，待制品烘烤时已没有多少气体产生。

例 1：小苏打粉 25%，酒石酸 3%，酒石酸氢钾 44%，淀粉 30%。

例 2：小苏打粉 19%，酒石酸 5%，酒石酸氢钾 30%，淀粉 46%。

（2）缓慢性发粉　在常温下反应迟缓，其酸剂必须在烘烤时才与小苏打粉发生作用。酸剂以明矾（硫酸铝钾）或酸性磷酸钙为主。若配方中有磷酸钙则称为营养性发粉。注意，磷酸钙必须充分干燥磨成细粉后使用。

（3）持续性发粉　持续性发粉的酸剂是速效性发粉的酸剂和缓慢性发粉的酸剂按适当比例配合而成。持续性发粉在常温下可放出 1/5~1/3 的气体，剩余气体在烤炉内释放。

项目六　水

水是焙烤食品的主要原料，面包的用水量占到小麦粉用量的 50% 以上。

知识一　水的作用

1. 调节面团的胀润度

面筋的形成就是面筋性蛋白质吸水胀润的过程。在面团调制时，如加水量适当，面团胀润度好，所形成的湿面筋弹性好、延伸性好；如加水量过少，面筋蛋白吸水不足，水化程度低，面筋不能充分扩展，致面团胀润度及品质较差。在面包与酥性饼干生产中，采用不同的加水率，生产出不同特性的面团。

2. 调节淀粉糊化程度

淀粉糊化是指淀粉在适当温度下（60～80℃）吸水膨胀、分裂，形成均匀糊状溶液的过程。因此，只有在水量充分时，淀粉才能充分吸水而糊化，使制品组织结构良好，体积增大；反之，淀粉则不能充分糊化，导致面团流散性大，制品组织疏松。

3. 促进酵母生长繁殖和酶的水解作用

水既是酵母的重要营养物质之一，又是酵母吸收其他营养物质及细胞内各种生化变化进行的必需介质。酵母的最适水分活度 A_W 为 0.88，当 $A_W < 0.78$ 时，酵母的生长繁殖将受到抑制。因此，水分对酵母的生长繁殖具有一定的促进作用，从而对面团的发酵速度产生重要影响。

酶的活力、浓度与底物浓度是影响酶促反应的重要因素，而它们又与水有直接关系。如当 $A_W < 0.3$ 时，淀粉酶的活力受到较大的抑制。因此，通过调节面团的水量，便可调节酶对蛋白质及淀粉的水解程度，从而起到调节面团性质的作用。

4. 溶剂作用

为了使糖、盐、疏松剂、奶粉等干性物料能均匀地分散在面团中，特别是这些物料用量少时，往往要先用水将它们溶解，再添加到小麦粉中。因此，水在面团调制中具有溶剂作用。

5. 调节面团温度

面团温度的控制，对面包的质量影响较大。面包生产中，采用水温来调控面团的温度，是最简便、最有效的方法。

6. 水是传热介质之一

水的传热介质作用，将在焙烤部分（在面包焙烤时的水分变化内容中）叙述。

知识二　水质的分类

自然界的水都含有水溶性的矿物质，主要是 Ca^{2+}、Mg^{2+}、Mn^{2+}、Fe^{2+} 等阳离子，HCO_3^-、CO_3^{2-}、SO_4^{2-}、NO_3^-、Cl^- 等阴离子，这些离子构成了水的软硬度。

水的硬度（总硬度）是指暂时硬度（碳酸盐硬度）和永久硬度（非碳酸盐硬度）之和。含有钙、镁的重碳酸盐和碳酸盐的水称暂时硬水，这些盐类一经加热煮沸就分解成溶解度很小的碳酸盐，硬度易被除去；含有钙与镁的氯化物、硫酸盐、硝酸盐的水称永久硬水，这些盐类经加热煮沸不会发生沉淀，硬度难以除去。

水根据硬度可分成六类，见表1－7。

表1－7 水的硬度分类 单位：mmol/L

项目	硬度类别					
	极软	软	微硬	较硬	硬	极硬
硬度	0～1.43	1.43～2.85	2.85～4.28	4.28～6.42	6.42～10.70	>10.70

一般饮用水标准为<8.92mmol/L。

水中溶解的阳离子、阴离子的类别，也决定了水的酸碱性。一般pH 7.0±0.2为中性水，其他小于此值的为酸性水，大于此值的为碱性水。饮用水的pH一般为6.0～8.5。

知识三 焙烤食品对水质的要求及处理

饼干因用水量少，对水质要求也低，满足饮用水质标准即可。

面包用水量大，且对水质有较高的要求：

其一，面包面团用水的硬度不能太大。这是因为适量的矿物质存在有利于酵母的生长、繁殖，同时增加面筋筋力。用硬度过小的水会使面筋过分柔软，骨架松散，面团黏性大，不利于操作且成品面包个子小，易“塌架”。而水的硬度过大，会降低面筋蛋白的吸水性，使面筋硬化，过度增强面筋的韧性；会推迟发酵时间，不利于面包生产，且口感粗糙干硬，易掉渣，品质不佳。

其二，面包的最适pH为5.2～5.6。微酸性的水有利于酵母的发酵，适合于面包的生产。而酸性过大，会使发酵速度过快，面筋过分软化，而导致面团持气性差，影响成品体积，同时面包带酸味，口感不佳。碱性水会中和面团的酸度，这不仅会影响酵母的生长、繁殖，抑制酶的活力，从而延缓发酵速度，而且会影响面筋的形成，降低面团弹性，使面包组织粗糙、发黄，并产生不愉快的异味。

其三，对微生物指标要严格控制，绝对不允许有致病菌存在。因为焙烤面包时，其中心温度可能达不到100℃，同时，面包中心水分含量较高，致病菌很容易生长和繁殖。

当所用的水不符合上述要求时，必须进行处理。若硬度偏小，可通过添加微量的磷酸钙或硫酸钙来提高硬度。对水质较硬的水，若属于暂时硬水，可通过加热煮沸或加石灰水，再经沉淀过滤的方法使其软化；若属于永久硬水，则应采用离子交换法、电渗析法、反渗透膜法等方法使其软化。对酸性水可通过加石灰水中和后再过滤的方法处理，对碱性水则可通过添加乳酸等有机酸的方法处理。自来水属微碱性水，因此，用自来水调制面团时应先进行酸化处理。此外，对碱性水也可通过增加酵母量方法来解决。

项目七　其他焙烤食品用料

知识一　食　　盐

食盐是制作面包的四大基本原料之一，虽用量不多，但不可不用，即使最简单的硬式面包如法式面包，可以不用糖，但必须用盐。

1. 盐在面包生产中的作用

（1）改善面筋的性质（增强湿面筋的弹性和延伸性）　食盐易溶于水，并形成水化离子，可固定水分，同时增加渗透压，有利于蛋白质进一步吸水形成面筋。低浓度的中性盐溶液，有利于蛋白质的凝胶作用。食盐能抑制蛋白酶的活力，减少对面筋蛋白的破坏。

食盐还可使面筋质地细密，增强面筋的立体网状结构，易于延伸，同时能使面筋产生相互吸附作用，从而增加面筋的弹性。因此，低筋面粉可使用较多的食盐，高筋面粉则少用盐，以调节面粉筋力。

（2）调节面团的发酵速度　食盐对面团发酵速度的影响表现在正反两个方面：一方面食盐是酵母的必需养分之一，因此，在面团中添加适量食盐，有利于酵母的生长繁殖，从而可加速面团发酵；另一方面是酵母对食盐渗透压抵抗力较弱，面团中食盐用量过多，反而会抑制酵母的生长繁殖，导致面团发酵速度减慢。此外，食盐对面筋的强化作用，有时（如用强筋粉）会使面团韧性过大，而使面团不易胀发。

（3）改善制品风味　一般微生物对于食盐渗透压抵抗力较微弱，因而适量的食盐对杂菌的增加有抑制作用，特别是对乳酸菌的抑制作用更为突出，可以防止杂菌过分生长导致制品发酸。此外，食盐还可使面团瓤变白且有光泽，使面包组织细密，蜂窝壁薄而透明，从而可刺激人的食欲。

（4）增加面团的搅拌时间　如果搅拌开始时即加入食盐，会增加面团搅拌时间 50% ~100%，现代面包生产技术都采用后加盐法。

2. 焙烤食品对食盐的要求及用量选择

（1）焙烤食品对食盐的要求　要求其色泽发白，无可见的外来杂质，无苦味，无异味，咸味纯正。一般采用精制盐。

（2）用量选择　在焙烤食品生产中，考虑各种原料之间在味感方面的相互影响，一般食盐用量以 1.5% 为宜，最多不超过 3%，一般情况为甜面包约 1%，咸面包 1.5% ~2.5%，饼干 0.3% ~1.0%，若所用小麦粉筋力过弱，应适量增加食盐用量，反之则应减少用量。一般在其他原料用量较多时，食盐用量也适量增加，反之则应减少。

3. 盐的添加方法

一般均以盐溶液方式加入。常采用后加盐法，即在面团搅拌的最后阶段加入。一般在面团的面筋扩展阶段后期，即面团不再黏附搅拌机缸壁时加入，然后搅拌 5～6min 即可。

在苏打饼干生产中，由于食盐用量高对酵母生长繁殖有抑制作用，故在操作时要尽量避免食盐与酵母接触。在第二次发酵时少加食盐，而将食盐及配方中的部分油脂、面粉一起制成油酥，在面团辊轧成面带时夹在面层中。

知识二　营养强化剂

食品营养强化的主要目的，是改善天然食物中营养的不平衡状况。加入所缺少的营养素，使食品营养取得平衡以适应人体的需要，此外还可以补充食品在加工贮藏及运输中营养成分的损失。小麦粉虽然含有一定的营养素，但从满足人体营养需要的角度来看，它所含的营养素是不够充足的，如对人体生长发育有重要作用的赖氨酸含量极小。另外，在其被加工成精白粉的过程中，维生素 B_1 和维生素 B_2 有较大的损失，而且加工精度越高，维生素的损失也就越严重。所以，在小麦粉中或在小麦粉为主要原料的焙烤食品中可进行营养强化。目前国内强化剂添加量见表 1－8。

表 1－8　每 100g 面包或饼干中强化剂添加量（参考用量）　单位：mg

品种	维生素 B_1	维生素 B_2	赖氨酸	钙
面包	0.3	0.2	100	0.1 以上
饼干	0.3	0.3	100	0.3

强化剂的添加方法有多种：可直接将各种强化剂加入面团中，也可将强化剂预先制成片剂加入，或用明胶等做成外衣，以缓冲外来条件对它的影响。在将强化剂添加进面团时，一般先将片剂溶于适量水中，然后搅拌。有些油溶性维生素如维生素 A、维生素 D 也可预先与起酥油混合，再添加入面团中，这样可略微降低维生素在加工中的损失。

知识三　面团改良剂

面团改良剂是指那些能调节或改变面团的特性，使面团适合工艺要求，提高产品质量的添加剂。

1. 饼干面团改良剂

（1）韧性面团改良剂　生产韧性饼干时，由于面团油糖比例较小，加水量较多，因此面团的面筋可以充分膨胀，使之产生很强弹性。为了达到面团工艺要求，韧性面团往往要在机械长时间的不断搅拌下，才能使面筋弹性逐步降低，可塑性增加。要达到这样的要求，调制面团的时间往往很长，一般需要 50～60min，这会影响生产速度，再加上操作不当常会引起制品收缩变形，所以要使用改良剂。改良剂常用亚硫酸氢钠、亚硫酸氢钙、焦亚硫酸钠与亚硫酸等。这些物质都有还原剂性质，可将—S—S—键断裂成—SH 键。添加的目的主要是使面团筋力减小、弹性减小、可塑性增大，使产品的形态平整、表面光泽好，还可使搅拌时间缩短。亚硫酸盐会给产品风味带来不良影响，其用量规定（以 SO_2 计）不超过 0.3g/kg，成品中残留量为 20mg/kg。较发达的国家也有使用蛋白酶或半胱氨酸来代替亚硫酸氢钠作韧性面团改良剂的。目前，亚硫酸氢钠的使用还相当普遍。焦亚硫酸钠虽有强烈刺激性，但对面团的改良既方便又较安全，也常采用。

（2）酥性面团改良剂　酥性面团的改良剂实际上是利用乳化剂来改善面团性质，因为酥性面团中油脂和糖的含量很大，这些都足以抑制面团面筋的形成，使用中也会产生一些问题，如面团发黏、不易操作等，所以常需要添加磷脂来降低面团黏度。磷脂可以使面团中的油脂部分地乳化，为面筋所吸收，使得饼干在烘烤过程中，容易形成多孔性的疏松组织，饼干的酥松性得到改善。磷脂也是一种油脂，配方中可减少其他油脂用量。另外，磷脂还是一种抗氧化增效剂，可使产品保存期延长。由于磷脂有蜡质口感，所以不能多用，过量会影响风味。

（3）苏打饼干用改良剂　常用蛋白酶与 α－淀粉酶来改善面团特性。当使用面筋含量高、质地较硬的强力粉时，面团会在发酵后还保持相当大的弹性，在加工过程中引起收缩，焙烤时表面起大泡，而且产品的酥松性会受到影响。因而要利用蛋白酶分解蛋白质的特性，来破坏面筋结构，改善面团性质。一般在第二次发酵时加入，加入量为第二次小麦粉的 0.02%（胃蛋白酶）或 0.015%（胰蛋白酶）。这不仅有改善饼干形态的效果，而且还可使产品变得易上色。这是由于分解生成的氨基酸促进羰氨反应的结果。

2. 面包面团改良剂

主要是一些具有较强氧化性的氧化剂，如碘酸钾、过硫酸钙、抗坏血酸等。对面包的改良作用主要表现在四个方面。其一，氧化剂能将面筋蛋白分子的—SH 氧化，并形成分子间的—S—S—键，从而使面筋生成率提高，面团筋力增强。其二，小麦粉中蛋白质的半胱氨酸和胱氨酸，含有—SH 基团，它是蛋白酶的激活剂，氧化剂能将—SH 基团氧化，使其丧失对蛋白酶的激活，从而减少蛋白酶对蛋白质的水解，提高面筋生成率及面团的筋力。其三，提高蛋白质的黏结作用。氧化剂可将小麦粉中不饱和类脂物氧化成二氢类脂物，二氢类脂物可更强烈地与蛋白质结合在一起，使整个面团体系变得更牢固，更有持气性与良好的弹性和韧性。其四，对小麦粉有漂白作用。小麦粉中含有胡萝卜素、叶黄素等植物色素，使小麦粉颜色灰暗、无光泽。加入氧化剂后，这些色素被氧化褪色而使小麦粉变白。

氧化剂的添加量不超过75mg/kg（抗坏血酸无限量），具体添加量可根据不同情况来调整。高筋小麦粉需要较少的氧化剂，低筋小麦粉需要较多的氧化剂。保管不好的酵母或死酵母细胞中含有谷胱甘肽，未经高温处理的乳制品中含有硫氢基团，它们都具有还原性，故需较多的氧化剂来消除。使用方法是先将其溶于28～30℃水中，再在第二次调制面团时加入。

目前，现代化工厂中多使用混合型（复合型）改良剂，用标准混合型为例介绍它的组成和各种成分的作用，见表1－9。

表1－9　面包面团改良剂的组成和各成分的作用

类型	材料名称	主要效果	配方比/%	用量/(g/100g)
分散剂	淀粉或小麦淀粉	提高改良剂的保存性和便于称量	44	0.0356
钙盐	碳酸钙、磷酸钙、磷酸氢钙	改善水质，调整pH，使加工稳定，品质均一	25	0.00182
铵盐	氯化铵、硫酸铵、磷酸铵	给予酵母营养，促进发酵，增大面包体积	15	0.0109
酶制剂	α－淀粉酶、β－淀粉酶、蛋白酶	分解淀粉和蛋白质，为酵母提供营养，提高面包的风味和色泽，抑制老化	10	0.0073
还原剂	失活的干酵母、L－盐酸胱氨酸	改善面团性质，使调粉发酵时间缩短，增强面团延伸性	5	0.0036
氧化剂	L－抗坏血酸	改良小麦粉性质，增大面包体积，使面包组织良好	1	0.0007

知识四　乳　化　剂

乳化剂在焙烤食品中的作用主要表现在：与油脂作用形成稳定的乳化液，使制品疏松；与蛋白质作用形成面筋蛋白复合物，促进蛋白质分子间相互结合，使面筋网络更加致密而富有弹性，持气性增强，从而使制品的体积增大；与直链淀粉作用形成不溶性复合物，阻碍可溶性淀粉的溶出，从而使直链淀粉在糊化时淀粉粒间的黏结力降低，使得面包柔软。另外，由于直链淀粉成为复合体后，抑制了直链淀粉的再结晶，可阻止α－化淀粉向β－化淀粉转变。同时乳化剂还能减少与淀粉结合的水分蒸发作用，使面包较长时间地保持柔软的性质，延缓老化等。

焙烤食品中常用的乳化剂有单甘油酯、大豆磷脂、脂肪酸蔗糖酯（SE）、丙二醇脂肪酸酯、硬脂酰乳酸钙（CSL）、硬脂酰乳酸钠（SSL）等，在面包、糕点、饼干中的添加量一般不超过面粉的1%，通常为0.3%～0.5%。

知识五 抗氧化剂

抗氧化剂是能阻止或推迟食品氧化，提高食品的稳定性和延长贮存期的物质。

抗氧化剂种类很多，按其来源不同，可分为天然和人工合成两种。按其溶解性不同又分为油溶性和水溶性的。可用于焙烤食品的抗氧化剂是丁基羟基茴香醚（BHA）、二丁基羟基甲苯（BHT）、没食子酸丙酯（PG）、茶多酚等。

知识六 食用色素

食用色素是以食品着色为目的的食品添加剂。食用色素按其来源和性质可分为天然色素（胡萝卜素、叶绿素、姜黄、核黄素、红曲色素、虫胶色素、甜菜红、辣椒红、焦糖等）以及合成色素（苋菜红、胭脂红、柠檬黄、日落黄、靛蓝等）。

知识七 食用香精香料

香精或香料使烘烤制品有浓郁的香气，从而提高了制品的风味，增加了人们的食欲。蛋糕、点心、饼干差不多都要添加香精或香料。香精与香料的主要作用，一是增加饼干的香味，二是掩盖某些原料带来的不良气味。如蛋糕用香精来掩盖蛋腥味。根据饼干的品种，添加不同香精或香料，使饼干得到各种不同的香气和香味，例如在柠檬饼干中加入柠檬香料，使饼干带有柠檬香气和柠檬清香味；香草饼干中加入香兰素，饼干食用时就带有浓郁的香草味。

在焙烤食品中应用的有洋葱汁、蘑菇汁、乳腐卤、丁香粉、番茄汁、奶油、桂花、柠檬油、橘子油以及香兰素等。

香精是由几种或数十种香料调制而成的，可以说香料是香精的原料。香精根据调和时稀释剂的不同可分为油溶性香精和水溶性香精。油溶性香精是用精炼的植物油、甘油或丙二醇稀释剂调和成的，水溶性香精是用蒸馏水、乙醇、丙二醇或甘油作稀释剂调和而成的。

使用中应注意根据不同品种的工艺要求，选用不同类型的香精，使用量要严格控制，注意和整个配方口味的协调性。投料时，香精应避免和化学疏松剂直接接触，以免受其碱性影响而降低效果。香精应密封贮存于阴凉避光处，以10～30℃为宜。贮存温度过低，会造成其结晶析出或分离，而且对溶解度也有影响，启封后的香精不宜继续贮存，最好迅速用完。

思考题

1. 什么是蛋白质的胶凝和胀润作用？

2. 何为面筋？影响面筋生成率的因素有哪些？面筋有何工艺性能？面筋如何分类？

3. 生产面包、饼干时如何选用小麦粉？

4. 糖为什么能调节面团的组织结构和质地？

5. 如何理解油脂的起酥作用？

6. 生产面包使用的酵母种类有哪些？各有何特性？

7. 什么是复合疏松剂？复合疏松剂有何特点？

8. 面包、饼干的生产对水质有何要求？

9. 面包面团与饼干面团各使用什么作为面团改良剂？其机理是什么？

模块二　面包加工技术

［学习目标］

掌握面包生产工艺及其原理，重点掌握典型面包加工技术及产品质量标准。

［案例导入］　二次发酵法制作甜面包

1. 传统二次发酵法面包配方设计原则

	第一次和面	第二次和面
小麦粉	70%	30%
酵母	1%	—
糖	—	4% ~8%
盐	—	2%
油脂	—	4%
水	40%	20%（适量）
面包改良剂等	—	适量

2. 二次发酵法（中种法）基本工艺流程

调制种子面团→发酵→调制主面团→延续发酵→分割搓圆→整形→入盘(听)→最后醒发→烘烤→冷却→包装

（1）种子面团制备

①面粉　4kg（过筛）

②酵母　25g（提前20min用200g左右的温水化开）

③盐　20g（溶化于2.1kg水中）

④水　2.1kg（30℃左右）

混合，慢速搅拌，后快速搅拌1min，和成一个较粗糙的面团（测温：　　）

发酵：28℃、2~3h发酵成熟，观察体积，触感，内部组织，嗅感。（测温：　　）

<讨论1>：第一次发酵面团的温升原因？

<讨论2>：制备种子面团的目的和作用？

（2）主面团制备

①面粉　2kg（过筛）

②面包改良剂　50g

③香草香粉　30g

④甜蜜素 13g

⑤白糖 500g

⑥盐 40g

⑦水 800g（28℃）

⑧鸡蛋 6个

以上配料②~⑧混合（面粉除外）放入搅拌缸，搅拌至原料溶化，放入种子面团，搅拌至面团散开。

⑨酵母 25g

放入酵母，继续搅拌至浆糊状，加入面粉，按要求搅拌；

⑩奶油 400g

按要求加入，搅拌至合乎要求；

<讨论3>：面团搅拌可分为几个阶段？各个阶段的面团特征如何描述？面团搅拌最适点如何判断？

<讨论4>：快速搅拌导致面团温度升高的原因是什么？

<讨论5>：如何控制面团搅拌后温度符合要求？

（3）延续发酵10min（于醒发箱中，28℃）。

（4）分割，滚圆，中间醒发（于醒发箱中，28℃，10min），成型。

（5）最后醒发（37~38℃），60~70min。

（6）饰面，烘烤。

3. 注意事项

第一次和面条件：低速4min，高速2~4min，面团温度控制在24℃左右；

第二次和面条件：低速2min，高速10~12min，面团温度控制在27℃左右。

项目一 概 述

知识一 面包的起源与发展

1. 面包的起源

面包起源于一种麦粒制成的扁饼。早在新石器时代，人们用石块将麦粒碾碎，用水拌和做成饼状在烧热的石头上烘烤，做成了一种不发酵的饼食。发酵面包的产生则要追溯到公元前6000年的古埃及，当时可能是野生酵母菌侵入到这种麦粒扁饼的面团中。在烘烤前，由于面团放置在热、湿的地方一定时间，而使烘烤出的扁饼具有一定的起发性，世界上第一个发酵面包便由此产生了。但那时，人们只知道发酵的方法但不懂得发酵的原理，一直到17世纪后才发现了利用酵母菌发酵的原理，从而改善了古老的制作方法。

最初埃及人所使用的“烤炉”是用泥土筑成一个圆形，上部开口使空气保持流通，在底部生火，待炉内温度达到相当高时将火熄灭，把灰拨出将调好的面团放入炉底，利用炉内余热将面团烤好。至今，在我国东北哈尔滨等地面包厂仍有类似的土炉。用这种炉烤出的面包风味纯正、香气浓郁，最受消费者欢迎。

2. 面包的发展

在公元前 8 世纪，埃及将发酵技术传到了巴勒斯坦，后来又传到了希腊。希腊面包师将烤炉变为圆拱式，上部空气孔变得更小而内部容积增大，这样使炉内保温性更好。其加热和焙烤方法仍与埃及一样。希腊人不但改良了烤炉，而且在面包制作技术方面大大前进了一步。他们在面包中加入了牛奶、奶油和蜂蜜，改善了面包的品质。几个世纪之后，罗马征服了希腊、埃及，并建立了历史上有名的罗马时代。罗马人学会了制作发酵面包的方法，并在意大利设立了马其顿式的面包作坊。因而，从历史上来研究，古代面包的商品性生产方式是从罗马时代开始的。后来面包的生产技术由罗马传到匈牙利、英国、德国和欧洲各地。

在英国随着产业革命的发生，面包的生产得到了迅速发展，并成为城市居民的主食。随着加拿大和澳大利亚沦为殖民地后，面包的生产技术又传到了这两个产麦国家，后来又传到了美国。据介绍，大约在 1850 年，美国消费面包中的 90% 是由家庭制作的，只有 10% 是由手工面包厂制作的，制作技术非常简单，没有机械化生产，产量也很小。

18 世纪末，欧洲工业革命的兴起，使大批家庭主妇离开家庭纷纷走进工厂，随之面包工业也逐步兴起。同时，面包机械开始出现。1870 年发明了调粉机，1880 年发明了整形机，1888 年出现了烤炉，1890 年出现了面包分块机。机械化的出现，使面包生产有了大飞越，产生了一些大面包厂和公司。

20 世纪初，面包工业开始运用谷物化学技术和科学实验成果，使面包质量和生产有了很大的提高。同时，大面包厂已经发展成为较大的面包公司，向周围几百公里的超级市场供应面包产品。到了 1980 年，在美国所有消费面包中，90% 是由工业化生产提供的，而仅有 10% 是由家庭作坊制作的。

欧洲的面包工业与北美相比，其不同点是欧洲侧重于小面包厂，采用古老的传统制作方法，面包的风味各有其特点。而美国、加拿大等国侧重于大面包公司，面包品种少、风味单调。

第二次世界大战前，虽然面包制作已由手工进展到机器操作，但制作方法仍采用传统方法进行，并没有大的进展。第二次世界大战后，欧美工业国家百业待兴，传统的机器生产已不能达到大规模生产要求。因此，1950 年出现了面包连续制作法。这种方法是从原料搅拌、分块、整形、装盘、醒发全部由机器自动操作，面包焙烤、出炉、冷却、切片、包装也是全部由机器操作。这种方法一定要使用大量面包改良剂，没有经过正常发酵过程，从而缺少面包应有的香味。

20 世纪 70 年代以后，为了使消费者都能吃到新鲜的面包，又出现了冷冻面团新工艺，即由大面包厂将面团发酵、整形后快速冷冻，将此冷冻面团送至各面包零售店，在冰箱中贮存。各零售店只需有醒发室、烤炉即可。并随时将冷冻面团取出放在醒发室内解冻、松弛，然后焙烤，这样可使顾客在任何时间都有可能买到刚出炉的新鲜面包。

面包生产技术传入各国以后，各个国家都依据本国的条件和人们食用习惯，逐渐形成了具有本国特点的面包类型。欧洲多为硬式面包，如法国的硬面包（长条状、棒状），最长达1m多；北美多为软面包。在配方和所用原材料方面也存在很大差异。例如，在欧洲南部以小麦粉为主要原料；而在欧洲北部除小麦粉之外，也有一部分黑麦粉。俄罗斯和东欧一些国家，近年来又出现了纤维素面包、全麦粒面包、全麦粉面包、营养强化面包等。

知识二　我国的面包工业现状

我国的祖先发明烧饼要比馒头早，这种用小麦粉做成的烧饼，是中国古代式面包。烧饼与面包的形式虽然不同，但其制作基本原理却相仿，都是以发酵加烘烤，以小麦粉为主要原料的食品。馒头的性质与面包极为相似，正如美籍华人食品学博士顾旬先生所说的那样："面包和馒头都是由发面做成的，适合于面包的各种材料，同样可以做馒头"。

在明朝万历年间，意大利传教士利玛窦将面包制作方法传入我国，但没有被广泛接受。明末清初德国的传教士汤若望将面包制作技术传入我国东南沿海城市，如广州、上海等地。1897年在我国东北修建铁路时，俄国将面包制作技术传入我国东北，至今在东北哈尔滨等地还生产许多传统的俄罗斯风味面包。这种面包制作技术慢慢从上海、青岛、天津、广州、哈尔滨等地传入内地，但均属手工业生产。

改革开放以后，在许多大、中城市（例如广州、上海、北京、大连、牡丹江等地）先后从美国、日本、意大利、法国等国家引进了先进的面包生产线，大大改善了生产条件，也提高了产品质量，使我国的面包工业蓬勃地发展起来。

知识三　我国面包工业发展途径的探讨

1. 面包品种的开发

改革开放以来，我国面包工业前进了一大步，但与先进国家相比差距还很大，为此，我们应借鉴外国发展面包工业的经验。现阶段应提倡生产主食切片，并配有肉制品、豆制品、果酱或奶油等辅料组成的配餐面包，并可以加工成系列产品，按个人的食用、生活习惯自由选择。这种定量包装的配餐面包既可家庭食用，又可作为旅游食品，既有主食（面包片），又有副食（如熏鱼、烤鸡、豆制品、青菜等）。

此外，可发展营养面包，供应中、小学生课间食用。还可在面包配方中添加植物蛋白、麸皮、钙盐以及小麦胚、米胚、芝麻、花生等，制作成营养保健面包。为此，各地区可以根据当地的植物资源条件的优势和饮食习惯，研制出各地独具风味的面包食品来推进我国的面包工业发展。

2. 延长保鲜期

国外的面包不仅体积大、面包瓤心蜂窝多、弹性好、口味协调，而且保存期也长。据日本《食品开发》报道：法国雅克面包公司制作的面包，可保存90d不变质，这种面包不但可用于一般家庭食用，还适合于野外作业人员当主食吃。

目前，我国生产的面包，老化是一个大问题，一般面包1～3d内还新鲜，3～5d后就硬化、掉渣和口味变劣，其质量明显下降。特别是这类面包货架寿命较短，不耐贮存和远距离运输，经销者和消费者很难接受。如何延缓面包的老化时间并提高防霉效果是面包工业面临的重大研究课题之一。

3. 加快面包工业的机械化和新工艺研究

改造生产设备是实现面包工业现代化的关键，也是普及食用面包、改革我国大众食品的根本途径。我国近年来虽然已发展了面包机械化生产，也有了成套设备，但是，单机的性能和机械化程度与国外相比差距很大。目前，美国已有电子计算机中心控制室操纵的面包自动生产线，已进入到面包生产电脑化的先进水平。此外，我国虽然有些地区也引进了国外的面包生产线，国产面包机械也有所增加，但是总的来说我国的基础还很差，手工操作仍然占有相当大的地位，劳动强度大、操作环境差、生产效率低、成本高、售价高。由此可见，要发展我国的面包工业，一定要依靠机械化工业和其他有关工业的配套协作，大力开展适应我国生产特点的面包机械和相应的工艺研究与开发。

4. 培育优良的小麦品种

现在，国产小麦经研磨制成的小麦粉不能生产出优质面包，其主要原因是小麦本身的质量问题，这与小麦不同品种间蛋白质的数量和质量有关。为了改善国产小麦的这种弱点，小麦粉厂采用添加谷朊粉的方法，使湿面筋含量达到32%以上，蛋白质含量达到12%以上（干基），用经过强化的小麦粉制作的面包体积大、气孔多、面包内瓤基本呈海绵状。然而，要达到这样的标准要求，需要添加约4%的谷朊粉，致使面包的成本大幅度上升。而且，由于谷朊粉是由湿面筋烘制而成的，在烘干过程中受多方面因素的影响，谷朊粉呈淡黄色并且粒度较大，严重影响面包粉的粉色和细度。为了使面包粉色泽良好，又不得不再添加增白剂，使成本再度提高，品质却不十分理想。为此，改良小麦品质，培育出适合制作面包专用粉的小麦品种是当务之急。

项目二　面包加工工艺

知识一　小麦粉的糖化力和产气能力

当小麦粉中含水量高于35%时，用手工或机械进行揉和即得到具有黏弹性的面块，这就是所谓的面团。面团在水中搓洗时，淀粉和其他物质渐渐离开面团而悬浮于水中，最后只剩下一块具有黏性、延伸性的像胶似的物质，称为“粗面筋”，粗面筋含水65%～70%，又称湿面筋，湿面筋烘去一部分的水分即为干面筋。面团中因有面筋的形成，才能通过发酵制作面包、馒头等食品。因此，研究面筋成分、形成过程以及面团特性的控制等对面包生产工艺有重要意义。

1. 小麦粉的糖化力

小麦粉中的淀粉在分解过程中，转化成糖的能力，俗称小麦粉的糖化力。淀粉转化成糖是在淀粉酶和糖化酶的作用下进行的，小麦粉中这些酶的活力越强，其糖化力就越大，反之则小。

淀粉转化成葡萄糖进行发酵，可使面包体积膨胀。这是因为1g糖发酵可以产生大约250mL的CO_2气体，所以面团能够起发膨胀，面团体积变大。

生产实践中，小麦粉自身就有1%的可发酵的糖类，面包配料中又添加足量的蔗糖和麦芽糖，再加上由于淀粉酶的作用所产生的糖，足以供面团发酵所用。如面团发酵了2～3h，就可使面团中的2%～3%的糖被发酵利用。

实践证明，小麦粉的颗粒大小也影响其糖化力的强弱。小麦粉越细，即颗粒越小，越易被酶水解，糖化力也就越强。对于加糖的甜面包来说，小麦粉糖化力的大小则无关紧要，因为，在配料时添加的糖量，足够酶繁殖所需。但是，对于不加糖的咸面包或糖量极少的主食面包来讲，它就需要依靠小麦粉中含的淀粉不断地转化成糖，除供酵母菌繁殖发酵需要外，还需在面团中剩余一部分糖，才可促进面包在烘烤时色、香、味的形成。所以，用于制作咸面包或主食面包的小麦粉，其糖化力对面包成品质量影响很大。

2. 小麦粉的产气能力

小麦粉在发酵过程中产生气体的能力，工艺上称为小麦粉的产气力。按一般规律，面包生产上对小麦粉产气力的理想要求是不得小于1 200mL气体体积。其测定方法是：用100g小麦粉加65mL水，再加2g鲜酵母制成面团，在30℃条件下发酵5h，测其所产生的CO_2气体毫升数作为基本指标，然后进行比较而得出数据。

在同种酵母菌和相同的发酵条件下，小麦粉的产气能力越强，生产出的面包体积越大。小麦粉的产气能力也受小麦粉的糖化力影响，一般情况下，小麦粉的糖化力强，生成的糖多，其产气的能力也强，两者有互相影响的关系。如果是糖化力强而产气力弱的小麦粉，由于面团中的残存糖量多，可使面包有良好的色、香、味，但面包的体积较小；反之，糖化力不足，而产气力很强的小麦粉，由于在面团中残存的糖量少，面包的体积虽然较大，但色、香、味较差。

知识二　面团的发酵原理

1. 面团在发酵过程中发生的变化

小麦粉在酵母和其他微生物的作用下，发生生物化学变化，称为面团发酵。

面包的原辅料一经混合，搅拌成面团，发酵作用便立刻产生，随着时间延续和工序进行，直到烘烤受热把酵母菌完全杀灭为止，发酵才告终止。

（1）可溶性糖和淀粉的变化　面团中仅有少量的可溶性糖，另外有大量的淀粉和淀粉酶。可溶性糖主要是一些单糖，如葡萄糖、果糖，酵母在发酵的过程中可直接利用。另外，还有一些蔗糖。酵母在面团发酵的初期进行的是旺盛的呼吸作用，酵母菌以单糖为营养物质，在氧的参与下，将单糖氧化分解为 CO_2 和 H_2O，并释放出一定量的能量，从而使面团膨胀、温度升高等。呼吸过程总的反应式如下：

$$\underset{\text{单糖}}{C_6H_{12}O_6} + \underset{\text{氧气}}{6O_2} \xrightarrow{\text{加热}} \underset{\text{二氧化碳}}{6CO_2}\uparrow + \underset{\text{水}}{6H_2O} + 2\,817kJ$$

随着呼吸作用的进行，酵母的有氧呼吸转变为无氧呼吸，即产生了酒精的发酵作用，面团中的单糖产生酒精和少量的 CO_2 以及小部分热量，反应式如下：

$$\underset{\text{单糖}}{C_6H_{12}O_6} \xrightarrow{\text{加热}} \underset{\text{二氧化碳}}{2CO_2}\uparrow + \underset{\text{酒精}}{2C_2H_5OH} + 100kJ$$

这就是发酵后期面团有酒味出现的原因，并使面团膨松、发胀。蔗糖属于双糖，不能被酵母直接利用。酵母在发酵时分泌的蔗糖酶将蔗糖水解为葡萄糖和果糖后，才能供酵母发酵和利用。

$$\underset{\text{蔗糖}}{C_{12}H_{22}O_{11}} + \underset{\text{水}}{H_2O} \xrightarrow{\text{加热}} \underset{\text{葡萄糖}}{C_6H_{12}O_6} + \underset{\text{果糖}}{C_6H_{12}O_6}$$

单糖是酵母菌最好的营养物质，它在小麦粉中含量很少，不能满足酵母发酵的需要。在面团发酵时，淀粉在淀粉酶的作用下，可以水解成麦芽糖。麦芽糖同样属于双糖，在酵母发酵时所分泌的麦芽糖酶的作用下，水解成葡萄糖供酵母发酵所用，其反应式如下：

$$\underset{\text{淀粉}}{2(C_6H_{10}O_5)_n} + \underset{\text{水}}{nH_2O} \xrightarrow{\text{加热}} \underset{\text{麦芽糖}}{nC_{12}H_{22}O_{11}}$$

$$\underset{\text{麦芽糖}}{C_{12}H_{22}O_{11}} + \underset{\text{水}}{H_2O} \xrightarrow{\text{加热}} \underset{\text{葡萄糖}}{2C_6H_{12}O_6}$$

在整个面团的发酵过程中，可溶性糖和淀粉分解，是酵母发酵的重要条件。

（2）蛋白质的变化　在面团发酵的过程中，面筋组织受到发酵所产生的气体的作用，使面筋受到拉伸，因此，发酵的时间对面筋网络的形成有很大的影响，当面团发酵过度时，能破坏面筋的网络组织。

（3）面团酸度的变化　在面团发酵的过程中，除了酵母菌以外，还含有其他的杂菌，如醋酸菌等。随着发酵时间的延长和温度的升高，醋酸菌大量繁殖，能够分泌出氧化酶，从而将酵母发酵作用产生的酒精分解为醋酸和水，使面团有强烈的酸味，其反应式如下：

$$\underset{\text{酒精}}{C_2H_5OH} + O_2 \xrightarrow{\text{加热}} \underset{\text{醋酸}}{CH_3COOH} + \underset{\text{水}}{H_2O}$$

综上所述，面团的发酵过程就是小麦粉中的淀粉、蔗糖分解成单糖提供酵母繁殖所需营养成分的过程，从而产生大量的 CO_2 气体，并同时产生 H_2O 和热量，被面团中的面筋网络包住不能逸出，从而使面团出现“蜂窝状”组织，体积膨大，并使面团松软，产生酒香味，同时伴随的还有酸味物质的出现。

2. 影响面团发酵的因素

面团发酵的影响因素有很多，概括起来主要包括以下几个方面。

（1）酵母的影响　主要是从发酵力以及用量两个方面对面团产生影响。酵母的发酵力是酵母的重要指标之一，鲜酵母的发酵力一般要求在 650mL 以上。当发酵力不足时，面团发酵迟缓，产气不足，成品膨松度不够。酵母的用量对面团的发酵也有重要影响，它要根据气候条件、水的温度、辅助原料的种类以及数量来确定，一般在 2% 左右，过高或过低都会影响到发酵的质量。

（2）发酵温度的影响　发酵的温度一般控制在 25～28℃，最高不超过 30℃。合理的发酵温度能够使酵母很好地发挥作用，当温度过低时，酵母菌繁殖的速度缓慢，面团的发酵迟缓。当发酵温度过高时，其他杂菌如醋酸菌和乳酸菌繁殖速度加快，抑制了酵母菌的繁殖。发酵温度的控制多用水温来进行调节。如夏季用冷水甚至冰水，春秋季用温水，冬季用温热水。但一般要控制在 30℃ 左右。这是在进行调粉的时候所需要采用的方法，调好后的面团可放在醒发箱里进行醒发。

（3）小麦粉品质的影响　小麦粉品质的影响主要是小麦粉中的面筋和酶的影响。在面团发酵时，如小麦粉中的面筋蛋白含量较高，所得到的面团持气能力较强，能够使面团膨胀而成为海绵状的结构。其不足的地方是产生气体的速度较慢，发酵时间较长；如果使用低筋小麦粉，发酵的面团持气能力不足，造成成品塌陷、体积小。因此，对发酵面团来说，都要求选择富含面筋蛋白的小麦粉。酶的影响主要在于小麦粉本身含有的直接供给酵母利用的单糖很少，需经过淀粉酶作用，将淀粉水解成单糖供酵母利用。

（4）添加水量的影响　在正常的情况下，加水多的面团酵母繁殖速度加快，发酵时容易产生 CO_2 气体，但产生的气体容易散失；加水量少的面团酵母的繁殖速度低，产生的 CO_2 气体较少，面团比较硬。加水量的多少要根据小麦粉的性质、含水量、制作要求、辅助原料的多少和气温等因素来恰当掌握。小麦粉中的面筋蛋白含量高时吸水能力强，可适当多一些水。气候干燥时，加水量多一些。辅料多时，限制了小麦粉中的蛋白质的胀润，加水量可少一些。

（5）发酵时间　发酵时间对面团的发酵影响很大，一般来说发酵时间要看酵母的数量和质量，再参照温度、加水量、辅料的种类等而定。发酵时间过长，面团的质量差，酸味大，弹性也差，成品容易塌陷。发酵时间过短，发酵不足，成品体积小，色泽发暗。

知识三　工艺流程

1. 一次发酵基本工艺流程

配料→搅拌→发酵→切块→搓圆→整形→醒发→饰面（←蛋液）→烘烤→冷却→包装→成品

2. 二次发酵基本工艺流程

部分配料→第一次搅拌→第一次发酵→第二次搅拌（全部余料）→第二次发酵→撒粉→切块→搓圆→整形→醒发→饰面（←蛋液）→烘烤→冷却→包装→成品

3. 三次发酵基本工艺流程

部分配料→第一次搅拌→第一次发酵→第二次搅拌（部分余料）→第二次发酵→第三次搅拌（全部余料）→第三次发酵→切块→搓圆→成型→醒发→饰面（←蛋液）→烘烤→冷却→包装→成品

4. 快速发酵基本工艺流程

全部配料→搅拌→压片→卷条→切块→醒发→烘烤（←蛋液、饰面）→冷却→包装→成品

几种工艺的比较

一次发酵法：优点是周期短、风味好、食感优。
缺点是瓤膜厚、易硬化。

二次发酵法：优点是瓤膜薄、制品软、老化慢。
缺点是周期长、易发酵。

三次发酵法：优点是省酵母、软而大、香味足、口感好、老化慢。
缺点是周期长、耗工多、易发酵。

快速发酵法：优点是生产周期短、出品率高。
缺点是缺乏发酵产品特有的口感和香气、产品易老化、成本高。

随着面包工业的迅猛发展，目前其工艺方法又有了新的发明：

5. 冷冻面团生产基本工艺流程

调制面团→发酵→压片→整形→冻结→解冻→醒发→烘烤

知识四 制作要点

1. 面团的调制

（1）面团的概念 所谓面团，就是将配方规定量的小麦粉、酵母、食盐和水四大要素原料，再添加一定配比的营养辅料和其他风味料，按照一定的顺序和操作工艺制成的具有弹性和可塑性的含水固形物。

（2）影响面团的因素 调制面团时，投料的顺序大有讲究，往往因顺序的不同，使面包的品质有较大差异，因为面团的形成是一个复杂的物理和生物化学的变化过程。面包调制的好坏受多种因素的影响，主要因素有：小麦粉蛋白质的含量，面团温度，糖、油脂的添加量，添加的蛋、乳制品的数量和质量，食盐的添加量，水质、水量、水温，投料顺序和搅拌时间。

一般情况下，小麦粉中的蛋白质所吸收的水分占小麦粉总吸水量的60%～80%，小麦粉的吸水率与其蛋白质的含量成正比，一般加水量为小麦粉总量的50%～60%（包括液体原料的水分）。加水量过高，会使面团过软，减弱面团的弹性和延伸性。面团发黏给操作带来困难，发酵时易酸败，成品形态不端正，易成为次劣品。加水量过低，会使面团太硬，影响发酵，制品粗糙，质量低劣。

调制面团时，水温除影响糖、盐等辅料的溶化外，对面筋和淀粉的质量影响很大。为了适应酵母繁殖生长要求，温度不宜过高，调制好的面团温度，一般应控制在冬季25～27℃、夏季28～30℃，主要利用调节水温来控制面团温度。对原辅料的控制温度很重要，夏季应使原辅料保持在30℃以下，温度过高要用凉水调粉，冬季原辅料温度应控制在20℃以上为宜，但无论如何，水温最高不得超过50℃，否则会造成酵母死亡。

油脂也能影响面团搅拌。当油脂和小麦粉一起混合时，油脂就被吸附在小麦粉颗粒表面形成一层油膜，阻碍水分子向蛋白质胶粒内渗透，面筋得不到充分胀润，表层油膜使蛋白质胶粒之间结合力下降，使面团较软、弹性降低、黏性减弱。为防止油脂阻隔水与蛋白质结合，不要过早地放油。面团中油脂用量增加时，加水量要相应减少。

乳制品能使面团的吸水性发生变化。添加小麦粉量1%的奶粉，使面团吸水率增加1%，如不添加奶粉的面团用水量为58%，添加4%的奶粉后，用水量应从58%增加到62%。添加奶粉后的面团调粉时，要防止过度柔软，因为奶粉会使吸水缓慢，面筋生成也慢，搅拌时间要长些。

蛋品有较高的黏稠度，对小麦粉和糖的颗粒黏结作用很强，可使油脂、水、糖乳化均匀且分散到面团中去，而鸡蛋中的水量应算入总水量中，否则面团会因加水量过多而变软。加入适量的食盐能增加面筋的弹性，盐分子可以渗透到蛋白质中，而把水分子排挤出去，使胶体分子间距缩小，弹性增加。按常规加2%食盐的面团，与不加盐的面团相比，吸水率减少3%，又因食盐会使面筋硬化，因此吸水显著减少，面团生成迟延。食盐越多的面团，搅拌时间越长。调制面团的搅拌时间，常规在15～20min，它取决于小麦粉及辅料配入的量与质，也与搅拌的方式和水温关系密切。小麦粉筋力强，搅拌时间应长；反之，则短。

(3) 调制面团的投料顺序　调制面团的投料顺序因工艺不同而有很大差异。

一次发酵法的投料顺序如下所示：

酵母（全量）
砂糖（少量）
水（适量）
改良剂
} 加入小麦粉（↑糖、水、蛋；↑奶粉＋水）→搅拌第一阶段(2 ～ 5min)→形成初期（↑食盐水）
↓
（吸水期）搅拌第二阶段(5 ～ 7min)
＋
油脂
↓
面团成熟←搅拌第三阶段(4 ～ 6min)

二次发酵法是将部分小麦粉（例如30%）和全部酵母改良剂及适量水和少量糖先搅成面团，进行第一次发酵后，再将剩余原辅料一起加入搅拌成面团，进行第二次发酵。其余操作与一次发酵法相同。

不论何种发酵法调制面团时，食盐与油脂都应在面团搅拌一段时间后再加。因为在没有食盐的条件下搅拌，可使面团吸水迅速，加快面筋形成。

二次发酵法的食盐和油脂均以在第二次搅拌面团时加入为宜，即经过第一次发酵后，第二次调制面团时在小麦粉与其他辅料全部投入完后，略搅拌使面团初步形成时加入食盐水。

(4) 面团形成的过程　面团搅拌时，各种物料逐渐混合均匀，分布在小麦粉中的麦谷蛋白和麦胶蛋白吸水胀润。面筋从胀润开始，可以明显地感到面团逐渐变软，黏性逐渐减弱，体积随之膨大，弹性不断增强，面筋形成这个过程称为水化。

当小麦粉与水混合形成面筋后，会妨碍水浸透的作用，影响小麦粉的继续吸水。另外，面团中的食盐、砂糖等也会对面团的形成造成阻力，这就要用搅拌的形式使它们充分混合，经过分散、吸水和结合三个阶段，最终形成面团。

2. 调制面团各阶段变化与原理

(1) 拌和阶段　面包的配料是由多种原料与辅料组成的，这些原辅料要均匀搅拌成一体，使之形成面团。搅拌的第一步就是将各种配入的原辅料通过搅拌器的搅拌，使小麦粉和各种辅料与水混合。有一部分小麦粉已吸水，但是还没有形成面筋，这时候的物理性状是水及溶解在水中的物质构成的液相，随着搅拌时的气体混入，使调粉缸中的原辅料形成分散体的松散状。

（2）吸水阶段　在搅拌初期，由于蛋白质颗粒和淀粉颗粒吸水很少，面团的黏度很小。但是随着搅拌的进行，蛋白质大量地吸水膨胀，淀粉粒的吸附水量增加，面团的黏度也随着增大，形成淀粉、蛋白质完全被水湿透的状态。

经过搅拌机的搅拌，水和小麦粉充分拌和而形成固相面团。这时面团中的水一部分是结合的状态，这种结合水由淀粉和蛋白质表面吸附，不能流动，其余的水则呈自由流动形式分散在面团四周，搅拌要使小麦粉和水尽可能地混合均匀。自由水可使面团有易动性和可塑性，这是因为随着搅拌的继续，蛋白质大量吸收相当于自身重量两倍的水，使面团体积膨胀，淀粉吸水后其体积增长不大，但可使面团具有可塑性。这时候，小麦粉已完成了水的全部吸收任务，原辅料形成一块整体并有部分面筋形成，但尚未达到成熟。

（3）结合阶段　加油脂后再搅拌，达结合阶段。面团在搅拌中如吸水充分，可使面筋形成最佳状态，面团的弹性达到最大，具有一定的延伸性，而且各种配料调和均匀。此时，如果将一小块面团用手压成饼状平拉，可拉成均匀的薄膜状而不断裂、破碎，这个时期最适于制作面包，是搅拌的最佳状态，称为搅拌适中期，俗称结合阶段。这时的面团由固相、液相和气相三相构成，如表 2－1 所示。

表 2－1　　面团固相、液相和气相三相构成

总体积	三相比例	成分
面团体积 100%	固相 43% ～45%	淀粉 麸皮 不溶性蛋白质
	液相 45% ～47%	水 溶解在水中的物质
	气相 10%	搅拌时混入的气体 酵母发酵产生的气体

实践证明，延长调制面团的搅拌时间，可使气体增多，面团中的气体对于形成面包的多孔疏松性起着重要作用。搅拌不充分的面团，做成的面包体积小，孔隙度也差。面团中三相之间的比例关系，决定着面团的物理性质。如果提高面团中的液相和气相比例，就会减弱面团的弹性和延伸性，如果固相占的比例过大，也不利于面包体积的增长。因此，搅拌时要十分重视操作和控制好三相比例。

（4）过度阶段　随着不断的搅拌，水分大量地渗透到蛋白质胶粒内部和结合到面筋的网状组织内部，使面团具有良好的弹性和延伸性，一般可见面团表面具有光泽时，搅拌即告完成。倘若再继续搅拌，表面就会出现游离水浸湿现象，使面团又恢复黏性状态，这个阶段称为搅拌过度阶段，此时又称危险期。如果面团已达到危险期的程度，可采用延长发酵时间的办法补救，使它在醒发过程中恢复面团的物理特性，否则很易造成面包品质变劣。

（5）破坏阶段　当搅拌到某种程度时，也会引起巨大分子的解体现象，加上其他酶类的不断作用，会出现淀粉的液化、蛋白质部分分解现象。这时候的面筋完全被破坏，称为破坏阶段，这种面团就不能用来制作面包。

3. 面团的发酵技术

调制成熟后的面团结构紧实，通过发酵以后，面团则变成一个多孔性的海绵体，这一变化是靠酵母来完成的，即酵母利用面团中的营养物质，在氧气的参与下繁殖，产生大量的二氧化碳气体和酒精等物质，使面团变得膨松而富有弹性。

面团发酵正常，能赋予面包的好处主要有如下三点：其一，风味的形成。面团中有发酵产物的蓄积，赋予最终制品风味芳香，特别是酒醇香味。其二，组织的变化。使面团变成柔软而易于伸展的状态，促使面团易于成型加工，充分起发膨松，形成蜂窝组织。其三，面筋的成熟。发酵中发生氧化作用，使面团保气力增强，促使面筋成熟。

（1）面团发酵引起的变化　面团发酵中的微生物变化过程是从酵母、水、小麦粉、食盐和少量糖一起搅拌以后，酵母利用需要的养分和热能迅速繁殖。面团发酵的变化分酵母呼吸与酒精发酵两个阶段。

在面团发酵的初期，面团中的氧气和营养成分供应充足，酵母的生命活动旺盛，呼吸作用强烈，能迅速地将单糖分解为二氧化碳和水，并释放出能量，所有这些都积存在面团的内部。这时面团开始起发。

随着发酵作用的继续进行，二氧化碳气体逐渐增加，面团内的氧气相应减少，酵母在缺氧的条件下进行发酵，使面团内的单糖产生酒精和二氧化碳气体。实践证明，面包在发酵过程中，有氧呼吸与酒精发酵这两个过程很难区分。但是它们在不同发酵阶段，对面包生产所起的作用是各不相同的。氧气充足时，以有氧呼吸为主，氧气不足时，则以酒精发酵为主。在面团发酵过程中，需要有氧呼吸，使面团内产生大量气体，烤成的面包才有疏松的蜂窝状态。

面团发酵中缺氧是不利的，如果缺氧占了主要地位，相应的面团内的气体含量少，面团起发速度慢，就易受杂菌污染，面包易发生酸度过高或体积过小，影响面包的品质。总之，呼吸和发酵是酵母的生理现象，只要面团发酵成熟，面包的酒醇香味也就产生了。

（2）面团发酵成熟度的判断与控制　发酵成熟是指调制好的面团，经过适当时间的发酵，蛋白质及淀粉粒充分吸水，使面团的表面呈薄膜状，面团具有伸展性，有最大的气体保持力和适宜的风味，具备这种状态称作面团发酵成熟。这是面团发酵达到最适合制作面包的时期。

①发酵成熟程度对面包制作的影响：成熟适度的面团制成的面包皮质脆薄，

色泽明亮，内瓤蜂窝均匀且有白色光泽，芳香，柔软。成熟不足的面团俗称嫩面团，制成的面包皮色太深，瓤心蜂窝不匀，且呈白色，膜厚，香味淡薄。成熟过度的面团俗称老面团，制成的面包皮色太浅，没有光泽却有皱纹，瓤心蜂窝壁薄，气孔不均匀而有大气泡，有酸味和不正常异味，面包品质低劣。

②发酵成熟度的判断：判断面团发酵成熟度的方法很多，一般可根据感官经验来判断。

a. 眼看：用肉眼观察面团的表面已出现略向下塌陷的现象，则表示已发酵成熟。

b. 手触：操作者检查时将手指轻轻插入面团顶部，再将手指拔出，看面团的变化情况。

● 面团成熟：面团经手指接触后，不再向凹处塌陷，被压凹的面团不立即恢复原状，仅在面团的凹处四周略微向下落，则表示面团发酵已经成熟，应立即进行下道工序操作。

● 成熟不足：用手指插入面团顶部，面团被触成凹穴，凹处很快恢复原状，则表示面团发酵不足，应延长发酵时间，促使面团成熟。

● 发酵过度：如果面团的凹处随手指离开很快就向下陷落，即表示面团发酵过度。如果用这种面团制作面包，品质就要变劣。

c. 手拉鼻嗅方法：操作者取一小块面团，放置鼻下嗅闻辨别，并用手拉其面团检查弹性，以便作出正确的判断。

● 成熟面团：拉开面团有适度的弹性和柔软的伸展性，薄膜包着无数的微小气泡，表面的干燥度适当，气泡大小、膜的厚薄、纤维的粗细适当，用鼻嗅之有酒醇味和略有酸味即为面团已成熟。

● 成熟不足：面团的伸展性不充分，膜厚，拉裂时可见气泡分布粗糙，而且纤维也粗糙，面团的表面湿润而有黏着性；用鼻嗅之，酒精味不足，只有酵母味而无微酸味。

● 发酵过度：面团的表面比已成熟的面团干燥，拉伸时易断裂，面团内部发脆，黏结性差；闻起来有强烈的酸臭味。

③发酵成熟度的控制：

a. 调制面团时的加水量是关键之一，按常规在第一次调制面团时要使其吸水充分，吸水率大就会促进面团成熟。

b. 发酵室是制作面包的重要设备，一般发酵室温度要求 27 ~ 28℃，相对湿度要求 75% ~ 80%。第一次调制面团后的发酵温度控制在 27 ~ 28℃为宜，最高不超过 30℃。面团的发酵不是孤立存在的现象，受到各种因素的影响，如温度、酵母用量及发酵力、面筋中的酶和面团中的 pH 等，其中最主要的是 pH。面团发酵最佳 pH 应是 5.0 ~ 6.0，正常情况下是比较稳定的，只有酸败菌入侵以后，其产酸的结果会使 pH 降低，pH 到了 4.0 以下就不利于酵母的生长，同时，也将影响面包的口味。

4. 面包坯的整形与醒发

（1）面包坯的整形　面包坯的整形是指把完成发酵的面团按不同品种所规定的要求进行分割、称量、搓圆、静置、成型和装盘（入模）等过程。

①分割与称量：这是有密切联系的两个操作步骤，是将发酵成熟的面团按规格要求，分成重量相等的小块，分割与称量有手工操作和机械操作两种。将面团分割成小块时，面团发酵仍然在进行中，因此要求面团的分割时间越短越好，最理想是在 15 ~25min 以内完成，时间太长会导致发酵过度而影响面包成品的品质。

由于面包坯在烘烤后将有 10% ~12% 的重量损耗，故在称量时要把这一重要损耗计算在内。称量是关系到面包成品大小是否一致的关键，超重则影响企业的利润，重量不足则使消费者利益受损，而且影响到企业的声誉，因此，在称重时要避免超重和重量不足。

②搓圆：搓圆是将分割后的不规则小块面团搓成圆球状。经过搓圆之后，使面团内部组织结实、表面光滑，再经过 15 ~20min 静置，面团轻微发酵，使分块切割时损失的二氧化碳得到补充。搓圆分为手工操作与机械操作两种。

搓圆后静置，俗称中间醒发，是做好面包的一道很重要而又容易的工序，有人为了求速度快，搓圆以后立即进行成型，这样虽然也能做出面包，但是面包成品往往会有瓤心粗糙、表面光洁度欠好等弱点，因此必须有个静置几分钟的工序。

③造型与装饰：

a. 面包坯的造型：面包坯的造型既有一般的实用工艺美术的共同点，又具有特殊性。自古以来，食品的造型艺术在人们日常生活中占有重要地位。从出土的古面包化石来看，我们的祖先从石块、北斗星座、太阳、月亮等自然景物上得到启发，使用最古老、最广泛的是几何图形。人们又从动物和植物的形体上得到联想，设计出多种多样（如圆形、不规则几何形等）的造型食品。现今，常见的花色面包有圆形的、方形的、长方形的、蛋形的、多边形的、三角形的、腰圆形的等。有仿植物的造型面包，例如佛手面包、棍棒面包、菠萝面包、香蕉面包等，有仿动物造型的青蛙面包、黄鱼面包、虾形面包、蝴蝶面包、小鸭面包等。这些面包不仅用于食用，还可陶冶情趣。

b. 面包的装饰：面包装饰用的原辅料很多，以下是主要装饰料。

- 鸡蛋液：将蛋清、蛋黄打匀加适量清水，用排笔将蛋液涂刷在面包坯表面，进炉烘烤以后，面包表面会出现棕黄色的光泽。
- 白砂糖：可撒在面包坯表面，用稍低的炉温烘烤，面包表面有一层晶莹的砂糖粒。
- 糖粉：可撒在烤熟后涂油或糖浆面包的表面，增加美观和甜度。
- 果仁：包括花生、芝麻、核桃及椰丝之类，撒在面包表面，改善外观。

● 蜜饯：五颜六色的水果蜜饯切成小丁，撒在面包表面增加美感，提高口味和营养价值。

● 淇淋浆：是一种特殊的面包表面涂料，能增加美感。

● 风糖：是一种特制的面包表面装饰料，能增加美感与甜味。

此外，还有奶油膏和蛋白膏，既是蛋糕的装饰料，又是面包的装饰料。

（2）面包坯的醒发

①醒发的概念：成型后的面包坯，经最后一次发酵而达到应有的体积和形状，称为醒发。因经过成型操作的面包坯，中间的气体已被压挤排出，面团膨胀不大。如果把这样的面包坯送入烤炉内烘烤，虽也能使体积膨胀，但远远达不到要求，烤出的面包体积很小，内瓤粗糙，面包顶部和侧面会出现裂纹，因此对经过成型操作的面包坯，用稍高的温度和湿度，使酵母能产生最大的活力，从而使面包坯发酵膨胀到最适当的体积，并得到符合要求的面包形状，我们把这次发酵称作醒发（最后发酵）。

②醒发的技术要求：面包制作过程中的醒发如果稍有操作不当和疏忽，便会前功尽弃。掌握好醒发的关键是认真控制好对醒发影响最大的温度、湿度和时间等，因为温度过高，醒发速度就快；反之，醒发速度就慢。理想的温度以 38℃为宜，时间一般应控制在 50min ~ 1h。

湿度也是面包坯醒发的重要条件，醒发室的湿度低，面包坯容易结皮干裂；湿度过高，面包坯的表面容易凝结水滴，产生斑点，两者都会影响面包成品的质量。醒发适宜的相对湿度是 85% ~90%。

③醒发的方法：分为人工醒发和机械控制醒发两种方法。

所谓人工操作，即间歇式醒发，一般是在一间特备的醒发室进行，以蒸汽为热源，由锅炉供气，通过管道控制温度与湿度，有一定规模的面包厂多用这种方法醒发。此外，还可利用电热产生热量，使水沸腾而得到需要的温度与湿度，这种醒发方法常在中小型面包厂使用。大型的面包工厂使用机械化成套面包设备，用机械连续醒发的方法，可连续化生产，便于自动控制。

④醒发成熟度判断：面团醒发是否成熟，关系到面包品质的优劣，要凭操作者的经验来进行判断，判断办法如下。

第一，按面包坯体积大小来决定。一般将面团在搓圆时的体积和醒发成熟后的体积相比较，以增加体积 2 ~3 倍为宜，少数品种发酵程度要达到 3 倍，但是不宜超过 3 倍，否则面包品质变劣。

第二，按照面包坯的透明度、触感等方法来确定。一般用手轻轻接触面包坯，面团破裂塌陷，则表示面包坯醒发已过度了；反之，用手轻轻触面包坯，如果有硬的感觉，则是不成熟的面包坯。还可按照透明度来判断，面包坯未成熟时，不透明且有硬感，成熟的面包坯，则接近于半透明。

第三，按面团体积大小来判断。一般以面团搓圆后到醒发成熟，按其烤成的面包体积的80%为宜，留有20%体积让其在炉内膨胀。

5. 面包坯的烘烤与面包的包装

（1）面包坯的烘烤与面包的冷却

①烘烤的基本原理：将醒发成熟的面包坯放入烤炉内，使它在烤炉的热量下，由生变熟的过程称为烘烤。加热的方法是通过传导、辐射、对流方式进行的，其中辐射加热最为主要，传导次之，对流加热最少。红外线烘烤主要是靠辐射热，因而对面包烘烤工艺十分理想。在烘烤初始的几分钟里，面包坯内固有的二氧化碳受热扩张，促使面包体积剧烈膨大。

烘烤期的发酵作用比任何阶段都急剧，主要是因为烘烤引起微生物的变化。酵母在这样的温度下，促使面包的体积很快地增大，当温度加热到45℃以上时，酵母的发酵能力就逐渐地减慢，当温度到50℃以上时，酵母菌就死亡了。此时，发酵产生的酒精因受热而变成气体，以及水的汽化作用和乳酸一类其他发酵物生成的气体物质，都能促使面包的体积增大。不过，面包体积不如开始一段时间内增长得快，这时烘烤的变化主要是使面包的骨架（面筋）固化定型，因此，炉温必须高些。面包皮色是小麦粉中的淀粉及糖分发生了化学变化的结果，称为焦化作用。颜色的深浅，完全要看炉温的高低，以及面包坯中尚未发酵的糖分含量的多少，如炉温不足、糖分不多，则使面包的皮色变得灰白；反之，如炉温过高，糖分过多，则要产生黑色焦斑和坚厚的面包皮。过低或过高的炉温均不理想。

烤炉的最佳温度，必须在生产实践中由炉工自己摸索。因为炉型不同，烤炉所选发热器不同，即使用同一类型的烤炉，由于热电器安装的位置不同，所测量到的温度数据也不相同，绝不可生搬硬套。还有，一般烤炉的温度都因烘烤物的吸热而使炉温迅速下降，当面包坯入炉烘烤后，面团中蒸发出大量水分，炉温就要下降，故而烘炉工应随时注意调节和维持炉内的温度。

注意涂油不仅要均匀而且量要适当。过少可粘连面团，过多则使面包底部焦化，使面包变形，尤其面包坯在入盘时注意摆放均匀，之间留有空隙，过度紧密会使面包坯粘连而破坏形态。

②烘烤对面包质量的影响：烘烤是制作面包的关键工艺之一，面包的品质优劣与烘烤有着直接的关系。烘烤时应掌握好炉温及湿度，并按品种的不同来确定烘烤的温度与烘烤的时间。面包的烘烤时间因品种、形态、大小的不同而有差异，应随烘炉温度和面包体积而定。一般成品重80～100g的圆面包在230～250℃的炉温中烘烤5～6min；150～200g重的长方形的装模面包，在炉温150～200℃时烘烤14～18min。烘烤中面包坯体积的变化，按目测经验，可分为“增长阶段”与“不变阶段”两部分。

如果炉温不足，面包的体积就会变得过大；反之，炉温过高，面包的体积会过小，过大或过小都是质量低劣的表现。此外，还应十分重视烘烤均匀度，即烤成的面包，在各边应有同样的颜色。如果烤炉的面火过大、底火不足，或面团发酵不当，就会使面包产生深褐色的顶部、灰白的四边或者灰白的底面；反之，如果面火不足、底火过旺，也会造成面包底部发生焦化或边部的色泽不够理想，这些都是烘烤中的主要质量问题。同时，炉内过于干燥，面包的表皮则很快形成并硬化，不仅限制了面包体积的增大，而且容易发生外焦里生的劣质现象。

③面包的冷却与要求：面包出炉以后，要经过一段时间的冷却，其目的主要是防止面包变形与霉变。

刚出炉的面包由于温度很高，外表虽然结壳发硬，面包的瓤心水分却很高，面包很软，经不起外界压力，稍用手指一碰就会使面包变扁，压坏的面包不能再弹起来，这种面包吃起来好似吃面块疙瘩，影响面包固有的形态与风味。如果面包出炉后经过冷却，使其内部的水分随着热量的散发而蒸发，表皮冷却到一定程度就可以承受一定的压力，用手指按压，手一松面包就会迅速恢复原状。

刚出炉的热面包，如果冷却不透就包装，面包的含水量就会过高。这样的面包在放置过程中，容易被霉菌污染而变质，发生酸败而促使面包变酸，有霉味或异臭味，为此，面包出炉后要经过冷却的过程才能进行包装。

刚出炉的面包，它的外壳温度可高达 180℃左右，瓤心的温度却仅有 98℃左右，随着冷却，面包内外的温差产生剧烈的变化，外壳接触到冷空气以后，很快就可以冷却下来，但是，内部的温度很难马上降下来，因为，面包瓤心的热量逐渐透过面包层，传到外壳而慢慢地冷却下来。一般要使面包瓤心冷却到 35℃而面包表层温度达到室温时为宜。夏季室温 35 ~ 40℃需排风；春、秋、冬季室温 30℃，可自然冷却。

（2）面包的包装形式与材料

①包装的重要性：面包的包装十分必要，概括起来有如下几点。

其一，面包包装后不直接与空气接触，可以保持产品的卫生，防止细菌和杂质污染。

其二，面包包装后可延缓老化。因为不包装的面包暴露在空气中，水分损失会越来越多，引起面包重量和体积下降，干硬掉屑、品质变劣。

其三，面包包装后可保持风味。因为面包老化后会失去松软适口的特点，口味变劣。

其四，面包包装后可防止运输途中的破损变形。

其五，面包包装的图案可增加产品的宣传效果，增强销售力，有了包装才可能将一些必要的要素印刷标明，使消费者对成品增加信任感。

②面包的包装形式：面包一般以小包装为主，不用外包装，而使用周转箱进行运输和销售。所谓小包装，是指直接与产品接触的包装（也称内包装、销售包装），它起直接保护商品的作用。

面包使用的包装有纸形包装，例如枕式奶油面包、吐司面包等；有纸袋装的形式，例如鸡蛋圆面包等，这些都是单个包装形式。塑料袋装形式，这种形式既可装一个面包，又可以几个面包组合，既清洁卫生，又可看到包装内的产品，受到普遍欢迎。

周转箱是指在工厂与商场周转用的包装容器，周转箱有适应市区短途运输和方便商场销售的优点。

③面包的包装材料：不论哪一种，都要选择无毒、无异味，允许与食品接触的包装材料。

a. 纸制品包装：以纸为原料制成的商品包装统称为纸制品包装。对面包应选择包装效果最佳的纸张。如果采用机械包装面包，首先要求纸质结实、具有拉力、延伸性要小。对于纸的光泽度、透明度、厚度等商品价值的效果，可按不同产品要求而定，一般要掌握如下几点：透气性要小，抗拉强度要高，延伸性要小，耐破裂力要大。

b. 塑料制品包装：这是目前使用最多的种类，具有使用方便、透明度强的优点，一般都制成塑料袋，印有彩色商标图案，商品宣传效果很好。

知识五　生产中注意事项

1. 调粉时注意事项

为得到优质的面团，调粉时必须注意以下几点。

（1）酵母应均匀地散布在面团中，有利于酵母的生长与繁殖，促进面团发酵。

（2）搅拌要均匀，防止面团发生粉粒现象（小麦粉需过筛）。

（3）加水量要充分，面筋是在面筋蛋白充分吸水的条件下形成的，所以加水量充分的面团在发酵过程中能使酵母发酵产生的气体不易逸出，形成膨松性好的面团。

（4）做软式主食面包要求尽量多加水，形成柔软面团，这样成品组织细腻、口感松软、富有弹性，且保鲜期较长。但也不是水越多越好，太多的水会使面团稀软，整形操作困难，不易烤熟，且面包成品容易在两侧向内陷入，吃时粘牙。面团的加水量应视所用小麦粉的吸水量和面团配方的成分而定。一般配方中有糖、油脂、蛋等成分，加水量应少些；而有乳粉的配方则应适当增加水的用量。

（5）搅拌面团时要特别注意搅拌终点（即面筋完全扩展）的判断，搅拌不足会降低面包质量，更不能搅拌过度。判断面团是否达到面筋完全扩展的程度，可用手触摸面团顶部，感觉有黏性，手离开面团不粘手，且面团表面有手指黏附的痕迹，但很快消失，说明面团已完全扩展。

（6）要注意水的温度，发酵面团的温度一般要求在 28 ~ 30℃，这个温度不单是发酵的适宜温度，而且也是小麦粉中蛋白质吸水形成面筋的重要条件。为了得到温度适宜的面团，一般是用提高或降低水的温度来调节，但也应注意水的温度最高不要超过50℃，以免影响面团的工艺性能。面团搅拌（调制）成熟后，就可以进行发酵了。

2. 发酵时注意事项

为了增加酵母的产气力，一般采取的方法是增加酵母用量，增加面团的温度，加酸调整 pH。

3. 分割时注意事项

（1）面包听模的大小应与分割面团的体积大小相适应。听模太大，会使面包内部组织不均匀、颗粒粗糙；听模太小，则影响面包体积，且顶部胀裂太厉害、形状不佳。一般每50g的面团需要167.5～173.5cm^3的体积，模宽:模高为1.0:1.1。听模不宜太高，太高会使面包两侧不易烤熟，不利于热能的合理利用。听模在装入面团之前，要注意使其温度与室温基本相同，太高和太低都不利于面团醒发，在实际操作中，尤其是要注意到这一点。刚出炉的面包听模不能立即用于面团装盘，必须冷却到32℃左右方能使用。

（2）整个操作过程中尽量不要撒干粉，干粉过多会使面包内部出现大的孔洞或条状硬纹。如在操作中面团粘手不便于操作，可用手指蘸些液态油在两手掌中摩擦，手上形成一层均匀的薄油膜便可防止面团粘连，有利于操作。

4. 烘烤面包坯时注意事项

烘烤面包坯时，要特别注意炉温的控制。面包坯入炉前可将炉温调得稍高一点，因为在打开炉门放进烤盘时，会造成一部分热量的损失，适当调高入炉温度，主要是为了避免入炉时炉温下降得太低，影响烘烤质量。烘烤时要注意根据不同类型烤炉的特点来控制炉温，如烤炉有炉温不均匀现象，那么在烘烤过程中就要适时调转烤盘方向，以使面包成熟均匀，保证成品质量。

5. 其他注意事项

在使用各种机械进行操作时，首先必须阅读机器的使用说明书，熟悉机器的使用方法及其性能，根据面包制作各个步骤的要求正确操作。

知识六　烘焙计算

1. 配料用量及烘焙百分比计算

在设计面包配方时，一般以小麦粉为基准，设小麦粉用量为100，而其他配料的烘焙百分比已知，便可据此计算出各种配料的用量。

例1：若投入小麦粉3 000g制甜面包，已知其他用料烘焙百分比。求其用量。

解：已知甜面包各种配料的烘焙百分比，如表2－2所示。

表 2－2　甜面包配方

原料名称	烘焙百分比/%	用量/g	原料名称	烘焙百分比/%	用量/g
面包专用粉	100	3 000	奶粉	3	
细砂糖	20		鸡蛋	10	
酵母	1		油脂	8	
食盐	0.8		水	45	
改良剂	0.4				

故：细砂糖应投入　3 000 ×20% =600（g）
　　酵母应投入　3 000 ×1% =30（g）
　　食盐应投入　3 000 ×0.8% =24（g）
　　改良剂应投入　3 000 ×0.4% =12（g）
　　奶粉应投入　3 000 ×3% =90（g）
　　鸡蛋应投入　3 000 ×10% =300（g）
　　油脂应投入　3 000 ×8% =240（g）
　　水应投入　3 000 ×(±45%) =1 350（g）

例 2：已知法式脆皮包小麦粉投入量2 000g。酵母20g，改良剂10g，盐40g，水1 000g。求各种配料烘焙百分比。

解：已知法式脆皮包原辅料的用量，见表2－3。

表 2－3　法式脆皮包配方

原料名称	烘焙百分比/%	用量/g	原料名称	烘焙百分比/%	用量/g
小麦粉	100	2 000	盐		40
酵母		20	水		1 000
改良剂		10			

故：酵母的烘焙百分比　$\frac{20}{2\ 000}=1\%$

　　改良剂的烘焙百分比　$\frac{10}{2\ 000}=0.5\%$

　　盐的烘焙百分比　$\frac{40}{2\ 000}=2\%$

　　水的烘焙百分比　$\frac{1\ 000}{2\ 000}=50\%$

2. 调粉用水温度计算

为保证面团温度在一个合适的范围，一般采取用水温来调节的办法。

（1）快速法、中种法调制面团，水温计算公式

水温 =(面团理想温度 ×3) -(室内温度 + 小麦粉温度 + 机器摩擦升温)

（2）主面团计算公式

水温 =（面团理想温度 ×4）-（室温 + 粉温 + 机器摩擦升温 + 中种面团温度）

例3：快速法调制面团，夏季室温 30℃，粉温 30℃；冬季室温 25℃，粉温 15℃；面团理想温度为 26℃，计算调制水温为多少？

解：根据公式

水温 =（面团理想温度 ×3）-（室内温度 + 小麦粉温度 + 机器摩擦升温）

夏季水温 = 26℃ ×3 -（30℃ + 30℃ + 10℃）= 8℃

冬季水温 = 26℃ ×3 -（25℃ + 15℃ + 10℃）= 28℃

注：机器摩擦升温，根据搅拌机转速发生变化，见表 2 -4。

表 2 -4 不同搅拌机转速的摩擦升温

搅拌机/（r/min）	转速	摩擦升温/℃
80 ~ 100	慢速	10 ~ 12
160 ~ 200	快速	18 ~ 24

项目三 面包的质量标准

知识一 面包的感官质量标准

1. 外观

面包的外观检查内容包括：质量、体积、形态、色泽、杂质和包装六个方面，检查方法和要求如下。

（1）质量 用 1 000g 托盘天平称量，10 个面包的总质量不应高于或低于规定重量的 10%。

（2）体积 以 cm^3 为单位，听子面包以长 × 高 × 宽计算其体积。圆形面包以高 × 直径计算其体积。其体积应符合标准中的规定。

（3）形态 听子面包两头应同样大小。圆形面包的外形应圆整，形态端正，不“塌架”成饼状。

（4）色泽 按照标准色样比较。有光泽，不焦不生，不发白，无斑点。

（5）杂质 表面清洁，四周和底部无油污与杂质。

2. 内部

面包的内部感官检查主要查内部组织、口味，具体方法与要求如下。

（1）内部组织 用刀横断切开，面包的蜂窝细密均匀，无大孔洞，蜂窝壁薄而透明度好。富有弹性，瓤色洁白，撕开成片。带有果料的面包，果料分布要均匀。

（2）口味鉴定 面包口感柔软，有酵母特有的酒醇香味，无酸味或其他异味。

3. 外包装

（1）标志　外包装的标签必须符合 GB 7718—2011《预包装食品标签通则》的规定。

（2）包装　产品的外包装应有产品名称、数量、生产日期等。包装要严紧，商标图案要端正。各种形式的包装均应清洁，无毒、干燥、无味。

（3）运输　必须使用符合卫生要求的专用工具、容器运送成品。装箱整齐，不挤不压。

（4）贮存　成品必须贮存在专用仓库内，不得与有异味或水分含量较高的物品混存。

4. 感官指标检验

（1）面包比体积的检验　比体积是指量出面包的体积大小，比较同质量的面团，求出的一定的数值。比体积是衡量面包膨松性的重要标志，发酵优良、质地柔软的面包比体积较大，但比体积过大的产品，面包内部瓤心的空洞粗大，易断裂，影响弹性。面包是否优良，可根据比体积来定：主食面包比体积为 3.5 ~ 4.5mL/g，花色面包比体积为 4 ~5mL/g。

例如，同一质量的两块面团，经不同方式烘烤成面包，分别测量其质量，互相比较，以便判定其大小，体积是否符合规定标准要求。

①检验方法：取面包一个（具一定代表性），称量后置于较大体积干净的容器内，然后用较小颗粒的充填物（菜籽、小米等）加入容器中并摇实，用直尺在容器上部将充填物刮平。取出面包后，把小颗粒的充填物装入带有刻度的量桶中测量其体积。容器体积减去充填物的体积即为面包的体积。

②结果计算：

$$\text{面包比体积（mL/g）} = \frac{\text{面包体积（mL）}}{\text{面包质量（g）}}$$

比体积的结果计算到小数点后两位。两次平行实验结果允许误差≤0.1，取其平均值即为测定结果。

（2）面包孔隙度的检验　面包孔隙度是指面包瓤心的孔隙度所占的体积百分比。

①检验方法：

a. 仪器和试剂：50mL 量筒 1 个，小刀 1 把，植物油 30mL。

b. 操作步骤：取面包 1 个，轻轻剥去面包皮，用小刀于中心部位切取正方体面包瓤 1 块（边长 3cm，如不是 3cm，也一定保持边长一致），将其用力捏紧，使其成为一圆柱形的面团块。取 50mL 量筒，注入 30mL 植物油，将已捏紧的圆柱形面包瓤块轻轻投入量筒中，静置 5min，观察植物油液面上升的毫升数。

②结果计算：

$$面包孔隙度（\%）=\frac{面包瓤块体积-油液上升体积}{面包瓤块体积}\times 100\%$$

其中 面包瓤块体积=面包瓤块的边长的立方

油液上升体积=量筒底面积×油液上升高度（相当于面包吸油体积）

5. 面包感官要求

面包感官要求应符合 GB 20981—2007《面包》的规定，如表 2-5 所示。

表 2-5 面包感官要求

项目	软式面包	硬式面包	起酥面包	调理面包	其他面包
形态	完整，丰满，无黑泡或明显焦斑，形状应与品种造型相符	表皮有裂口，完整，丰满，无黑泡或明显焦斑，形状应与品种造型相符	丰满，多层，无黑泡或明显焦斑，光洁，形状应与品种造型相符	完整，丰满，无黑泡或明显焦斑，形状应与品种造型相符	符合产品应有的形态
表面色泽	金黄色、淡棕色或棕灰色，色泽均匀、正常				
组织	细腻，有弹性，气孔均匀，纹理清晰，呈海绵状，切片后不断裂	紧密，有弹性	有弹性，多孔，纹理清晰，层次分明	细腻、有弹性，气孔均匀，纹理清晰，呈海绵状	符合产品应有的组织
滋味与口感	具有发酵和烘烤后的面包香味，松软适口，无异味	耐咀嚼，无异味	表皮酥脆，内质松软，口感酥香，无异味	具有品种应有的滋味与口感，无异味	符合产品应有的滋味与口感，无异味
杂质	正常视力下，无可见的外来异物				

知识二 面包卫生质量标准

面包卫生质量应符合 GB 20981—2007《面包》的规定。

1. 理化指标

理化指标如表 2-6 所示。

表 2-6 理化指标

项目	软式面包	硬式面包	起酥面包	调理面包	其他面包
水分/% ≤	45	45	36	45	45
酸度/°T≤			6		
比容（质量体积）/(mL/g)			7.0		

2. 微生物指标

微生物指标如表 2－7 所示。

表 2－7　微生物指标

项目		指标	
		热加工	冷加工
菌落总数/(cfu/g)	≤	1 500	10 000
大肠菌群/(MPN/100g)	≤	30	300
霉菌计数/(cfu/g)	≤	100	150
致病菌（沙门菌、志贺菌、金黄色葡萄球菌）		不得检出	

3. 检测方法

（1）面包水分检测

①操作：称取面包芯 3～4g，破碎后置于 103～105℃烘箱中烘 2h 后取出，放入干燥器中冷却 0.5h 后称重，再置于 103～105℃烘箱中烘 1h 后取出，第二次放入干燥器中冷却 0.5h 后称重。如此反复，一直到前后两次质量之差≤0.005g 为止。

②结果计算：

$$水分（\%）=\frac{m_1-m_2}{m_1-m_3}\times 100\%$$

式中　m_1——称量瓶和试样质量，g

m_2——称量瓶和试样干燥后的质量，g

m_3——称量瓶质量，g

测定结果要求计算到小数点后两位，两次以上试验误差≤0.2%，取平均值为测定最终结果。

（2）酵母发酵力检测　众所周知，生产面包时发酵面团主要是依靠酵母生产呼吸和发酵作用时排出的代谢产物 CO_2 来膨松面团的。因此，如果使用了发酵力不理想的酵母，会使整个发酵工艺产生问题。下面介绍一种多年来行之有效的发酵力测定方法，其装置见图 2－1。

①材料：小麦粉 280.0g，氯化钠 2.0g，蔗糖 2.8g，活性干酵母 2.8g，30℃温水 150mL。

②操作：

a. 将各种物料依次混合于温水中，置 30℃保温箱中溶解，并迅速将面团放入 A 瓶中。

b. 将预先保温的 A 瓶用石蜡封口，在电热恒温水容器中保温 30℃，第 1h 和第 2h 后观察量筒 D 中的集水量。

③工作过程：首先将 2 500mL 水溶液装入 B 瓶。随着 A 瓶中酵母发酵时间的

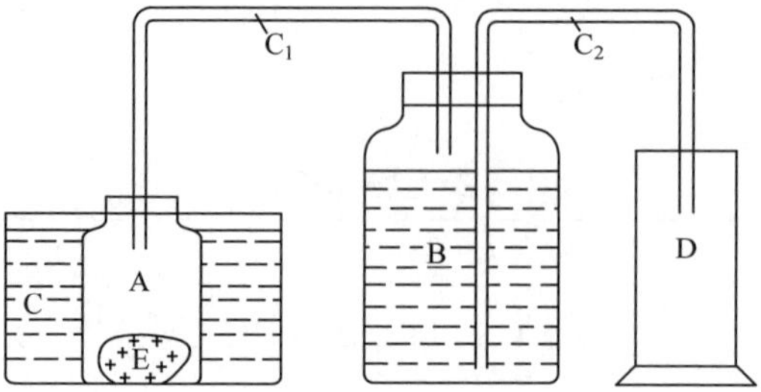

图 2－1　发酵力测量装置

A—1 000mL 广口玻璃瓶

B—2 500mL 装有排出液的小口试剂瓶

C—恒温水浴　C_1—排气管　C_2—排液管

D—1 000mL 玻璃量筒　E—面团

延长，A 瓶中会产生大量的 CO_2 气体进入 B 瓶中，B 瓶中水溶液流入量筒 D 中。

酵母发酵力的强弱，可依其排水量（量筒 D 集水量）的多少来判别。排水量达 1 000mL 以上者为活性较强酵母，800～1 000mL 为中等，800mL 以下较差，600mL 以下者为劣等。

通过这种方法经常测试酵母活性，可更好地指导生产，从而避免酵母失活造成生产损失。

项目四　典型面包加工

知识一　快速发酵法工艺

1. 工艺流程

全部配料→调制面团→压片→卷条→切块→醒发→烘烤→冷却→包装→成品

（饰面（蛋液）→醒发）

2. 操作要点

快速发酵法在发酵时间上大大缩短，甚至没有发酵时间，面团的起发主要靠机械作用和还原剂、氧化剂的帮助来完成。

快速发酵法生产面包，只需将小麦粉、水、酵母、盐、糖、油脂及浓缩混合物（改良剂——还原剂和氧化剂）一起搅拌就形成了面团。搅拌时间短，其原因是在搅拌期间还原剂能够破坏小麦粉中蛋白质分子间的二硫键，减小了面筋对机械作用的阻力，从而缩短了面团搅拌时间。

中间发酵时间尽可能短，因为在面团中添加了大量的氧化剂，这些氧化剂可以使被破坏的面筋重新结合起来，以利于后几道工序和面团适当的持气性能。如果中间发酵时间太长，将引起面团过度的韧性，不利于面团的整形。

由于发酵时间很短甚至没有发酵过程，因此面团的 pH 将较高（不酸），酵母的产气能力要比普通发酵法酵母的产气能力低得多，故为了增加酵母的产气力，一般采取增加酵母用量、增加面团的温度、加酸调整 pH 等方法。

（1）快速发酵法的优点

①节省生产时间：从原料称重到产品包装，完成全过程只要 2.5～3.0h。

②提高了产量：无发酵损失，并且提高了面团的吸水率。

③不合格产品少。

（2）快速发酵法的缺点

①缺乏发酵产品的口感和香气，这是因为无发酵和发酵时间短的缘故，则有时在面团中加甜味剂或其他糖蜜及香味料，弥补口感与香气不足。

②产品贮存期短，这是由于缺少对淀粉作用的缘故，可使用乳化剂来改善。

③原料成本高，由于酵母用量多，添加的浓缩混合物多。

通常情况下，快速发酵法制作出来的面包在出炉后 1～18h 口感最佳。

3. 快速发酵法的原理及过程

（1）缩短了发酵时间　通过机械搅拌和生物化学变化形成面团，从而缩短了面团搅拌时间。

（2）由于酵母用量增加、面团温度升高并加入了酵母食料成分，故提高了发酵速度。

（3）由于使用还原剂、氧化剂等，使形成的面团质量较好。用水量稍降低，防止面团黏度过大。

4. 加工实例

（1）蛋奶甜吐司配方见表 2－8。

（2）制作过程

①A 慢速搅匀约 1min，加入 B 慢速搅匀后，快速搅拌 6min。

②将面团面筋扩展至八成（面团表面光滑），改慢速后加入 C，搅至均匀后，快速至面筋完全扩展。

表 2－8　　蛋奶甜吐司配方（快速法）

原料名称	烘焙百分比/%	用量/g		原料名称	烘焙百分比/%	用量/g	
砂糖	24	240	A	酵母	2	20	B
鸡蛋	15	450		改良剂	0.3	3	
水	40	400		牛油香粉	0.3	3	
柠檬黄	适量	适量		牛油蛋香粉	0.3	3	
高筋小麦粉	100	1000	B	盐	0.8	8	C
奶粉	4	40		奶油	10	100	

③面团温度 30℃，分割，成型，入模。

④醒发温度 38℃，相对湿度 85%，时间约 95min。

⑤烘烤：面火 180℃，底火 170℃，时间 35min。

知识二 一次发酵法工艺

1. 工艺流程

配料→面团调制→发酵→切块→搓圆→整形→醒发→饰面（蛋液）→烘烤→冷却→包装→成品

2. 操作要点

（1）配料 按配方将各种原、辅料准确称量后备用（干料过筛，糖、乳等用水制成溶液）。

（2）调制面团 将全部小麦粉和水投入调粉机内，再将砂糖、食盐等其他辅料一同加入调粉机内，先慢速搅拌 0.5～1.0min 后，加入活化好的酵母溶液，待混合片刻后加入油脂，继续慢速搅拌，当干湿原料搅拌均匀后再改为中速，待面团表面有光泽、柔软细腻、具有良好延伸性时，则表明搅拌成熟。调制后面团温度最好保持在 28～30℃（此温度为酵母发酵的适宜温度）。

（3）面团发酵 面团发酵是由酵母的生命活动来完成的，酵母利用面团中的营养物质，在氧的参与下进行繁殖，产生大量的二氧化碳气体和其他物质，使面团膨松富有弹性，并赋予成品特有的色、香、味、形。

在面团发酵的过程中，单糖是酵母最好的营养物质。在一般情况下，小麦粉中的单糖是很少的，它不能满足酵母发酵，有时则需在面团中添加可发酵的糖，才能保证面团的正常发酵。

将调制好的面团放入发酵室内，温度 28～30℃，相对湿度 75%～80%，发酵 2～3h。

（4）整形 经过发酵成熟后的面团应立即整形，其工序包括：分割、称量、搓圆、静置、成型和装盘（入模）等。

（5）醒发。

（6）烘烤、冷却、包装。

一次发酵法比二次发酵法具有时间短、生产周期快的优点，但是由于发酵时酵母用量大、工艺条件掌握不好，易使制品风味较差。为了获得良好口味的面包，以二次发酵方法为佳。

3. 加工实例

（1）甜面包配方见表 2－9

（2）制作过程

①A 慢速搅拌 1min，加入 B 慢速搅拌 4min，加入 C 慢速搅拌 2min，改用快

速搅拌 5min 完成。

表 2-9　甜面包配方（一次发酵法，直接法）

原料名称	烘焙百分比/%	用量/g		原料名称	烘焙百分比/%	用量/g	
高筋小麦粉	100	1 000	A	炼乳	0.5	5	A
白砂糖	20	200		鸡蛋	6	60	B
奶粉	4	40		水	52	520	
酵母	1	10		奶油	8	80	C
改良剂	0.4	4		食盐	1	10	

②面团理想温度 28℃。

③发酵工艺参数　温度 28℃，相对湿度 75%，时间 45min。

④分割、搓圆、静置 20min 后成型。

⑤最后醒发：温度 38℃，相对湿度 85%，时间 120min。

⑥烘烤：面火 190℃，底火 190℃。

知识三　二次发酵法工艺

1. 工艺流程

部分配料→[第一次搅拌]→[第一次发酵]→[第二次搅拌（全部余料）]→[第二次发酵]→[揿粉]→[切块]→[搓圆]→[整形]→[醒发]→[饰面（蛋液）]→[烘烤]→[冷却]→[包装]→成品

2. 操作要点

二次发酵法是将配方中的原辅料，经过二次调制面团和二次发酵的方法。

（1）第一次面团发酵（中种面团或种子面团）　将 60% 或 70% 的小麦粉、全部酵母及适量水投入搅拌器中搅成面团，温度 20～30℃，相对湿度 75%～80%，发酵 3.5～4.5h，当面团发酵后再进行第二次调制面团。

第一次面团发酵程度判别如下：面团体积膨胀到原来体积的 4～5 倍；面团顶部稍微塌陷；用手指向上拉起面团，很容易断裂，表示已经完成发酵。如果拉起后仍有强烈弹性，则表明发酵不足，还需继续再发酵。发酵好的面团表面干燥，同时有很规则的网状结构。

（2）第二次发酵（主面团发酵）　将第一次发酵成熟的面团放入调粉机内，加入全部剩余原辅料调制成团。其发酵温度和时间可根据气温的高低来掌握，一般温度为 25～31℃，发酵 2～3h，面团即可成熟。

（3）揿粉　第二次发酵成熟后的面团，应该立即进行揿粉。揿粉是不可缺少的工序。面团经过揿粉，可以驱除 CO_2 气体，补充新鲜空气，使发酵重新旺盛地进行，防止产酸，使面包结构良好并产生特有风味。揿粉的次数应根据面团发酵程度而定，一般可以进行一次或二次，有时也可以进行三次。

揿粉的方法：将已发起的面团压下去，驱跑面团内部的大部分 CO_2 气体，再把发酵槽的四周及上部的面团翻压下去，使原来发酵槽底部的面团翻到槽的上面来。揿粉后的面团，再继续发酵 20min 左右，使其恢复到原来发酵状态，然后再进行第二次或第三次揿粉，也有用搅拌机来揿粉的。

（4）整形　经过发酵成熟后的面团应立即整形，其工序包括：分割、称量、搓圆、静置、成型和装盘（入模）等。

（5）醒发。

（6）烘烤、冷却、包装。

3. 加工实例

（1）法式面包配方见表 2－10

表 2－10　　法式面包配方（二次发酵法，中种法）

原料名称	烘焙百分比/%	用量/g		原料名称	烘焙百分比/%	用量/g	
高筋面粉	50	2500	A	改良剂	0.3	15	B
低筋面粉	20	1 000		食盐	2	100	
酵母	1	50		水	8	400	
水	60	3 000		砂糖	1	50	
高筋面粉	30	1 500	B	奶油	1	50	C

（2）制作过程

①A 搅拌成面团，在温度 26～28℃，相对湿度 70%～75% 条件下，发酵 2～3h。

②把发酵后的 A 放入调粉缸中，加入 B 搅拌至面筋扩展后，再加入 C，继续搅拌至面筋完全扩展。

③分割，搓圆，室温下发酵 20～30min，再静置 20～30min 后成型，醒发 60～90min。

④入炉前，在面包坯表面用快刀划口。

⑤烘烤：面火 210℃，底火 190℃，蒸汽烘烤。

⑥出炉，冷却，包装。

知识四　三次发酵法工艺

三次发酵法工艺在欧洲国家非常盛行。例如，著名的法国面包、俄罗斯面包、意大利面包、维也纳面包等，部分品种就是利用三次发酵法来生产的。一般来说，制作面包时，面团发酵次数越多，面包风味就相对越好，但生产周期较长，我国目前一般不用，但对一些传统名特面包，采用三次发酵法，可在风味上较其他方法生产的大众化的面包具有鲜明特色，提高产品的知名度和市场竞争能力。三次发酵法基本配方见表2－11。

表2－11　三次发酵法基本配方

	原辅料	百分比/%		原辅料	百分比/%
第一次种子面团（小麡）	小麦粉	15	主面团	高筋小麦粉	55
	水	9		水	33
	鲜酵母	2		糖	1
	酵母食料（糖、改良剂）	0.2		油脂	2
第二次种子面团（二麡）	高筋小麦粉	30		盐	2
	水	18			

1. 工艺流程

小麡搅拌→小麡发酵→二麡搅拌→二麡发酵→主面团搅拌→延续发酵→分块→搓圆→中间醒发→压片→成型→装盘→醒发→刀划裂口→表皮刷水→烘烤→冷却→包装→成品

2. 操作要点

（1）第一次种子面团（又称小麡）

①小麡搅拌：将配方中15%的小麦粉、全部酵母及相应的水混合，搅拌成面团，面团温度24℃。

②小麡发酵：温度26～28℃，相对湿度70%～75%，发酵2.0～2.5h。

（2）第二次种子面团（二麡）

①二麡搅拌：将配方中30%的小麦粉及相应的水混合，再加入已发酵完成的第一次种子面团中，搅拌成均一面团，面团温度25～26℃。

②二麡发酵：温度26～28℃，相对湿度70%～75%，发酵2～3h。

（3）主面团搅拌　先将剩余的水和糖搅拌，加入已发酵完成的第二次种子面团中，搅拌到面团散开后，再分别加入剩余的小麦粉及盐、油脂，搅拌至面团结合阶段，面团温度为28℃。

（4）主面团发酵　在上述相同条件下延续发酵40～60min。

（5）分割、搓圆与正常方法相同。

（6）静置14～16min。

（7）整形　用三次发酵法生产的法式面包，其形状多种，最常见的有棍式、橄榄式、大圆形等。

传统的法国等欧式面包不用烤盘，而是将整形后的面包坯放在铺有帆布或白布，撒有细玉米粒的平板上，然后醒发。现在绝大多数面包厂都使用平烤盘来醒发面包坯。使用平烤盘时，烤盘内不能刷油，因刷油后面团在醒发时易流动，烤出来的面包底部扁平，特别是烤制棍棒式面包时形态不佳。

（8）醒发　条件与正常方法相同。醒发好的法国等欧洲硬式面包坯，在烤前需用锋利的刀片在面包坯表面划数道裂口，其目的是防止面包坯在烤炉中膨胀时从腰部或底部爆裂成不规则状态。刀割的深浅可视醒发的程度而定，醒发时间短，可划得深一些；醒发时间长，则划得浅一些。刀要锋利，动作要快，刀口处才平整，大圆形面包坯不用刀划口。面包坯进炉前需在表面刷一层清水，防止进炉后表面过早结皮影响体积膨大。

（9）烘烤　法国等欧式面包烘焙时使用蒸汽烤炉，以使面包表皮松脆。无蒸汽烤炉时，可在炉内放一盆热水来产生蒸汽。当炉内面包已呈焦黄色泽时，停止供应蒸汽。

3. 加工实例

（1）意大利面包配方如表 2 - 12 所示

表 2 - 12　意大利面包配方（三次发酵法）

原料名称	烘焙百分比/%	用量/g		原料名称	烘焙百分比/%	用量/g	
高筋小麦粉	70	1 260		白糖	35	600	
酵母	1	18	A	鸡蛋黄	5 个	5 个	
水	60	1 080		糖冬瓜	13	240	C
高丽粉	20	360		葡萄干	少许	少许	
白糖	10	192		香草粉	20	360	
猪油	4. 6	84		花生仁	15	240	
饴糖	2. 6	48	B	白砂糖	2. 8	48	D
食盐	0. 3	4. 8		鸡蛋清	5 个	5 个	
水	适量	适量		低筋小麦粉	4	72	E
高丽粉	10	180	C	糖粉	3	50	F

（2）制作过程

①A 中速搅拌均匀后，在温度 28 ~30℃条件下，发酵 10 ~12h。

②将 A 放入搅拌缸中加入 B，先低速搅拌 5min，后高速搅拌 1min，搅成面团后，温度 28 ~30℃，相对湿度 75% ~80%，发酵 2 ~3h。

③待面团体积增长一倍后，加入 C 搅拌至面筋扩展，温度 28 ~30℃，相对湿度 75% ~80%，发酵 0. 5 ~1. 0h。

④整形：将发酵好的面团搓圆，成型后入模，温度 35 ~38℃，相对湿度 80% ~85%，醒发 30 ~50min，备用。

⑤将 D 置文火上熟制后加入 E，用木铲拌匀，再快搅数下，使糖浆微微发白制成花生糖浆料。

⑥用小勺舀取花生糖浆料盖在醒发好的面包坯上，最后上下铺撒 F，进炉烘烤。

⑦烘烤：面火 180 ~ 190℃、底火 200 ~ 210℃，时间 20 ~ 25min。

知识五　冷冻面团的生产工艺

用冷冻面团生产面包是20世纪50年代发展起来的新工艺，制作冷冻面团所用原辅料及工艺过程在一定条件下有特殊要求。冷冻面团法，就是由较大的面包厂或中心将已经搅拌、发酵、整形面团在冷冻库中快速冻结和冷藏，然后将冷冻面团送往各个连锁店，包括超级市场、宾馆、饭店、面包零售店等，用冰箱贮存，各连锁店只需备有醒发箱和烤炉即可。

1. 原料的选择

（1）小麦粉　冷冻面团所需要的小麦粉要比通常的小麦粉含有较高的蛋白质，在小麦粉中要求蛋白质含量高的原因是保证面团具有充足的韧性和强度，提高面团在醒发期间的持气性。

小麦粉的吸水率应达到 50% ~ 63%，在调制面团时，既要使面团能充分吸水，又要保证加入的自由水为最低限度。如果加入的水——自由水过多，在冻结或解冻期间对面团和酵母十分不利，对保持面团的形状也不利。

（2）酵母用量　酵母用量通常是 3.5% ~ 5.5%，这个用量可以根据产品的种类或糖的用量来改变。在使用活性干酵母时，应该同时使用较多的氧化剂，这可使面团冻结和贮存阶段保持质量。

（3）其他辅料　盐用量为 1.75% ~ 2.50%。冷冻面团糖的用量要比普通面包的配方高一些，一般为 6% ~ 10%。由于糖有吸湿性，则糖用量较高会使制品在贮存期中稳定得多。油脂用量为 3% ~ 5%，这将增加面团的起酥性，使面团更有利于机械加工，也改善了面团在醒发期间的持气性。

（4）改良剂　在冷冻面团中选择适当的氧化剂和用量非常重要，应选择适当的国家标准允许使用的氧化剂。

2. 生产方法

大多数冷冻面团的生产都采用快速发酵法，即短时间或无时间发酵。许多研究证明，应用长时间发酵的工艺方法对冷冻面团生产来说是不理想的。因此，用两次发酵法生产的冷冻面团产品贮存时间短，保鲜差。这是由于在较长的中种面团发酵期间酵母被活化所致，这种活化作用使得酵母在冷冻和解冻期间更容易受到损伤。

总之，短时间或无时间发酵法生产冷冻面团是最合适的，它们能使产品在冷冻后具有较长的保鲜期，这是因为经冻结后，使酵母活性完全被保存下来。冷冻面团加工工艺流程：

所有原料搅拌 → 松弛 → 分块 → 搓圆 → 整形 → 旋转式急速冷冻机 → 包装 → 冷冻库贮存 → 冰箱中解冻 → 发酵 → 烘烤 → 成品

（1）制作面团　面团的搅拌与未冻结的面团类似，在搅拌过程中要注意面团要一直搅拌到面筋完全扩展为止。如果搅拌过度，面团将变得过分柔软和不适宜后续工序的操作，面团冻结后贮存气体能力差。

制得的面团温度 18 ~ 24℃ 最为理想，温度过低会使面团在冻结前降低酵母的活性，从而延长面团的搅拌时间。温度过高，酵母活性被大大激活，从而造成酵母过早产气发酵，面团不易成型，保鲜期缩短。

（2）发酵　发酵时间通常在 45min 之内，在冻结加工期间能减小酵母被损害的程度。

（3）分割与成型　由于冷冻面团要比普通面团的吸水率低，而且面团温度也低，因此加工这种硬面团必须要求分割均匀。同时，对这种硬面团要适度压片后成型，千万注意调整压片机的间距，使之逐渐变窄，避免面团被撕裂而造成成品体积小、持气性降低。分割、压片后要及时成型并迅速被冻结。

（4）冻结方法　对面团进行冷冻，常采用吹风冻结法。

①吹风冻结法：在低温条件下，向面团吹入冷空气使面团冷冻，一般有两种方法。

机械吹风：-40 ~ -34℃（空气）

低温吹风：-46℃（充入 CO_2、N_2 的空气）

气体流速为 16.8 ~ 19.6m^3/min，可使 0.45kg、0.50kg 面块中心温度达 -32 ~ -29℃，各需时间分别为 20 ~ 30min，60 ~ 70min。其原因是在冷冻初期，沿面团四周形成一层厚表壳，这个冻结层厚度为 0.38 ~ 0.60mm。由于面团内部温度比较高，内部的热量需要向外部传递，要使内部温度与外界温度趋于一致，即达到一种温度动态平衡，需要一定时间。

经过吹风冻结后，产品通常包装在衬有多层纸的纸板箱内，这种多层衬纸能够防止冷冻面团在贮存期间过多地失水。

②冷冻温度：如果冷冻面团需贮存一段时间，则贮存温度很重要，要求温度在 -23 ~ -18℃。然而在实际应用中，这是非常困难的，因为在生产中总是要有产品进进出出，使得冷冻间的温度难免有些波动，这将损害面团的质量，缩短面团的贮存期，这是冰结晶形成和运动的结果。一般面团在冷冻室贮存三周的时间，不需太严格的工艺控制，而 5 ~ 12 周则应该注意冷冻室温度，避免波动，贮存 12 周后，面团将变质。

（5）解冻　面团的解冻有两种方法。

①从冷冻间取出冷冻面团，在 4℃ 的冷藏间里放置 16 ~ 24h，这可以使面团解冻。然后将解冻的面团放在温度 32 ~ 38℃，相对湿度 70% ~ 75% 的醒发室里，醒发 2h 左右。

②从冷冻间直接取出面团放入温度 27 ~ 29℃，相对湿度 70% ~ 75% 的醒发箱内，醒发 2 ~ 3h。

上述两方法，其相对湿度均是70%～75%，这要比正常的鲜面团醒发的相对湿度低，主要是为了防止面团含水量多，发生收缩、变形。这种收缩对面团具有软化作用，并导致面团在醒发期间发生塌陷。正如在生产中所看到的，如果面团过软，对面团应重新加工，也就是说将面团重新成型将有助于改善持气性，才能保证面包体积大。

现在生产中常将面团搓圆后直接冷冻，需要制作面包时，将冷冻面团在4℃冷藏室回软后，进行成型、醒发、烘烤，制得面包成品。

[综合实训] 面包加工技能

知识一 实训项目

（一）实训项目名称

二次发酵法制作花色面包、甜面包、丹麦酥面包。

（二）实训目的

本实训重点在学会面包制作的基本工艺流程。包括掌握原辅料的处理方法并且正确使用各种添加剂，并注意投料顺序，能按产品配方计算出所需原料的实际用量。调制出所要求产品的面团；成型要达到产品设计要求；掌握好醒发的温度、湿度和面坯醒发程度；能按不同产品的特点控制烘烤过程。要求进行分组对比实验（安排一组不按投料顺序进行的配料实验），观察发生的现象并记录。

（三）实训要求

4～5人为一小组，以小组为单位，从选择、购买原料及选用必要的加工机械设备开始，让学生掌握操作过程中的品质控制点，抓住关键操作步骤，利用各种原辅材料的特性及加工中的各种反应，使最终的产品质量达到应有的要求；写出书面实训报告。

（四）材料与设备

（1）材料　面包粉、白砂糖、食盐、奶油、鸡蛋、奶粉、酵母、面包改良剂等。

（2）设备　立式搅拌机（或卧式搅拌机），压面机（用于压面排气，也可经过反复压面帮助面筋完全扩展，选用），醒发室（醒发箱），面团分割机（选用），面团滚圆机（选用），成型机（选用），远红外线电烤炉，不锈钢操作工作台（案板），刮板，发酵桶，擀面杖，电子秤（或台秤），听型面包模具，烤盘，排笔，打蛋桶和打蛋机，铁架子车，面团温度计、纸袋或塑料袋。

（五）实训产品操作要点

1. 直接法制作花色面包

（1）基本配方（表2－13）

表 2-13 直接法制作花色面包基本配方

材料名称	烘焙百分比/%	质量/g	材料名称	烘焙百分比/%	质量/g
面包粉	100	3 000	面包改良剂	0.5	15
白砂糖	18	540	鸡蛋	18	100（2 个）
奶粉	3	90	奶油	6	180
酵母	1.5	45	水	45	1 345
食盐	0.8	24			

（2）操作流程

①材料入缸，调制面团：把配方中的糖、盐和改良剂等干性物质（除油脂及乳化剂外）经称量投入搅拌缸，用配方中的水将奶粉溶解后倒入，放入面粉，最后把酵母倒在面粉上面，将搅拌缸升起，以钩状搅拌器用“低速”开始搅拌，然后切换至中速搅拌至面团完全扩展。

②测量面团温度：先于钢盆中涂油，将面团移出搅拌缸，稍滚圆置于钢盆中，并测量面团搅拌终温，以 26～28℃ 为最佳温度。

③面团的分割、滚圆、中间发酵、整形与装模。

a. 分割：面团分割前也可先将面团用压片机反复折叠滚压，以使发酵后面团孔隙更均匀。将面团分成若干等分的小面团，在称重过程中：必须考虑在烘烤过程中水分蒸发所导致的重量减轻现象，减少的量为面团 10% ～13% 。称重应快速地完成，以避免面团过度发酵。正常面团的分割损耗应少于 1% ，面团分割越久损耗越多。

b. 滚圆：分割出来的面团应给予适当的施力滚成圆形，这样可使面筋伸展，外皮光滑，成型美观。而滚圆的方法，即是将面团放在工作台上，用 5 个指头握住小块面团，手心朝下，在案板上做定点绕圆回转，用手掌收住结口。面团会因不断地转动而伸展至表面光洁的圆球形。搓圆完成后一定要注意收口向下放置，避免面团在醒发或烘烤时收口向上翻起，形成表面的皱褶或裂口。

c. 中间发酵：分割滚圆后的面团若立即进行整形动作，面团的筋性会非常强韧，且易引起面筋的收缩，形状不齐，主要原因是滚圆后的面团缺乏柔软性，强制性整形，面团容易破裂，而且面团内部湿面团暴露（即破裂），黏性强。因此滚圆完成的面团必须经 8～15min 的短暂休息，俗称“松弛”，一般称为“中间发酵”。

d. 整形：面团经过适当的松弛之后，依据产品品种要求整形出理想形状，如辫子形、心形、毛毛虫形等。

e. 装模：面团经整形后应立即放入已刷油的烤模或烤盘中，装入烤模或烤盘时必须将面团的接合处向下，防止面团在最后发酵或焙烤时裂开，影响面包的外表式样。

④最后发酵：将装入经整形后面团的烤模或烤盘置入面包醒发箱中，相对湿度80%～95%，温度35～38℃，使面团涨到原来体积2倍以上为宜。醒发时间依品种而定，2～4h不等。

⑤焙烤、冷却与包装：入炉前可在面坯表面刷一层蛋液，以使烘烤后面包表面生成光亮的深棕黄色。入炉后将炉温调至面火180℃、底火190℃，烘烤约20min，然后观察判断面包的成熟情况。

及时将出炉面包表面刷油并脱模。将面包自然冷却至室温。整体水分含量为38%～44%，即可达到要求，冷却后的面包可进行包装，常用的包装材料有纸袋和塑料袋两种。

2. 甜面包

(1) 基本配方（表2-14）

表2-14　甜面包基本配方

种类	材料名称	质量/g	种类	材料名称	质量/g
中种面团	高筋面粉	1 000	主面团	高筋面粉	2 000
	水	550		水	900
	白砂糖	30		糖	70
	速发干酵母	13		奶粉	60
	改良剂	5.5		食盐	30
				改良剂	15
				奶油	120

(2) 操作要点

①中种材料入缸：先将面粉用40目筛子过筛备用。使用立式搅拌机或卧式和面机，按配方将高筋面粉1000g、水550g、速发干酵母13g、改良剂5.5g、白砂糖30g加入，然后开机用慢速搅拌2min，变中速再搅拌2min，搅拌方法与直接法基本相同，面团表面呈光滑而均匀时，进入中种面团发酵阶段。

②中种面团发酵：将调制好的中种面团放入发酵桶（或盒中）送入面包醒发箱（或醒发室中），面团温度最好为25℃（发酵箱的温度应控制在26～28℃，相对湿度为75%），发酵至面团为原体积的4～5倍，顶部稍有下陷趋势，并有浓郁的酒精香味时，表示中种面团已完成发酵。所需时间为3.5～4.5h。

③全部材料入缸：第二次搅拌时，先将发酵好的中种面团放入搅拌缸，加入配方中剩余的材料（油及乳化剂除外）高筋面粉2000g、水900g、糖70g、奶粉60g、（以水先溶化为宜）盐30g、改良剂15g一起拌和。

④扩展阶段：放入配方中的奶油120g，用中速搅拌混合均匀，继续搅拌至面筋完全扩展。搅拌后面团的最佳温度为28℃。

⑤完成阶段：与直接法基本相同搅拌至"完成阶段"，操作时只要将面团搅

拌至表面有光泽、不粘手为止。

⑥成型：

a. 分割：将面团分割成重100g的面团；

b. 搓圆、醒发：将面块搓成表面光洁的圆球面团，上盖湿布，中间醒发15min。

⑦醒发：将烤模放入醒发室，醒发温度36～38℃，相对湿度85%～90%，时间40～50min。

⑧烘烤、冷却：将烤模送入远红外烤箱，在温度200～220℃条件下烘烤25min左右。烤好后将面包自然冷却至室温。

3. 丹麦酥面包的制作

（1）基本配方（表2－15）

表2－15　丹麦酥面包基本配方

材料名称	烘焙百分比/%	质量/g	材料名称	烘焙百分比/%	质量/g
面粉	100	2000	鸡蛋	18	50（1个）
白砂糖	18	360	奶香粉（香精）	0.5	10
奶粉	4	80	水	50	900
酵母	1.5	30	奶油	4	80
食盐	0.8	16	起酥油（板油）	25	700
面包改良剂	0.5	10			

（2）操作要点

①从材料入缸，至搅拌到完成与直接法基本相同面团表面呈光滑而均匀时，即可放入发酵箱，面团温度最好为25℃（发酵箱的温度应控制在26～28℃，相对湿度为75%），发酵至面团为原体积的2倍大，所需时间为2.5～3.5h。

②面团膨胀至2倍大时敲打整个面团以释放气体，面团移往面板，利用擀面杖（或压片机）擀成边长23cm的正方形，利用保鲜膜包裹妥当后放入冷冻库（或冰柜中）冷冻约10min。

③面团冷冻期间，要将奶油擀成片状，铺在已经撒好高筋面粉的砧板上。奶油表面也要撒上高筋面粉，首先用擀面杖一点一点地敲打，将奶油敲平后擀成边长15cm的正方形。然后将冷却面团从冰柜中取出，摆上擀成薄片的奶油。

④将面团的4个角往中央聚拢并确实捏紧封口。

⑤将面团擀成长50cm、宽20cm的带状面皮。首先，利用擀面杖依中央、上、下顺序，由上往下按压面团和奶油，让两种材料混合在一起；其次，由中央部位开始依上下、左右顺序，慢慢调整造型并缓慢地擀动面团，避免奶油露出。

⑥将面团按往前、往后顺序折叠成3折。面团转动90°，折边尽量留在左右两侧。

⑦折边尽量对齐，依中央、上、下顺序按压面团中央部位。利用上述方法擀成长 50cm、宽 20cm 后折成 3 折。包入保鲜膜中，放入冷冻库冷冻约 15min。之后重复两次此操作。

⑧切割、整形。

⑨烤盘上铺好烤箱用衬纸、封口朝下、一面调整间隔距离一面将面团排入烤盘。盖上塑料袋，放置 40min 促进发酵；烤箱预热至 200℃。

⑩面团体积膨胀至 2 倍大时。利用刷子薄薄地涂上一层蛋液后放入烤箱烤约 15min、烤成金黄色。冷却后包装即可。

知识二　实训操作评价

（1）准备工作　能发现并解决卫生问题；能进行原、辅料预处理；检查设备运行是否正常。

（2）面团、面糊调制与发酵　能按产品配方计算出原辅料实际用量；能根据产品配方和工艺要求解决搅拌过程中出现的一般问题；能使用 3 种发酵工艺进行发酵。

（3）整形与醒发　能按不同产品要求在一定的条件和规定时间内完成分割和称量；能使用 4 种成型方法进行整形；能根据不同产品特点进行整形；能按主食面包的工艺要求醒发 3 个品种。

（4）烘烤　能按不同产品的特点控制烘烤过程。

（5）装饰　能调制多种装饰材料；能用调制的多种装饰材料对产品表面进行装饰。

（6）冷却与包装　能正确使用冷却装置；能控制产品冷却时间及冷却完成时的内部温度；能根据产品特点选择相应的包装方法。

（7）贮存　能将原辅料分类贮存。

知识三　产品主要考核要点

把面包的品质分为外部和内部两个部分来评定，外部评价占总分的 30%，包括体积、表皮颜色、外表式样、焙烤均匀程度、表皮质地五个部分。内部评价占总分的 70%，包括颗粒、内部颜色、香味、味道、组织结构五个部分。现将内外两部分考核细则说明如下。

1. 面包外部评价

（1）体积　面包体积可用“面包体积测定器”来测量，单位为 mL/g。根据算出的比体积就可以给予体积评分，主食面包比体积为 3.5～4.5mL/g，花色面包比体积为 4～5mL/g。

（2）表皮颜色　面包正常的表皮颜色应是金黄色，顶部较深而四边较浅。

（3）外表形状　面包出炉后应方方正正，边缘部分稍呈圆形而不过于尖锐，两头及中央应齐整，不可有高低不平或四角低垂等现象。

（4）焙烤均匀程度　面包应具有金黄的颜色，顶部稍深而四周及底部稍浅。如果出炉后的面包上部黑而四周及底部呈白色，或者底部颜色太深而顶部颜色浅，则焙烤均匀性差。

（5）表皮质地　良好的面包表皮应该薄而柔软。灰白、有碎片的表皮，深褐色、厚而坚韧的表皮，坚韧且无光泽的表皮，焦黑、龟裂的表皮等均为不良品质。

2. 面包内部评价

（1）颗粒　面包的颗粒是指断面组织的粗糙程度及面筋所形成的内部网状结构，烘烤后外观近似颗粒的形状。面包内部的颗粒较细小，富有弹性和柔软性，面包在切片时不易碎落。评定颗粒标准的原则是颗粒大小一致，由颗粒所影响的整个面包内部组织应细柔且无不规则的孔洞。若面包内部有粗糙的颗粒，冷却切割后有很多碎粒落下，则为不良品质。

（2）内部颜色　面包内部颜色应呈洁白或浅乳白色并有丝样的光泽，其颜色的形成多半来自面粉的本色。若面包内部颜色黝暗和灰白，则为不良色泽。

（3）香味　评定面包的香味，是将面包的横切面放在鼻前，用两手压迫面包，嗅闻所发出来的气味。如果发现酸味很重，可能是发酵的时间过久，或搅拌时面团的温度太高，如闻到的味道是淡淡的、稍带甜味，则证明是发酵的时间不够。面包不可有霉味、油的酸败味或其他劣质香料的气味。

（4）味道　正常主食用的面包在入口咀嚼时略有咸味，而且面包咬入嘴内应很容易嚼碎，且不粘牙，不可有酸和霉的味道。带有甜味的面包是作甜面包用的，主食用的面包不可太甜。

（5）组织结构　结构与面包的颗粒有关，面包内部结构均匀，不含大小不均的蜂窝状的孔（法国式面包除外）。评定结构的好坏，可用手指触摸面包的切割面，如果感到柔软、细腻，即为结构良好的面包，反之触觉感到粗糙即为结构不良。

知识四　常见问题解析

1. 面包表皮过厚原因及解决方法

①油脂不足，最好有4% ~6% 的油脂。

②炉火不足，低温久烤、表皮必厚，适当提高烘烤温度。

③炉内水汽不足，面包入炉后喷入的水蒸气有助表皮柔软。

④糖、奶粉不足，提高二者的比例。

⑤醒发不当，醒发室保持正确的温度和相对湿度，如果有温度无湿度则面包表皮结壳，烤出的面包皮厚。

2. 面包体积过小原因及解决方法

①酵母活性不够，适当增加酵母用量，正确选用高糖或低糖酵母。

②酵母失活，注意酵母应贮存在一般室温下，避免高温。松包（开封后）应在3～4d内用完。

③面粉筋度不足，使用筋度较高的面粉，辅以改良剂。

④搅拌不足，国内卧式搅拌机无法将面筋打到最好程度，需要配合压面机。

⑤面粉太新，面粉由小麦磨成粉后，最少要储藏一个月使其自然氧化方可用于面包生产。

⑥最后醒发不足，延长发酵至八成半。

3. 面包内部组织粗糙原因及解决方法

①面粉品质差，使用较高筋度面粉及改良剂。

②发酵不足，准确掌握发酵程度。

③最后醒发不足（或过头），准确掌握最后醒发的程度。

④搅拌不足，将面筋充分打起后再经压面。此外，造型太松、撒干粉太多、油脂不足都会导致面包内部组织粗糙。

4. 用直接法做甜面包表皮发皱原因及解决方法

用直接法生产面包，由于面筋的发酵时间不够长，面筋不够柔软，在炉中气体的胀力大，所以面包表皮光滑，出炉后，由于面筋弹性好，表皮的受力不均，所以冷却后表皮就会变得皱皱的，要解决这一问题，最好改用二次发酵法生产面包，或降低醒发室温度和湿度（在32℃左右，78%相对湿度），相对增加醒发时间，可相应改善面包表皮变皱的状况。

5. 面包保鲜期不长原因及解决方法

①油、糖不足，提高油、糖的比例。

②面团太硬，加入最大吸水量，水越多越松软。

③醒发不足（或过长），给予面团适当的发酵。

④撒粉太多，生粉水化不充分，属干性原料，操作时尽量少用。

⑤搅拌不当，尽量将面团打好。卧式和面机要经过压面。

⑥烘焙太久，面包烘好后即需离炉。

⑦面粉质次，用面包专用粉。

⑧使用的改良剂乳化保鲜效果差，可考虑用梅山M38型改良剂。

⑨面包没有包装，冬天时，最好面包冷却后立即包装。

思考题

1. 面包的质量标准有哪几方面？（质量、感官、理化、卫生）
2. 面包有几种加工工艺？
3. 面团的概念，叙述面团的形成过程？（搅拌的目的）
4. 面团形成的原理？分别有何作用？（5个阶段）
5. 过度阶段为什么是危险期？如何补救？

6. 发酵在面包工艺上有何作用?

7. 面包出炉后为什么需冷却后再包装?

8. 快速发酵法、一次发酵法、二次发酵法、三次发酵法、冷冻面团法生产面包各有何优缺点?

模块三　饼干加工技术

[学习目标]

了解各类饼干生产所用的原辅料，掌握韧性饼干、酥性饼干、发酵饼干的加工工艺（调粉原理、成型要求），并熟悉影响产品质量的因素和控制方法。

[案例导入]　发酵饼干生产工艺

1. 配方设计原则

发酵饼干是利用生物膨松剂——酵母与化学疏松剂相结合制作的饼干，可以分为咸发酵饼干和甜发酵饼干两种。酵母在生长繁殖过程中产生二氧化碳，使面团胀发，在烘烤时二氧化碳受热膨胀，再加上油酥的起酥效果，形成疏松的质地和清晰层次的内相。面团经过发酵，其中的淀粉和蛋白质部分地分解成为易被人体消化吸收的低分子营养物质，使制品具有发酵食品特有的香味，由于化学疏松剂的作用，制品表面有较均匀的起泡点，又因含糖量极少，所以表面呈乳白色略带微黄色泽，口感松脆。

2. 基本工艺流程

(1) 工艺流程

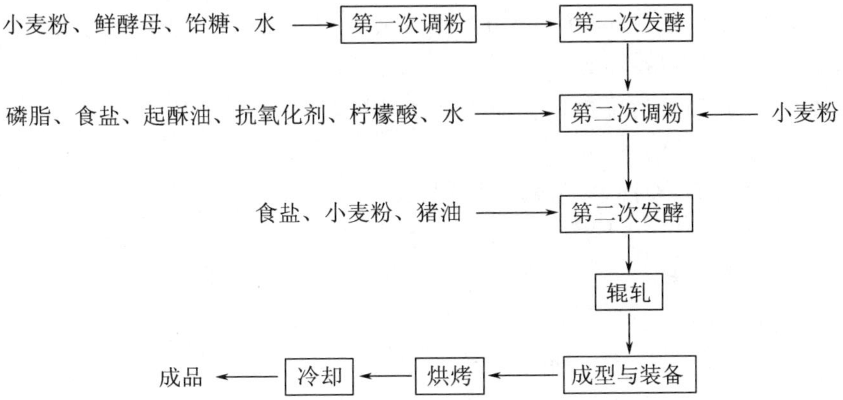

(2) 参考配方（250g）

第一次调粉：小麦粉（强力粉配1/3弱力粉）45%（85g+28g），鲜酵母2%（5g），饴糖5%（12.5%），水22%（55g）。

第二次调粉：小麦粉（弱力粉）45%（113g），食盐0.4%（1g），小苏打0.6%（1.5g），起酥油15%（37.5g），磷脂1%（2.5g），抗氧化剂（抗坏血酸钠）0.0025%（0.00625g），柠檬酸0.005%（0.0125g），水15%（37.5g）。

油酥：小麦粉（弱力粉）10%（25g），猪油2.4%（6g），食盐1.2%（3g）。

（3）操作要点

①预处理：将酵母加水制成悬浊液；油酥按配方加料用调粉机搅拌备用。

②第一次调粉：将第一次调粉用料放入调粉机，加水进行调制，低速2min，中速3min，面团温度为28～30℃。

③第一次发酵：将调制好的面团放入温度为30℃，相对湿度为80%的发酵箱中，发酵5～8h。发酵完成时面团的pH有所下降，为4.5～5.0。

④第二次调粉：将发酵面团和其他材料放入调粉机内，加水进行调粉，低速3min，中速3min，面团温度28～31℃。注意小苏打应在调粉接近终点时加入。

⑤第二次发酵：将调制好的面团放入温度为30℃，相对湿度为80%的发酵箱中，发酵3～4h。

⑥辊轧：发酵后的面团放在起酥机上进行辊轧，最终使面皮带厚度达到2.5～3.0mm。在辊轧过程中，注意每次辊轧时的压延比（辊轧前面带厚度与辊轧后面带厚度之比），起酥前压延比不应超过3:1；起酥后压延比不应超过（2～2.5）:1。在起酥后面带需要进行折叠，一般为3或4折，并旋转90°，以便使面带内部受到的应力均匀。

⑦成型与装盘：将辊轧好的面带平铺在操作台上，用打孔拉辊在面带上打孔，然后使用饼干模具制成各种形状的饼干坯，或使用带花纹的切刀切成相同形状、相同大小的饼干坯。再将成型后的饼干坯均匀摆放在烤盘中。

⑧烘烤：采用前期上火温度较低下火温度较高，然后逐渐增加上火温度的烘烤方法，前期上火温度为180～200℃，下火温度为210～230℃，后期上火温度逐渐增加到220℃烘烤4～6min。

⑨冷却：在25℃的室温下，使产品自然冷却至38～40℃。

3. 注意事项

（1）发酵饼干面团两次调制时间都较短。

（2）烘烤发酵饼干时使用前期上火温度较低下火温度较高，然后逐渐增加上火温度的烘烤方法。

项目一　概　　述

饼干是以小麦粉（或糯米粉）为主要原料，加入（或不加入）糖、油脂及其他辅料，经调粉、成型、烘烤制成的水分低于6.5%的松脆食品。饼干口感酥松，水分含量少，体积轻，块形完整，易于贮藏，便于包装和携带，食用方便。

知识一　饼干的种类

饼干品种繁多，很难进行严格的分类，因此，在饼干的分类上存在着很多不同的方法。

目前，我国饼干行业执行的《饼干通用技术条件》（QB 1253—2005）中，对饼干分类进行了规范，标准中按加工工艺的不同把饼干分为了12类，具体分类情况如下。

1. 酥性饼干

酥性饼干是以小麦粉、糖、油脂为主要原料，加入疏松剂、改良剂和其他辅料，经冷粉工艺调粉、辊压或不辊压、成型、烘烤制成的表面花纹多为凸花、断面结构呈多孔状组织、口感酥松或松脆的饼干。

2. 韧性饼干

韧性饼干是以小麦粉、糖（或无糖）、油脂为主要原料，加入疏松剂、改良剂及其他辅料，经热粉工艺调粉、辊压、成型、烘烤制成的表面花纹多为凹花、外观光滑、表面平整、一般有针眼、断面结构有层次、口感松脆的饼干。

韧性饼干又可细分为4种：普通韧性饼干、冲泡韧性饼干、超薄韧性饼干、可可韧性饼干。

3. 发酵饼干

发酵饼干是以小麦粉、糖、油脂为主要原料，酵母为疏松剂，加入各种辅料，经调粉、发酵、辊压、叠层、成型、烘烤制成的酥松或松脆、具有发酵制品特有香味的饼干。

发酵饼干也可细分为3种：甜发酵饼干、咸发酵饼干、超薄发酵饼干。

4. 压缩饼干

压缩饼干是以小麦粉、糖、油脂、乳制品为主要原料，加入其他辅料，经冷粉工艺调粉、辊印、烘烤、冷却、粉碎、外拌，也可加入其他干果、肉松等辅料，再压缩而成的饼干。

5. 曲奇饼干

曲奇饼干是以小麦粉、糖、乳制品为主要原料，加入疏松剂及其他辅料，经和面，采用挤注或挤条、钢丝切割或辊印方法中的一种形式成型，烘烤制成的具有立体花纹或表面有规则波纹的饼干。

曲奇饼干可分为普通曲奇饼干、花色曲奇饼干和可可曲奇饼干。

6. 夹心饼干

夹心饼干是在饼干单片之间夹入糖、油脂或果酱等夹心料的饼干。

因夹心馅料不同和香味、口味不同，夹心饼干又分为奶油夹心饼干、可可夹心饼干、花生夹心饼干、芝麻夹心饼干、海鲜夹心饼干、水果味夹心饼干等系列品种。

7. 威化饼干

威化饼干是以小麦粉（或糯米粉）、淀粉为主要原料，加入乳化剂、疏松剂等辅料，经调浆、浇注、烘烤而制成的多孔状片子，在片子之间夹入糖、油脂等夹心料的两层或多层的饼干。

威化饼干又称华夫饼干，可分为普通威化饼干和可可威化饼干。

8. 蛋圆饼干

蛋圆饼干是以小麦粉、糖、鸡蛋为主要原料，加入疏松剂、香料等辅料，经搅打、调浆、浇注、烘烤制成的饼干，俗称蛋基饼干。

9. 蛋卷及煎饼

蛋卷是以小麦粉、糖、油脂（或无油脂）、鸡蛋为主要原料，加入疏松剂、改良剂、香精等辅料，经调浆（发酵或不发酵）、浇注或挂浆、烘烤、卷制而成的松脆食品。

煎饼是以小麦粉、糖、油脂（或无油脂）、鸡蛋为主要原料，加入疏松剂、改良剂、香精等辅料，经调浆（发酵或不发酵）、浇注或挂浆、煎烤而成的松脆食品。

10. 装饰饼干

装饰饼干又分为涂饰饼干和粘花饼干。

涂饰饼干是在饼干表面经涂布巧克力酱、果酱等装饰料而制成的表面有涂层、线条或图案的饼干。

粘花饼干是以小麦粉、糖、油脂为主要原料，加入疏松剂、香料等辅料，经调粉、辊压、成型、烘烤、冷却、表面裱粘糖花、干燥制成的饼干。

11. 水泡饼干

水泡饼干是以小麦粉、糖、鸡蛋为主要原料，加入疏松剂，经调粉、多次辊压、成型、沸水烫漂、冷水浸泡、烘烤制成的具有浓郁蛋香味的疏松、轻质的饼干。

12. 其他

除以上 11 类之外的饼干，均属其他类。

知识二　发 展 趋 势

自改革开放以来，随着我国经济的快速发展和人民群众生活水平的不断提高，极大地推动了饼干工业的发展，新技术、新工艺、新品种的研究与开发不断取得新的突破。今后我国饼干工业的发展将呈现以下趋势。

（1）基础原辅材料、食品添加剂逐步专用化、规格化　饼干包装机械、包装材料的专用化将大大提升饼干包装的档次和水平。

（2）新技术、新工艺、新设备将广泛得到推广和应用　如面团半发酵技术及发酵饼干、营养保健饼干，采用升温快捷、高热值的液化石油气烤炉将是主要发展方向。手工精制饼干也将成为一道风景线。

（3）典型的规模经济和规范效益逐步形成　根据饼干易于贮藏运输的特点和国家产业政策，饼干生产将逐步向高度集中的大工厂或大公司发展，淘汰生产条件差的中小企业，企业规模大，产品覆盖全国各地。

（4）专业化协作得到加强，推动产品质量的稳定和提高　通过行业交流与协作，将会从原辅料的种植、收获、运输、仓储、加工、使用、技术培训、产品开发、交流信息、分析检测、制定标准等方面，实现统一原料标准、统一的加工工艺、统一产品标准、统一检测标准和方法，促进全行业最终产品质量得以稳定和提高。

项目二　饼干加工工艺

不同品种饼干的配方及生产工艺各异，但是，不论是韧性饼干、酥性饼干，还是发酵饼干，都具有如下的基本工艺流程：

原辅材料的选择与处理 → 面团调制 → 面团辊轧 → 成型 → 烘烤 → 冷却 → 包装 → 成品

本节将详细介绍基本工艺过程中各个主要工序的工艺原理和操作要点。

知识一　原辅材料的选择与处理

生产饼干的原料主要有小麦粉、糖、油脂、淀粉、疏松剂、食盐等。原辅材料的质量和预处理的方法、效果，直接影响着产品的质量。

1. 小麦粉

饼干用粉一般选用灰分含量低、粗细度要求能够通过150μm网筛、筋力小的低筋面粉［湿面筋含量≥40%的面粉称为强力粉（高筋面粉），湿面筋含量26%～40%的面粉称为中力粉（中筋面粉），湿面筋含量≤26%的称为弱力粉（低筋面粉）］。根据不同类型饼干的特点，在湿面筋的含量上略有区别。

（1）韧性饼干　生产韧性饼干的小麦粉，宜选用面筋弹性中等、延伸性好、面筋含量较低的小麦粉，一般以湿面筋含量在21%～28%为宜。如果面筋含量高、筋力强，则生产出来的饼干易收缩、变形、口感发艮、表面起泡，因此，对面筋含量过高的小麦粉，宜加入适量淀粉进行稀释、调整。如果面筋含量过低、筋力弱，则饼干会出现裂纹，易破碎。

（2）甜酥性饼干　生产甜酥性饼干的小麦粉要用软质小麦加工的弱力粉，要求湿面筋含量在19%～22%，如果筋力过强，仍需用淀粉调整。

（3）发酵饼干　发酵饼干一般采用二次发酵法生产技术，两次投料所选用小麦粉也有一定差别。在第一次面团发酵时，由于发酵时间较长，为了使面团能够经受较长时间的发酵而不导致面团弹性过度降低，应选用湿面筋含量在30%

左右、筋力强的小麦粉；第二次面团发酵时，时间较短，宜选用湿面筋含量为24% ~26%、筋力稍弱的小麦粉。

由于发酵饼干原料中有80%的小麦粉，因此小麦粉的选择很重要，如果面筋含量过低，饼干出现酥而不脆现象；面筋含量过高，饼干易收缩变形，口感脆而不酥。

（4）威化饼干　威化饼干选用小麦粉一般以湿面筋含量在23% ~24%为宜。如果面筋含量过高，在调浆过程中易形成面筋，生产出来的饼干干硬且不松脆；反之，面筋含量过低，生产出来的饼干容易破碎，且生产中易粘模。

小麦粉在使用之前一般需要处理。一是过筛，既能去除杂质，又能保证使小麦粉混入一定量的空气，利于饼干的酥松；二是在过筛系统中安装磁铁，吸附磁性物质；三是根据季节的不同、温度的变化，应对小麦粉的温度进行有效调节。一般在冬季使用小麦粉时，提前运到车间，以提高小麦粉的温度；夏季将小麦粉贮藏于通风、低温、干燥的地方，便于降低小麦粉的温度。

2. 淀粉

当小麦粉的筋力过高时，需要添加淀粉以稀释面筋的浓度，降低面团的筋力。常添加的淀粉有小麦淀粉、玉米淀粉和马铃薯淀粉。淀粉在使用前的处理方法和小麦粉基本相同。

3. 油脂

饼干生产要求选择具有优良的起酥性和较高的稳定性的油脂，不同品种的饼干对油脂的要求又有所差别。

（1）韧性饼干生产时用油脂量较少，常用到奶油、人造奶油、精炼猪板油等。由于韧性饼干通常在调粉操作时添加的亚硫酸盐类改良剂能促使油脂酸败，故不宜选用不饱和脂肪酸含量较高的植物油，如花生油、葵花籽油等。

（2）酥性饼干与甜酥性饼干生产时油脂用量较大，既要考虑油脂稳定性优良、起酥性较好，又要求选用熔点较高的油脂，否则极易造成因面团温度太高或油脂熔点太低导致油脂流散度增加，发生“走油”现象。对于高油脂产品最适宜的油脂有人造奶油及植物性起酥油。

（3）发酵饼干生产使用的油脂要求酥性与稳定性兼顾，尤其是起酥性方面比韧性饼干要求更高。精炼猪油起酥性对制成细腻、松脆的发酵饼干最有利。植物性起酥油虽然在改善饼干的层次方面比较理想，但酥松度稍差，因此可以用植物性起酥油与优良的猪板油掺和使用达到互补的效果。

4. 酵母

在发酵饼干的生产中，酵母的好坏是关系整个工艺过程的重要因素，如果酵母的性能不好，就会给饼干生产带来难以弥补的损失。所以，生产前应对酵母进行品质鉴定和选择。

（1）注意生产日期，应选用在保质期之内的酵母。

（2）选用包装坚硬的酵母，活性干酵母常采用真空包装，如果包装袋变软，说明有空气进入，活力将大大降低。

（3）注意酵母种类的选择，酵母有高糖型和低糖型两种，一般在包装袋上印有“高糖型”或“低糖型”字样。

5. 其他

为了丰富饼干的品种、改善品质和增添风味，常用的辅料还有砂糖、食盐、乳制品、可可料、巧克力制品、咖啡、食品添加剂等。对于砂糖和食盐等水溶性辅料，一般采用水溶解、过滤除杂处理，奶粉用前用水调成乳状液或与小麦粉混合均匀后使用，食品添加剂一般用小麦粉稀释后使用。

知识二　面团调制

面团的调制是饼干生产中十分关键的环节之一。面团调制得是否适宜，不仅决定着辊压、成型操作能否顺利进行，而且对产品外部形态、花纹、疏松度以及内部的组织结构等产生重要影响。

1. 影响面团形成的主要因素

（1）投料顺序　面团加工性能的优劣与面团调制过程中面筋的形成有密切的关系，而面筋的形成很大程度上又受到小麦粉在与其他原料混合时添加顺序的影响。若面团的加工性能需要较大的可塑性时，应先将砂糖、油脂、奶粉等与水混合均匀，然后再投入小麦粉搅拌，或先将小麦粉与油脂拌匀，再加入其他原辅材料及少量水，这样可以利用糖、油脂的反水化作用有效限制面筋的形成。当需面团有较大韧性时，可在小麦粉中直接加水调和，有利于面筋的形成。

（2）小麦粉中蛋白质的质与量　小麦粉中蛋白质分子吸水后，其中的麦胶蛋白和麦谷蛋白相互结合，形成具有一定的弹性和黏性、不溶于水的胶状物——面筋，它构成了面团的骨架。

小麦粉中所含蛋白质的种类与比例决定着形成面筋的数量与性质，其中分子较小的麦胶蛋白只能形成不太牢固的聚合体，作用较小，但也能促使面团的膨胀。而麦谷蛋白是高分子蛋白质，由于分子表面积很大，容易产生非共价力的聚合作用，促进面筋网络良好的形成，发挥着骨架作用；同时由于部分面筋蛋白的碎片起到了侧向黏结的作用，可以抵抗骨架的扭曲并带有一定的弹性，所以麦谷蛋白在面团面筋的形成中起重要作用。

（3）加水量　小麦粉的品种、品质和蛋白质化学结合方式决定了小麦粉的吸水力。面筋含量越多、灰分越少的小麦粉吸水量越大；淀粉粒受伤较多，小麦粉的原含水量低，小麦粉粒度细，都会增加小麦粉在面团调制时的吸水量。同时，不同品种所要求面团的软硬度也影响到面团调制时的加水量。

（4）面团调制时的温度　温度是面团形成的主要因素之一。面团调制时的温度越高，面筋的结合力就越强，面筋网络形成就越快；反之，温度的降低，不利于面筋蛋白质的吸水、胀润。

为了限制面筋的形成过快、面团的弹性过大，可以采取对原材料和面团降温的措施。如酥性面团的调制通常采用冷粉操作。

（5）面团调制的时间　不同加工性能的面团需要的调制时间不同。为了获得弹性和韧性较大的面团，调制的时间应适当延长，促进面筋的形成；当需面筋较少时，应尽量减少面团的调制时间，阻止面筋蛋白质的吸水、胀润，形成大量的面筋。

（6）面团调制的方式　面团调制时通常使用调粉机进行混合操作。不同的饼干制品决定了面团加工性能的差异，这就对调粉机桨叶与搅拌速度提出了不同的要求。例如，韧性面团的调制通常选择卧式双桨或立式双桨搅拌机，酥性面团的调制一般选择桨叶较大的搅拌机。

（7）糖、油脂的反水化作用　在面团调制时，由于糖具有吸湿性，糖或糖浆的加入就会使蛋白质胶粒内部的水分向外移动，这就是糖的反水化作用；油脂加入面团后，分子会吸附在蛋白质分子表面，形成了一层水不透性的薄膜，阻止水分子向蛋白质胶粒内部渗透和扩散，使面筋蛋白吸水力减弱，胀润不充分，这就是油脂的反水化作用。此外，脂肪的存在还能使蛋白质胶粒之间的结合力下降，因此在面团调制时，糖与油脂的存在会使面团的弹性降低、韧性减弱、可塑性增强。

2. 面团调制工艺

生产不同类型的饼干所需面团的加工性能不同，在面团调制工艺上区别也很大。

（1）韧性面团的调制

①韧性饼干对面团的要求：韧性饼干的生产常采用冲印成型，需要经多次辊轧操作，要求头子分离顺利，这就决定着韧性面团的面筋既要充分形成，又要有较好的延伸性、可塑性、适度的结合力及柔软、光滑的性能，同时面筋的强度和弹性不能太大。

由于韧性面团在调制完毕时具有比酥性面团更高的温度，因此韧性面团俗称热粉。

②调制原理与工艺：为了达到工艺要求，韧性面团在调制过程中经历了两个阶段。第一阶段形成了具有较好面筋网络的面团。首先通过低强度搅拌使小麦粉吸收水分而水化，初步形成面团，然后面团在调粉机内经过不断重复地折叠、揉捏、摔打，并和配方内的盐、奶粉中的蛋白质分子等结合成网状结构，使面团具有最佳的弹性和伸展性。第二阶段降低面团弹性、增强可塑性。在调粉机继续搅拌下，已经形成的面筋结构受到破坏，面筋分子间的水分从结合键中析出，面团表面会再度出现水的光泽，使面团变得柔软松弛、弹性降低、延伸性增强，从而达到韧性面团的工艺要求。

韧性面团在调粉时一般是一次将小麦粉、水和辅料投入调粉机中进行搅拌。如果需要面团可塑性较大时，可按酥性面团的方法，即将油脂、糖、乳、蛋等辅料与热水或热糖浆在调粉机中搅匀，再加入小麦粉。如使用改良剂，则应在面团初步形成时加入。由于面团温度高，为了防止疏松剂的分解和香料的挥发损失，一般在调制过程中加入，具体工艺参数见表3-1。

表3-1　韧性面团调粉工艺参数表

面团温度/℃	38~40	静置时间/min	15~20
水分添加量（以小麦粉为基准）/%	18~24	淀粉添加量（以小麦粉为基准）/%	5~10
调粉时间/min	卧式双桨20~25		

③影响面团调制的工艺要素：韧性面团所发生的质量问题，绝大部分是由于面团没有充分调透，调粉操作中没有很好地完成面团调制的第二阶段，错误判断面团已经成熟而进入辊轧和成型工序。因此，要调制成适应加工工艺需要的面团，除掌握好加料顺序外，还需要注意以下工艺要素。

a. 淀粉添加量：韧性面团调制时，常需添加一定量的小麦淀粉或玉米淀粉。添加淀粉的目的一方面是为了稀释面筋浓度，限制面团的弹性，增加面团的可塑性，缩短调粉时间；另一方面也能使面团光滑，黏度降低，花纹保持能力增强。一般淀粉的使用量为小麦粉的5%~10%。淀粉使用量不足5%，则稀释面筋浓度的效果不明显，起不到调节面团胀润度的作用。反之淀粉使用过量，则不仅使面团的结合力下降，还会使面筋过于软弱，持气能力下降，导致饼干胀发率减弱，破碎率增加，成品率下降。

b. 面团温度：韧性面团的调制，由于搅拌强度大、时间长，在搅拌过程中机械与面团及面团内部之间的摩擦能够产生一定的热量，而使面团温度升高。较高的面团温度有利于面筋的形成，缩短搅拌时间，也有利于降低面团的弹性、韧性、黏性和柔软性，使辊轧、成型操作顺利，提高制品质量。如果面团温度过高，会出现面团易走油和韧缩，饼干变形，保存期变短，疏松剂提前分解，影响焙烤时的胀发率等问题；如果温度过低，所加的固体油脂易凝固，面团变得硬而干燥，面筋形成、扩展困难，面带容易断裂，搅拌时间增加。因此韧性面团调制后的温度一般控制在38~40℃。冬季气温低，为了能够达到温度要求，通常使用85~95℃的糖水直接冲入小麦粉中，这样一方面可以提高面团的温度，另一方面也会使部分面筋蛋白变性凝固，降低湿面筋的形成量，控制面筋的强度和弹性。也可以采用将小麦粉预热的办法来提高面团的温度。夏天则需用温水调面。

c. 加水量和面团软硬度：韧性面团通常要求调得比较柔软，柔软的面团可以缩短面团调制时间，增大延伸性，减弱弹性，提高成品疏松度和面片压延时表面光洁度，并且面带不易断裂，操作顺利。面团加水量应控制在18%～24%。

d. 饼干改良剂的使用：生产韧性饼干的配方中，由于油脂、糖比例小，加水量较大，面团的面筋蛋白能够充分吸水胀润，操作不当常会引起面团弹性大而导致产品收缩变形。添加面团改良剂就是要达到减小面团筋力，降低弹性，增强可塑性，使产品的形态完整、表面光泽，缩短面团调制时间的目的。常用的面团改良剂多是含有—SO_2 基团的各种无机化合物，如亚硫酸氢钠、亚硫酸钙、焦亚硫酸钠和亚硫酸等。

e. 调粉时间与转速：要达到韧性面团的工艺要求除了要用热水调粉外，还要保证调粉第二阶段的正确完成。第二阶段完成的标志是面团的硬度开始降低。通常采用卧式双桨搅拌机，调制时间控制在20～25min，转速控制在25r/min左右。

f. 面团的静置：面团经长时间的调粉机桨叶的拉伸、揉捏，在面团内部产生一定强度的张力，并且各处张力大小分布很不均匀。在面团强度较大时，应在调粉后静置10～20min，或更长时间使处于紧张状态的面筋松弛、弹性降低，以保持面团性能的稳定。另外，静置期间各种酶的作用也可使面团柔软。

g. 糖、油脂等辅料的影响：韧性面团温度较高，有利的方面是加快面筋的形成，但也可以使糖、油脂等辅料对面团的性质产生负面的影响。在温度较高时，糖黏着性增大，也使面团黏度增大；而脂肪随温度增高，流动性增大，从面团中析出，导致面团“走油”。因此，如果出现面团发黏，发生粘辊、脱模不顺利时，往往说明糖的影响大于油脂的影响，这时可以降低调粉温度来减小糖在面团中的作用。但温度不能过低，否则又会引起面筋难以形成、面团强度过低，而无法进行后续加工。

④面团调制结束的判断：面团调制结束，通常建立在多次实践的基础上，利用经验进行判断。一种方法是观察调粉机的搅拌桨叶上黏着的面团，当在转动中很干净地被面团粘掉时，即接近结束。二是用手抓拉面团时，不粘手，感到面团有良好的伸展性和适度的弹性，撕下一块，其结构如牛肉丝状，用手拉伸则出现较强的结合力，拉而不断，伸而不缩。

（2）酥性或甜酥性面团的调制

①酥性饼干对面团的要求：由于酥性饼干外形呈现浮雕状斑纹，成品图案清晰，成型后饼坯花纹保持好，这就要求酥性面团不仅具有较大程度的可塑性和有限的黏弹性，还要求面团在轧制成面片时有一定结合力，以便机器连续操作和不粘辊筒、模具。

酥性或甜酥性面团因其温度接近或略低于常温，比韧性面团的温度低得多，俗称冷粉。

②调制原理与工艺：在酥性面团调制时主要是减少水化作用，控制面筋的形成；避免由于面筋的大量形成导致面团弹性和强度增大，可塑性降低，引起饼坯

的韧缩变形；防止面筋形成的膜在焙烤过程中引起饼坯表面胀发起泡。

为了制成适应加工需要的酥性或甜酥性面团，调粉操作首先应将油脂、糖、水（或糖浆）、乳、蛋、疏松剂等辅料投入调粉机中充分混合、乳化成均匀的乳浊液。在乳浊液形成后加入香精、香料，以防止香味大量挥发。最后加入小麦粉调制6～12min。这样小麦粉在一定浓度的糖浆及油脂存在的状况下吸水胀润受到限制，不仅限制了面筋蛋白的吸水，控制面团的起筋，而且可以缩短面团的调制时间。具体工艺参数见表3－2。

表3－2　酥性面团调粉工艺参数

项目	普通酥性饼干	高糖油酥性饼干
面团温度/℃	26～28	19～25
面团最终含水量/%	16～18	13～15
调粉时间/min	卧式单桨5～10	卧式单桨8～15
	立式双桨10～15	立式双桨12～18
面筋含量/%	25～30	
淀粉添加量（以小麦粉为基准）/%	5～8	
头子添加量（以鲜面团为基准）	1/10～1/8	

③影响面团调制的工艺要素：除了投料顺序外，酥性或甜酥性面团在调制时，还应严格控制糖和油脂用量、加水量、面团温度、调粉时间、头子和淀粉的添加量等。

a. 糖、油脂用量：在酥性面团调制中，糖和油脂用量都比较高，这样能够充分发挥糖和油脂的反水化作用，限制面团起筋。一般糖的用量可达小麦粉的32%～50%，油脂用量可达40%～50%或更高一些。

b. 加水量与面团的软硬度：在酥性面团调制中，通过控制加水量限制小麦粉的水化作用，是控制面筋形成的重要方法之一。加水多，面筋蛋白就会大量吸水，为湿面筋的充分形成提供充分条件。为了防止面筋大量形成，加水量要与调粉时间相配合，虽然调粉时间短能够防止面筋的形成，但当面团较硬（水分少）时要适当增加调粉时间，面筋既不形成过度，也不形成不足。如果调粉时间太短，面团将是散沙状。加水量一般控制在3%～5%，使面团的最终含水量在16%～20%。需要注意的是调粉中既不能随便加水，更不能一边搅拌一边加水。

在生产实际中，对于冲印成型的面团由于要经过多次辊轧，会有一定面筋形成。为了防止面带断裂和粘辊，一般要求面团有一定的强度和黏弹性，面团软一些。对于辊印成型的面团，由于不形成面片，无需头子分离，是将面团直接压入印模成型，过软的面团反而会造成充填不足、脱模困难等问题，一般要求面团稍硬些。面团的软硬通常用控制加水量来控制。

c. 淀粉的添加：加入淀粉可以抑制面筋的形成，降低面团的强度和弹性，增加面团的可塑性。对于用面筋含量较高的小麦粉调制酥性面团时需加入淀粉，但淀粉的添加量不宜过多，过多就会影响饼干的胀发力和成品率。一般只能使用小麦粉量的5% ~8% 。

d. 头子量：在冲印和辊切成型操作时，从面带上切下饼坯必然要留下部分边料，在生产中还会出现一些无法加工成饼坯的面团和不合格的饼坯，这些统称为头子。在生产过程中为了减少浪费，常常要把它再掺到下次制作的面团中。头子的加入会增强面团的筋力，影响酥性面团的加工性能和成品的酥松度。这是因为头子已经过辊轧和长时间的胀润，面筋形成量比新鲜面团要高得多。但在面筋筋力十分弱、面筋形成十分慢的情况下，头子的加入可以弥补面团筋力不足而改善操作。所以头子的添加应根据情况灵活使用，注意适量。一般加入量以新鲜面团的1/10 ~1/8 为宜。

e. 调粉时间：调粉时间是决定面筋形成程度和限制面团弹性的直接因素。调粉时间不足会导致面筋形成量不够，面团松散而无法形成面片；游离水过多引起面团黏度太大而粘辊、粘帆布，影响正常操作和产品质量等。调粉时间过长，会增大面团的筋力，出现面片韧缩、花纹不清、表面粗糙、易起泡、凹底、体积小、成品不酥松等问题。一般调粉时间为5 ~18min。

f. 静置时间：酥性面团是否需要静置应根据面团的具体情况而定。如果在调制时面筋形成不足，可以通过静置期间水化作用的继续进行，增加面团结合力和弹性，降低面团黏性。对于面筋形成不足，适当地静置是一种补救的办法。如果面团已达正常，无需静置。

g. 面团的温度：温度也是影响面团调制的关键因素之一，酥性面团的调粉温度一般为22 ~28℃。面团温度太低，不利于面筋蛋白吸水胀润，使面片内部结合力较弱、表面黏性增大而易造成粘辊筒和印模的问题，影响操作；反之，面团温度提高会增加面筋蛋白的吸水率，增强面团筋力，同时还会导致高油脂面团中的油脂外溢，给后续操作带来困难。

面团的温度要根据小麦粉中面筋的含量与特性、油脂等辅料含量和成型方法灵活掌握。如小麦粉中面筋含量高，面团温度须适当降低，以抑制面筋形成。如配方中含油脂量高，则要适当降低面团温度，以防止面团“走油”。调粉时面团的温度一般利用水温来控制。夏季气温高，可用冰水调制面团。

（3）发酵面团的调制

①发酵饼干对面团的要求：发酵饼干是利用生物疏松剂——酵母在生长繁殖过程中产生二氧化碳气体，二氧化碳气体又依靠面团中面筋的保气能力而保存于面团中。二氧化碳气体在烘烤时受热膨胀，加上油脂的起酥效果，形成发酵饼干特别疏松的内部组织和断面具有清晰层次的结构。为了实现以上目标，这就要求调制后的发酵面团的面筋既要充分形成，具有良好的保气性能，还要有较好的延

伸性、可塑性、适度的结合力及柔软、光滑的性质。

②调制与发酵原理与工艺：面团的调制和发酵一般采用二次发酵法，具体工艺参数见表3-3。

表3-3　发酵面团调粉工艺参数

项　目		第一次调粉	第二次调粉
小麦粉用量/%		40~50	50~60（余量）
调粉时间/min		4~6	5~7
酵母用量/%		鲜酵母0.5~0.7	—
		干酵母1.0~1.5	—
面团温度/℃	冬季	28~32	30~33
	夏季	25~28	28~30
加水量（以小麦粉为基准）/%		40~45	根据第一次发酵程度确定

第一次调粉和发酵：第一次调粉首先用温水溶化鲜酵母或用温水活化干酵母，然后加入到过筛后的小麦粉中，最后加入用以调节面团温度的温水，在卧式调粉机中调制4~6min。冬天使面团的温度达到28~32℃，夏天达到25~28℃。调粉完毕的面团送入发酵室进行第一次发酵。第一次调粉时使用的小麦粉，应尽量选择高筋小麦粉。

第一次发酵要求发酵室的理想发酵温度为27℃，相对湿度为75%，发酵时间为6~10h。发酵完毕后，面团pH有所降低，为4.5~5。通过面团较长时间的发酵，一方面使酵母在面团中大量繁殖，为第二次发酵奠定基础。另一方面酵母在繁殖过程中产生的二氧化碳气体使面团体积膨大，内部组织呈海绵状结构；生成的代谢产物使面团产生发酵所特有的风味。

第二次调粉和发酵：第二次调粉是在第一次发酵好的面团（也称酵头）中加入其余的小麦粉和油脂、精盐、糖、鸡蛋、奶粉等除疏松剂以外的原辅料，在调粉机中调制5~7min。搅拌开始后，慢慢撒入小苏打使面团的pH达中性或略呈碱性。小苏打也可在搅拌一段时间后加入，这样有助于面团光滑。第二次调粉时使用的小麦粉应尽量选择低筋面粉，这样有利于产品口味酥松、形态完美。调粉结束冬天面团温度应保持在30~33℃，夏天28~30℃。

第二次调粉是决定产品质量的关键，要求面团柔软，便于辊轧操作。

第二次发酵又称延续发酵，要求面团在温度29℃、相对湿度75%的发酵室中发酵3~4h。

③影响面团调制的工艺要素：面团温度是酵母的生长与繁殖众多影响因素中最重要的因素之一。由于发酵面团使用酵母作为疏松剂，面团的温度调整是否适当，直接关系到酵母的生存环境。酵母繁殖最适宜的温度是25~28℃，最佳发

酵温度是28～32℃。但要维持适宜的发酵温度，保证酵母既能大量繁殖又能使面团发酵产生足够的二氧化碳气体，必须考虑周围环境和发酵本身的放热。调制好的面团随着发酵的不断延续，会因酵母本身生命活动过程中所产生的热量而使面团温度有所上升，因此夏天宜把面团的温度调得低一些（一般2～3℃），防止面团过热，引起过多的乳酸菌、醋酸菌发酵，使面团变酸；冬季则不然，由于周围环境的温度通常都低于27℃，温度过低，则会引起发酵不足、胀发不良等问题而延长发酵时间和生产周期，因此调制面团时，应将温度控制得高一些。

a. 加水量：加水的多少取决于小麦粉的吸水率等因素。小麦粉的吸水率小加水就少些；吸水率大，加水就适当多些。第二次调粉时，加水量不仅要依据小麦粉的吸水率大小，还要根据面团第一次发酵的程度确定。第一次发酵不足，则在第二次调粉时就适当多加一些水。反之，第一次面团发得越老，加水量就越少。

第一次调粉、发酵时，由于酵母的繁殖速度随面团加水量增加而增大，面团可适当调得软一些，以利于酵母繁殖。对于第二次调粉，虽然加水量稍多可使湿面筋形成程度高，面团发得快，体积大，但由于发酵过程中有水生成，加之油脂、糖及盐的反水化作用，就会使面团变软和发黏，不利于辊轧和成型操作，所以调制的面团应稍硬些。但加水量也不能过少，使面团硬度过大，以免导致成品变形。

b. 用糖量：糖作为酵母的碳源也是酵母生长和繁殖的重要因素。

在第一次调粉、发酵时，一般需加入1%～1.5%的饴糖或蔗糖、葡萄糖，以加快酵母的生长繁殖和发酵速度。这是因为开始时小麦粉本身的酶活力很低，淀粉酶水解淀粉而获得的可溶性糖分和小麦粉中原有很少的可溶性糖分不能充分满足酵母生长和繁殖的需要。但在加入糖分时应该考虑到，在糖浓度较高时会产生较大的渗透压，造成酵母细胞萎缩和细胞原生质分离而大大降低酵母的活力，因此过量的糖对发酵是极为有害的。

第二次调粉、发酵时，酵母所需的糖分主要由小麦粉中的淀粉酶水解淀粉而得到，因此，加糖的目的不是为了给酵母提供碳源，而是从成品的口味和工艺上考虑的。

c. 油脂的影响：发酵饼干使用油脂较多，加入油脂对饼干生产的影响具有双重性。有利的方面是能够使制品疏松，增加制品风味。不利的方面是大量的油脂会在酵母细胞周围形成一层难以使营养物质渗入酵母细胞膜的薄膜，阻碍了酵母正常的新陈代谢，从而抑制酵母的发酵。为了解决多用油脂改善饼干的疏松度与尽量减少油脂对酵母发酵作用影响的矛盾，一般采用将少部分油脂在调粉时加入，大部分在辊轧面团时采用夹油酥的方法。为了解决流散度高的液体油对酵母发酵更为显著的抑制作用，通常使用优良的猪板油或其他固体起酥油。

d. 用盐量：发酵饼干的食盐加入量一般为小麦粉总量的1.8%～2.0%。食盐的加入对饼干生产也具有双重作用。适量的加入会对产品的生产起到积极的影响：一是增强面筋弹性和韧性，增大面团抗胀力，达到提高面团保气性的效果；二是能够作为小麦粉中淀粉酶的激活剂，提高淀粉的水解率，供给酵母充足的碳源；三是作为产品的调味物质，满足改善口味的需要；四是具有抑制杂菌的作用等。反之，过高的食盐浓度会抑制酵母的活性，使发酵作用减弱。所以，第一次调粉发酵中不加盐，通常在第二次调粉时才加入盐，也可以在第二次调粉时只加入食盐的30%，其余的70%在油酥中拌入或在成型后撒在饼干表面。

除此之外，小麦粉性能、酵母质与量对发酵的影响也十分重要。

（4）浆料面团的调制

①浆料面团的调制原理与工艺：浆料面团制品的多孔状组织结构是由于浆料在打擦中空气分散在液相中形成的。没有气相分布在液相中，饼干就不会有多孔性组织。在打擦中浆体是以水为分散介质，空气为分散相，具有表面活性的物质为起泡剂逐渐形成的一个均匀体系，空气为液相包围着，形成稳定的泡沫。气泡的形成及稳定性与液－气界面上的表面张力及液相中的物料对气泡膜的保护作用有关。液体的表面张力小，形成气泡的能力就强。

浆料在调制时，应先将鸡蛋、砂糖、疏松剂等辅料在搅拌机中混合均匀，边搅打边缓缓加水。在蛋浆打擦高度和泡沫稳定性良好时，再加入小麦粉，轻轻地混合成浆料。

②影响面浆调制的因素：浆料在搅打过程中应特别注意以下几个方面。

a. 小麦粉的品质：选用低筋小麦粉，形成的面筋量少，既有利于增加浆料在烘烤时的流动性，充满模具，又有利于浆料内气体的受热膨胀，使产品获得疏松、多孔的结构。

b. 淀粉的添加：加入适量的淀粉，不但可以降低面团筋力，改善制品的结构，而且能够增加制品表面的光泽。

c. 浆料温度：调制结束时浆料温度以20～25℃为宜。气温高时，为了防止浆料持气性能下降，料温要适当降低。

d. 加水量：加水量的多少不仅直接影响到饼干的品质，而且也影响后续操作。加水量太少，则面浆黏度太大，流动性差，不易充满烤模，造成成品缺损；加水量太多，则浆料太稀，浇片时流动性大，易产生大量的边皮，同时由于面糊易向四周流散，导致制品太薄，容易脆裂。浆料浓度一般控制在16～18°Bé。

e. 油脂的影响：在调浆时加入适量的油脂，既可提高制品表面的光泽和风味，又可在烘烤时防止粘模。但由于油脂具有消泡性，它的加入不利于产品的膨松。

f. 调浆时间：调浆时间过长，会使浆料形成面筋，制品不酥脆；时间过短，原辅料不能充分混合均匀。因此，调浆时应搅拌至小麦粉、淀粉、油脂和水等充分混合，成为含有大量空气的均匀状浆料为止。

g. 疏松剂：小苏打和碳酸氢铵是常用的疏松剂。为了避免制品因使用多量的小苏打和碳酸氢铵而带来的碱味，避免产品色泽发黄，通常还要添加适量的明矾。

h. 搅拌条件：搅拌机应具有可变速性。搅拌器应选用多根不锈钢丝制成的圆“灯笼”形，这种形式的搅拌器有利于把空气带入浆料内部，同时还具有分割气泡的作用，调制浆料面团效果好。开始搅打时，转速应快一些，以125～130r/min为好，为防止转速过快打过头，5min后转速减慢，以70r/min为好。

知识三　面团辊轧

饼干面团调制完成后经静置或不静置而进入辊轧操作。面团的辊轧就是将调粉后内部组织比较松散的面团通过相向、等速旋转的一对轧辊（或几对轧辊）的反复辊轧，使之变成厚度均匀一致并接近饼坯的薄厚、横断面为矩形的层状匀整化组织的过程。

1. 面团辊轧的基本原理

饼干面团在辊轧过程中，面带经过多道压延辊的辊轧，使面带在其运动方向上的延伸比沿轧辊轴线方向的拓展大得多，因此在面带运动方向上产生的纵向应力要比轴线方向上的应力大，出现面带内部应力分布不均匀，如果面带直接进入成型必然会导致成型后的饼坯收缩变形。具体解决办法是在进行多次来回辊轧的同时，把面带进行多次90°转向，并在进入成型机辊筒时再次调转90°，以最大限度地减少由于内部应力分布的不平衡而导致的饼干变形。

面团经过多道压延辊的辊轧，相当于面团调制时的机械揉捏，一方面能够使面筋蛋白通过水化作用，继续吸收一部分造成黏度增大的游离水，另一方面使调粉时未与网络结合的面筋水化粒子，达到与已形成的面筋的结合，组成整齐的网络结构，促使面筋进一步形成，有效地降低了面团的黏度、增加了面团的可塑性。

面团经过反复辊轧、翻转、折叠的结果，使面团形成了结构匀整、表面光洁的层状组织，不仅有利于成型操作，实现饼坯的形态完整、花纹清晰、保持力强和饼干产品的色泽一致，而且面团中排出了多余的气体，使面带内气泡分布均匀、组织细腻。

2. 不同面团辊轧的操作要点

（1）韧性饼干面团辊轧　对于韧性饼干面团一般都应经过辊轧工序，经过辊轧工序所生产的成品具备不易变形、内部结构均匀、表面光洁的优点。

韧性饼干面团一般要经过9～14次辊轧，多次折叠、翻转90°，面带由厚到薄的过程，以达到面带组织规律化，呈层状排列，头子能够比较均匀地掺入到面团的目的。为了顺利完成辊轧操作，应注意以下几个问题。

①压延比不宜超过3:1，即面带经过一次辊轧不能使厚度减到原来的1/3以

下。比例大不利于面筋组织的规律化排列，影响饼干膨松。但比例过小，不仅影响工作效率，而且有可能使掺入的头子与新鲜面带掺和不均一，使产品疏松度和色泽出现差异，以及饼干烘烤后出现花斑等质量问题。

②头子加入量一般要小于1/3，但弹性差的新鲜面团适当多加。

③韧性面团一般用糖量高，而油脂较少，易引起面团发黏。为了防止粘辊，可在辊轧时均匀地撒少许小麦粉，但要避免引起面带变硬，造成产品不疏松及烘烤时起泡的问题。韧性饼干的辊轧如图3-1所示，辊筒中间面带的厚度单位为mm。

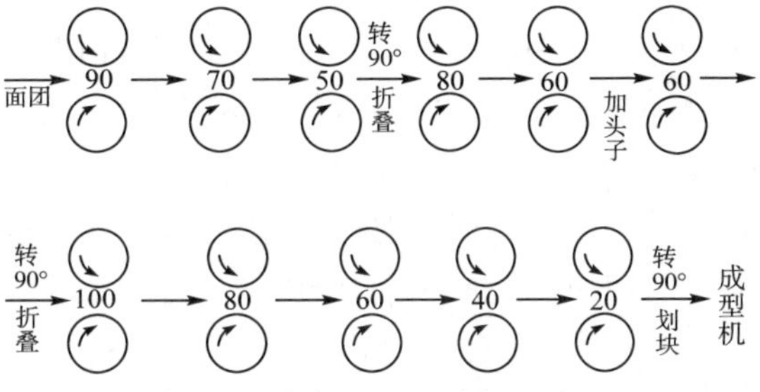

图3-1　韧性饼干的辊轧示意图

（2）发酵饼干面团辊轧　对于发酵面团均需经过辊轧，因为发酵饼干生产需要夹油酥，排除多余的二氧化碳气体。成品要求具有多层次的酥松性，只有经过对面团的多次辊轧才能实现。

面团的辊轧作为发酵饼干生产不可缺少的重要环节，其操作与韧性饼干基本相同，区别在于夹油酥前后压延比的变化。未加油酥前，压延比不宜超过3:1，面带夹入油酥后，一般要求在（2:1）~（2.5:1），压延比过大，油酥和面团变形过大，面带的局部出现破裂，引起油酥外露，影响饼干组织的层次和外观，并使胀发率减低。发酵饼干的辊轧如图3-2所示，轧辊中间面带的厚度单位为mm。

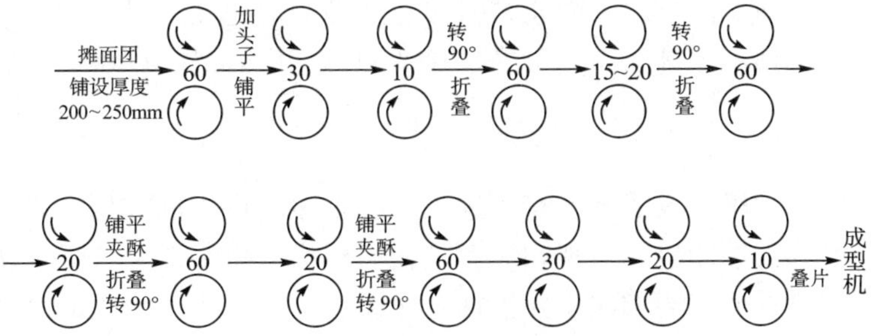

图3-2　发酵饼干的辊轧示意图

（3）酥性饼干面团的辊轧　对于多数的酥性或甜酥性饼干面团一般不经辊轧而直接成型。究其原因，酥性或甜酥性面团糖、油脂用量多、面筋形成少、质地柔软、可塑性强，一经辊轧易出现面带断裂、粘辊，同时在辊轧中增加了面带的机械强度，面带硬度增加，造成产品酥松度下降等。但当面团黏性过大，或面团的结合力过小，皮子易断裂时，不能顺利成型，采用辊轧可以使面团的加工性能得到较好的改善。

虽然大多数厂家对于酥性面团不再使用辊轧工序，但当需要辊轧时，一般是在成型机前用2～3对轧辊即可，要求加入头子的比例不能超过1/3，头子与新鲜面团的温度差不超过6℃。

（4）头子的掺入对辊轧工序的影响　对于冲印和辊切成型，总是要有头子产生的。头子不掺入面团就会造成浪费，增加生产成本，但头子掺入量如果过多，就会增加面带的硬度，给生产带来不利影响，并会影响饼干的成品质量。

反过来讲，当面团结合力较差时，掺入适量的头子可以提高面团的结合力，对成型操作十分有利。但在添加时应注意头子的比例、温度、掺入时的操作是否得当。

①掺入比例的影响：头子与新鲜面团的比例应在1∶3以下。由于头子在较长时间的辊轧和传送过程中往往出现面筋筋力增大，水分减少，弹性和硬度增加的情况。因此，在冲印或辊切成型时，要求正确操作，尽量减少头子量和饼坯的返还率。

②温度差的影响：面团在不同的温度下呈现不同的物理性状。如果头子与新鲜面团温度的差异较大就会使得头子掺入后，面带组织不均匀，机械操作困难，如出现粘辊、面带易断裂等。往往受操作环境的影响，头子的温度与新鲜面团的温度不一致，这就要求调整头子的温度，在掺入时二者温差越小越好，最好不要超过6℃。

③掺入时操作的影响：由于头子的加入只是将其压入新鲜面带，不会像面团调制时那样充分搅拌揉捏，因此要求头子掺入新鲜面团时尽量均匀地掺入。对于掺入后还经过辊轧工序的头子，直接均匀铺在新鲜面带上。如果不经辊轧工序，头子应铺在新鲜面团的下面，防止粘帆布和产品表面色泽差异。如果头子掺入不当，往往会造成粘辊、粘帆布、产品色泽不匀、变形、酥松度不一等后果。

知识四　成　　型

饼干面团经过辊轧成面带后直接进入成型工序。饼干的成型方式以所用设备的不同，一般分为冲印成型、辊印成型、辊切成型、挤浆成型、钢丝切割、挤条成型等。不同饼干成型的方法主要依据企业设备情况和生产饼干的品种和配方进行选择。

1. 成型方式

（1）冲印成型　冲印成型是一种将面团辊轧成连续的面带后，用印模直接将面带冲切成饼坯和头子的成型方法。作为一种传统而又被广泛使用的成型方法，不仅能用于生产韧性饼干，而且也能用于发酵饼干和部分酥性饼干的生产，使用范围广，具有辊切、辊印成型机不可比拟的优势。冲印成型设备是饼干生产厂家不可缺少的成型设备，在没有其他成型设备的情况下，只要有冲印成型机就可以生产多种大众化的饼干，甚至是较好的酥性饼干。

①冲印成型的方式与工作原理：冲印成型方式的发展历经了两个时期。早期是间歇式冲印成型机，其成型原理是帆布输送带上的面带向前移动一段距离，停一下，冲头向下完成一次冲印、分切，再向前移动一段距离，再停下来冲印。这种成型方法的致命缺陷是与现代连续式钢带不能很好地配合，目前已基本被淘汰。现在通常使用的是摆动式冲印成型机，其成型原理是冲头垂直冲印帆布运输带上的面带，将面带分切成饼坯和头子的同时，与帆布带下面能够活动的橡胶下模合模，并随着连续运动的帆布输送带、分切的饼坯和头子向前移动一段距离，然后冲头抬起成弧线迅速摆回到原来位置开始下一个冲印动作。如此下去，周而复始，不断将面带冲成饼坯。这种成型方式解决了与连续式钢带载体相配合的问题。

②影响冲印成型的因素：冲印操作要求面带不粘辊筒，不粘帆布，冲印清晰，头子分离顺利，落饼时无卷曲、变形现象。不管面团是否经过辊轧，都不能直接冲印成型，必须在成型机前的 2 ~ 3 对轧辊上压延成规定厚度，方能冲印成型。为达此目的，除面团符合工艺要求以外，在冲印成型操作时还应注意以下要素。

a. 面带冲印前的辊轧：冲印成型机前装配有 2 ~ 3 对轧辊，其工作原理如图 3 - 3 所示。

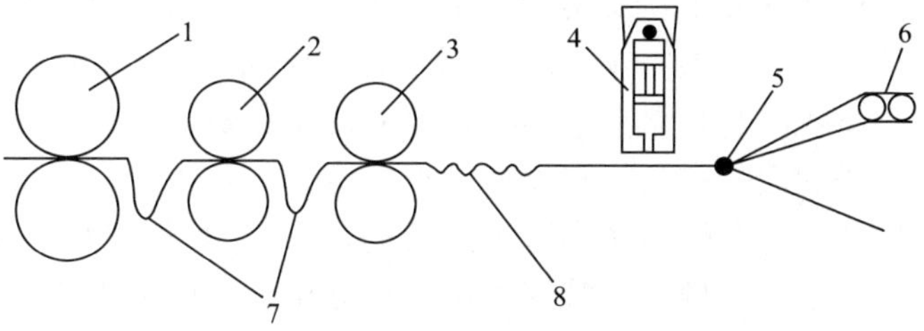

图 3 - 3　冲印成型机工作原理示意图

1—第一对轧辊　2—第二对轧辊　3—第三对轧辊　4—冲印机　5—头子分离
6—头子输送带　7—辊轧面带下垂度　8—辊轧后面带褶皱

为了使形成的面带符合冲印要求，首先要合理选择轧辊直径和配置辅助设施。由于第一对轧辊前的物料由头子和新鲜面团的团块堆成，面带薄厚不匀、厚度较大或者是没有形成面带，用较大直径的轧辊便于把面团压延成比较致密的面带。因此，第一对轧辊直径（300 ~ 350mm）的选择必须大于第二和第三对轧辊

(215～270mm)。在第一对轧辊前加装撒小麦粉或涂油装置以防止粘辊和粘帆布。轧辊上装配刮刀，不断将表面粉层刮去，以防止轧辊上的小麦粉硬化和积厚，影响压延后面带表面的光洁度。

b. 对于不经辊轧的韧性面团和酥性面团，面团和头子在第一对辊筒前的输送带上要均匀地铺设。具体方法是把面团和头子撕成小团块状，在帆布上铺成60～150mm厚的面带，由于头子比新鲜面团干硬，头子尽量铺在底层，不易粘帆布。

c. 进行轧辊间隙调节，实现轧辊间转速的密切配合。只有单位时间通过每一对轧辊的面带体积基本相等，三对轧辊与冲印部分连续操作才能顺利进行，才能够保证面带不重叠涌塞或面带不被拉断、拉长。轧辊间隙和轧辊间转速的密切配合起着决定性的作用，轧辊间隙一般应根据面团的性质、饼坯厚度、饼干规格进行调节，随时加以校准。轧辊间隙的调整使面带的截面积发生改变，要使每一对轧辊面带的体积基本相等，轧辊的速度也必须调整，进行密切配合。反之，必然要发生积压或断带现象。

在调整轧辊间隙时，一方面要考虑到同前道工序轧辊和帆布的输送速度的配合，另一方面对于酥性面团和韧性面团，各对轧辊的压延比一般不要超过4∶1。因发酵饼干对组织要求较高，压延比更要小，这样才能将经过发酵形成的海绵状组织压延成层次整齐、气泡均匀的结构。夹酥面带，压延比过大，还会造成层次混乱和油酥裸露等质量缺陷。

轧辊速度的调节主要是做好与轧辊间隙的密切配合，防止几道轧辊间面带绷得太紧，面带纵向张力增强而引起冲印后饼坯在纵向的收缩变形；或使抗张力较小的面带因受纵向张力的影响，造成断裂。为了防止面带纵向张力过大和断裂，应在面带压延和运送过程中，每两对轧辊之间的面带保持一定的下垂度，既可消除压延后产生的张力，又能防止意外情况引起的断带（如图3－3所示）。在第三对轧辊后面的小帆布与长帆布连接处也要使面带形成波浪形褶皱状余量，以松弛面带张力。褶皱的面带在长帆布输送过程中会自行摊平，并不影响正常成型。

冲印饼干坯的印花和分切是靠印模进行的。印模主要分两大类：一种是凹花有针孔印模，能够解决韧性和发酵面团由于面筋弹性较强或面团持气能力较强导致烘烤时饼坯表面胀发变形较大，凸出的花纹不能被很好保持，表面胀起大泡的问题。因此，这种印模适用于韧性饼干和发酵饼干。另一种是无孔凸花印模，这种印模对于面团面筋形成很少，组织比较疏松，在烘烤时内部产生的气体能比较容易逸出，面团可塑性好，能够保持冲印时留下的表面形状的酥性面团成型良好，因此，适用于酥性饼干。

印模的构造分四个部分，即冲头、刀口、针柱和压板。冲头是与饼坯表面形状相近、花纹相反、稍小一点的一块模板，又称芯子，其作用是冲印时赋予饼坯花纹图案。刀口是紧贴冲头外边的套筒的锋利下端，其作用是将印有花纹的面片与面带切断而得到饼坯。针柱固定在套筒的底板上，随刀口上下运动，其作用是将饼坯穿孔。压板也称推板，在刀口外边，其作用是在刀口上升时，压板向下将头子推出，防止头子粘在刀口上带上去。

冲印成型过程是冲头向下先接触面带，将面带冲印出花纹，随即刀口和针柱向下，将冲印有花纹的面带穿孔并切断分成饼坯和头子，然后刀口和针柱上升，冲头上升，冲头依靠弹簧把饼坯弹出，最后冲头上升，而推板将头子推出，完成一次冲印过程。

冲印成型被切下来的头子需要与饼坯分离。头子分离是头子通过饼坯传送带上方的另一条与饼坯传送带成20°左右向上倾斜的传送帆布带运走，再被另一传送带送回第一对轧辊前的帆布带上进行下一次辊轧，如图3－3所示。韧性和发酵面团头子分离并不困难，但强度较小的酥性面团，需要调整好饼坯传送带与头子传送带的角度和分离处的距离，避免发生断裂。

（2）辊印成型　辊印成型是目前在中小企业应用较多的成型方法，这是因为辊印成型的饼干花纹图案十分清晰、口感好、香甜酥脆。辊印设备占地面积小，产量高，无需分离头子，运行平稳，噪声低。但是辊印成型也有它的局限性，它不适合韧性饼干和发酵饼干的成型，仅适于高油脂面团弹性小、可塑性较大的酥性或甜酥性饼干的成型。

①辊印成型机的结构：辊印成型机的成型部分由喂料槽辊、花纹辊和橡胶脱模辊三个辊组成，如3－4所示。喂料槽辊上有用以供料的槽纹，以增加与面团的摩擦力。花纹辊又称型模辊，它的上面有均匀排布的凹模，转动时将面团辊印成饼坯。在花纹辊的下方有一橡胶辊用来将饼坯脱出。

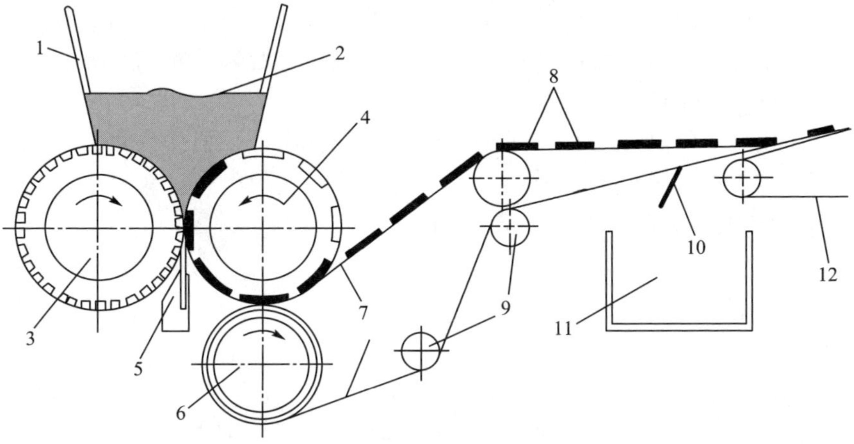

图3－4　辊印成型机结构示意图

1—加料斗　2—面团　3—喂料槽辊　4—花纹辊　5—刮刀　6—橡胶脱模辊

7—脱模带　8—饼坯　9—张紧辊　10—刮刀　11—面屑落斗　12—饼坯输送带

②辊印成型机的工作原理：面团由成型机加料斗底部开口落到一对直径相同喂料槽辊和花纹辊中间，两辊作相对转动，面团在重力和两辊相对运动的压力下不断充填到花纹辊的印模中去，印模中的饼坯向下运动时，被紧贴在花纹辊的刮刀刮去多余面屑，形成饼坯的底面。花纹辊同时与其下面包着帆布的橡胶脱模辊作相对转动，当花纹辊中的饼坯底面与橡胶辊上的帆布接触时，就会在重力和帆布带的黏合力的作用下，从花纹辊的印模中脱出，然后由帆布输送带送到烘烤网带或钢带上进入烤炉。

③影响辊印成型的因素：

a. 面团的影响：辊印成型要求使用稍硬、弹性较小的面团。但若面团过硬及弹性过小，不利于进料和印模的充填，会出现压模不实，造成脱模困难，饼坯残缺或裂纹，破碎率增大。面团过软或弹性大会形成紧实的团块，易造成喂料不足、脱模困难，或因刮刀刮不清而出现饼坯底部不平整、脱出的饼坯出现毛边等质量问题。

b. 刮刀刃口的位置：在辊印成型过程中，分离刮刀的位置直接影响饼坯的质与量，当刮刀刃口位置较低时，印模内刮去面屑后的饼坯略低于花纹辊表面，从而使得单块饼坯的质量减少；当刃口位置较高时，又会使饼坯质量增加。

c. 橡胶辊的压力：橡胶辊的压力大小也对饼坯成型质量有一定影响。若压力过小，不利于印模中的饼坯的松动，会出现饼坯粘模现象；若压力太大，会使饼坯厚度不匀。因此，橡胶辊的调节，应在能顺利脱模的前提下，尽量减小压力。

（3）辊切成型　辊切成型是根据辊印成型机的原理对冲印成型机做了进一步改进，是目前国际上较流行的饼干成型设备。辊切成型机不仅有占地小、效率高的特点，还对面团有广泛的适应性，不仅适宜于韧性、发酵饼干，也适应于酥性、甜酥性饼干的生产。

①辊切成型机的结构：辊切成型机由两大部分组成，机体前半部分由多道压延辊组成；后半部分的成型部分由一个带针柱、压花纹的花纹辊和一个分切饼坯的刀口辊及橡胶辊组成，如图 3－5 所示。

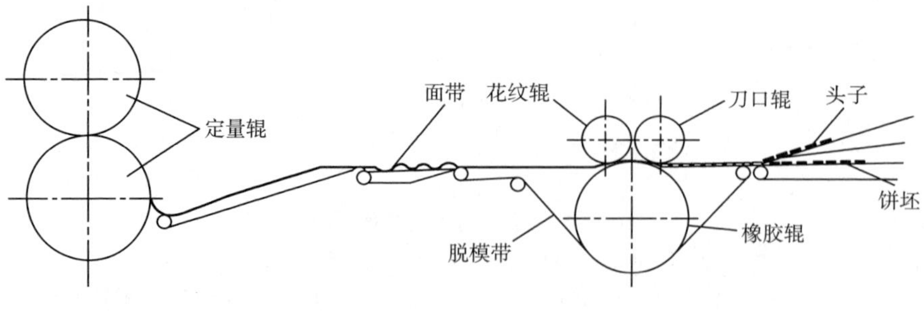

图 3－5　辊切成型机成型部分工作原理示意图

②辊切成型机的工作原理：首先面团被多道压延辊压延成规定厚度、表面光滑的面带，然后由帆布输送带送往成型部分。在成型部分，面带经过与橡胶辊作相对转动的花纹辊时压出花纹，而后经过与橡胶辊作相对转动的刀口辊时切出饼坯和头子，最后由倾斜帆布输送带完成头子和饼坯的分离。

（4）其他成型方式

①挤浆成型：挤浆成型加工的面团一般是半流体状，有一定的流动性，因此多用黏稠液体泵将糊状面团间断挤出滴加在烘烤炉的载体（钢带或烤盘）上进行一次成型，进炉烘烤。目前，挤浆成型生产设备主要有两种形式：一种是以烤盘为载体的间歇挤出滴加式成型机；另一种是以钢带为载体的连续挤出滴加式生产流水线，它由挤浆部分、烤炉部分和冷却部分组成。杏元饼干的生产利用挤浆成型方式成型。

②钢丝切割成型：通过挤压机械将面团从成型孔中挤出，每挤出一定长度，用钢丝切割成相应厚度的饼坯。挤出时还可以将不同颜色的面团同时挤出，从而形成多色饼干。该成型方式是利用成型孔的形状生产出不同外形的饼干。

③挤条成型：利用挤条成型机械将面团从成型孔中挤出呈条状，再用切割机切成一定长度的饼坯。挤条成型孔断面是扁平的。

此外，还有一些如挤花成型等特殊的成型方式。

2. 不同类型饼干成型方式的选择

不同类型的饼干所采用的成型方式各有不同。一般韧性饼干利用冲印或辊切成型；酥性、甜酥性饼干采用辊印或辊切成型，仅有部分利用冲印成型；发酵饼干只能用冲印或辊切成型；而浆类面团根据品种不同，可选择使用挤浆成型、钢丝切割成型、挤条成型和挤花成型等。

知识五　烘　　烤

烘烤是成型后的饼坯进入烘烤炉成熟、定型而成饼干成品的过程。它是完成饼干生产的最后加工步骤，也是决定产品质量的重要环节之一。烘烤远不只是把饼干坯烘干、烤熟的简单过程，而是关系到产品的外形、色泽、体积、内部组织、口感、风味的复杂的物理、化学及生物化学变化过程。

在烘烤过程中，饼坯中水分受热蒸发，淀粉受热糊化，蛋白质发生热凝固，实现饼干的成熟和定型。由于发生一系列复杂的物理、化学及生物化学变化，赋予了饼干良好的色、香、味、形和较长的保质期。例如，疏松剂产生二氧化碳气体和水蒸气的压力使饼干内部疏松多孔，形成膨松的组织结构；饼干中的酵母在高温下迅速死亡及各种酶的失活，延长饼干的保存期。

1. 饼干烘烤的基本原理

（1）饼干烘烤中的变化

①物理变化：

a. 水分变化与温度变化：在烘烤过程中，饼坯的水分随着温度的变化而变化，具体过程可分为三个阶段。

首先，饼坯的吸湿、升温阶段，时间约为 1.5min。由于炉内温度较高，且绝对湿度相当高，刚入炉的冷饼坯一碰到炉内湿热的空气，水蒸气就会在饼坯表面冷凝成露滴，导致饼坯水分有所增加，饼坯的吸水对淀粉吸水糊化、饼干上色有积极影响。从这一角度考虑，应尽量增加烤炉前段的相对湿度，保证饼干的表面光泽。随着饼坯向炉内运动，饼坯温度迅速达到 100℃，饼坯表面一部分水分蒸发，一部分水分却由于高温蒸发层的蒸汽分压大于饼坯内部低温处的蒸汽分压，而从外层向饼坯中心转移。在这一阶段，饼坯中心的水分较入炉前略有增加，饼干表层游离水被部分排除，饼坯表层温度升高到约 120℃，中心温度也达到 100℃以上。

其次是快速烘烤阶段，时间约需 2min。随着饼坯表层水分不断蒸发减少，在饼坯内外形成了水分差，推动内部的水分逐层向外扩散，水分蒸发向饼坯内部推进。这一阶段饼坯水分下降的速度很快，大部分游离水和部分结合水被除去。饼坯温度继续升高，表层温度在 140℃以上，中心温度也达到 110℃左右。

最后是饼干上色阶段，饼干获得诱人的棕黄色，上色反应以美拉德反应为主。在这个阶段，去除的主要是结合水，水分下降速度比较慢，水分的蒸发已经极其微弱。饼坯表层温度可达 180℃，中心温度也在 100℃以上。

b. 厚度变化：饼坯在烘烤中产生了大量的二氧化碳、氨气和水蒸气等，这些气体受热膨胀。由于面筋的持气性，使之不能很快逸散到饼坯之外，而在饼坯内产生了很大的膨胀力，使饼坯的厚度急剧增加。烘烤完毕，饼坯厚度明显增加。饼干成品和生饼坯相比，酥性饼干一般增厚 1.6 ~ 2.5 倍，韧性饼干增厚2 ~ 3 倍。当饼坯表层温度达到 100℃以上后，疏松剂分解完毕，饼坯表面的淀粉和蛋白质受热凝固，使饼坯厚度略有收缩，饼干完成定型。

饼干的厚度变化决定于胀发力的大小，而胀发力又受到面团的软硬度、面筋的抗张力、疏松剂的产气性能、炉温的高低、炉膛内湿度的大小等因素的影响。面团调得软，烤炉温度又高，炉内湿空气流动缓慢，饼坯的胀发力就大；但面团调得硬及面筋筋力较大时，面团的抗张力大于气体的膨胀力，饼坯的厚度就不会有太大的增加。因此，气体的膨胀力稍大于面团的抗张力时，制出的饼干较为理想。若气体的膨胀力过大，就会使饼干结构过于松散，容易破碎，成品率下降；与之相反，当面团的抗张力过大，就易出现饼干僵硬现象，在无孔洞的载体上烘烤，饼干还会出现凹底的现象。

②化学变化（疏松剂的分解）：碳酸氢钠、碳酸氢铵、碳酸铵以及一些有机酸盐等作为饼坯中的化学疏松剂，当炉内饼坯温度升高到 40 ~ 50℃时，碳酸氢铵和碳酸铵开始分解，饼坯温度升到 60 ~ 70℃时，碳酸氢钠也开始分解，分解时所产生的二氧化碳、氨气和水蒸气使饼坯膨胀，烘烤结束，有不良气味的氨气

绝大部分排除到饼干之外。

a. 淀粉的糊化：在烘烤过程中，当饼坯温度达到55～80℃时，饼坯表面淀粉发生糊化，使饼坯表面产生光泽，但淀粉的糊化需要充足的水分和较高温度，为达到糊化彻底的目的，要求烤炉进口处应有较高的温度和相对湿度。

b. 蛋白质的热凝固：在烘烤中，蛋白质随着在调粉时吸水胀润形成的胶体中水分的逐渐蒸发，将会失去其胶体特性而凝固，这就是蛋白质在受热时发生的不可逆的热凝固，它对饼干的定型具有重要意义。

c. 上色反应：在饼干烘烤的最后阶段，当饼坯温度在150℃、含水量在13%左右、pH为6.3时，非常适宜美拉德反应的进行，在糖类、乳制品、蛋制品等的参与下，使饼干表面形成棕黄色。

③生物变化：

a. 酶的活力变化：在饼干烘烤过程中，原辅料中各种酶在温度65℃之前，活力逐步增大，但饼坯温度短时间内达到83℃以上时，酶便失去了活力，因而，酶的变化对饼干焙烤的影响是极微弱的。

b. 酵母的变化：在烘烤初期，温度刚刚上升，发酵饼干坯中大量的活酵母的活性也会迅速增强，其呼吸作用十分强烈。当饼坯的温度上升到45℃以上时，酵母活性就会明显下降，饼坯温度上升到60℃时，酵母就会全部死亡。

（2）饼干烘烤的传热原理　饼干坯在烘烤的过程中主要从三个途径获得热量以提高温度，达到成熟、定型。

①热传导：在饼干的烘烤过程中，热量的传导一方面是钢带或网带接受烤炉热源的热量而温度升高，与饼坯直接接触，将热量传导给饼坯。另一方面是饼坯的底部和表面先受热，温度高于中心层温度，在饼坯内部以传导的方式将热量由表层传递给中心层，使整个饼坯很快升温。

②对流：由于炉内被加热了的空气、水蒸气或以任何方式产生的气体都处于流动之中，这部分流体与饼坯温度差的实际存在，使得热流体把热量传给与之接触的饼坯和载体。同时在炉内饼坯的上方空间有高度的湍流，载体下面的热空气也会从载体两侧的空隙中向上运动，加之饼坯边缘单向地向内部热传导，结果会使饼干边缘颜色较深。

③辐射：饼干在炉内辐射烘烤是依靠红外辐射来实现的。远红外烤炉即是这种设备。用电热元件加热的烤炉，其辐射强度最高的部位是来自上方的加热元件，其他则是炉内的全部金属构件及两侧的炉壁，载体以下的辐射基本被截断。底部如有加热元件，则辐射能完全被载体所吸收，然后热量以传导方式传递给饼坯，载体上的饼坯间隙也将产生辐射的红外线热。

2. 烘烤设备

烘烤炉的种类很多，小规模工厂多采用固定式烤炉，而大中型厂则采用传动式平炉。平炉采用钢带、网带为载体。平炉是隧道式烤炉的发展，炉膛内的加热元件是管状的，燃料可以用煤油、天然气或电热。传动式平炉长度一般为40～60m。

3. 不同饼干烘烤的工艺条件

根据烘烤工艺要求，烘烤炉分为几个温度区。前段部位为180～200℃，中间部位为220～250℃，后段部位为120～150℃。饼干坯在每一部位中有着不同的变化，即膨胀、定型、脱水和上色。烤炉的运行速度要根据饼坯厚薄进行调整，厚者温度低而运行慢，薄者则相反。

（1）韧性饼干的烘烤　韧性饼干面团在调制时使用了比其他饼干较多的水，且因搅拌时间长，淀粉和蛋白质吸水比较充分，面筋的形成量较多，结合水多，所以在选择烘烤温度和时间时，原则上应采取较低的温度和较长时间。在烘烤的最初阶段下火升高快一些，待下火上升至250℃以后，上火才开始渐渐升到250℃。在此以后，进入定型和上色阶段，下火应比上火低一些。一般整个烘烤时间为4～6min。

（2）酥性饼干的烘烤　一般来说，酥性饼干的烘烤应采用高温短时间的烘烤方法，温度为300℃，时间3.5～4.5min。但由于酥性饼干的配料中油脂、糖含量高、配方各不相同、块形大小不一、厚薄不均，因此烘烤条件也存在相当差异。对于配料普通的酥性饼干，需要依靠烘烤来胀发体积，饼坯入炉后宜采用较高的下火、较低而逐渐上升的上火的烘烤工艺，使其能保证在体积膨胀的同时，又不致在表面迅速形成坚实的硬壳。对于油脂、糖含量高的高档酥性饼干，除在调粉时适当提高面筋的胀润度之外，还应一入炉就使用高温，迫使其凝固定型，避免在烘烤中发生饼坯不规则胀大的“油摊”现象，防止可能产生破碎。烘烤后期温度逐渐降低，以利于饼干上色。

（3）发酵饼干的烘烤　发酵饼干坯中聚集了大量的二氧化碳，烘烤时，由于受热膨胀，使饼坯在短时间内即有较大程度的膨胀，这就要求在烘烤初期下火温度要高些，上火温度要低些，既能够使饼坯内部二氧化碳受热膨胀，又不至于导致饼坯表面形成一层硬壳，有利于气体的散失和体积胀大。如果炉温过低，烘烤时间过长，饼干易成为僵片。在烘烤的中期，要求上火渐增而下火渐减，因为此时虽然水分仍然在继续蒸发，但重要的是将胀发到最大限度的体积固定下来，以获得良好的烘烤胀发率。如果此时温度不够高，饼坯不能凝固定型，胀发起来的饼坯就会重新塌陷而使饼干密度增大，制品最后不够疏松。最后阶段上色时的炉温度通常低于前面各区域，以防成品色泽过深。发酵饼干的烘烤温度一般下火选择在330℃，上火250℃左右。

发酵饼干的烘烤不能采用钢带和铁盘，应采用网带或铁丝烤盘。因为钢带和铁盘不容易使发酵饼干产生的二氧化碳在底面散失，若用钢丝带可避免此弊端。

知识六　冷　　却

饼干出炉时的温度很高，外脆而里软，如果立即进行包装，势必造成饼干的变形或内部裂纹。因此，饼干烘烤后必须冷却到38～40℃后才能进行包装。

1. 饼干冷却的目的

（1）使饼干达到规定水分含量，延长保质期　饼干标准中要求水分含量应在6.5%以下，但刚出炉的饼干中心层的水分含量相当高，在冷却过程中，由于温度和水分梯度的存在，内部水分依然向外扩散，表层水分继续向环境蒸发。这样，可防止包装后因水分过高而出现霉变、皮软等不良问题，延长贮藏期。

（2）防止油脂的氧化、酸败　温度过高的饼干一旦包装，饼干冷却速度就会变慢，导致饼干长时间处于较高温度，而加剧油脂的氧化、酸败。

（3）避免饼干的变形或裂纹　由于刚出炉的饼干温度和水分都处于较高水平，除硬饼干和苏打饼干外，其他饼干都比较软，特别是糖、油脂量较高的甜酥饼干更软。只有在饼干中的水分蒸发、温度下降、油脂凝固以后，才能使其形态固定下来。包装过早将会使未定型的饼干弯曲变形、内部出现裂纹等。

2. 饼干冷却的条件

冷却环境最适宜的温度是30～40℃，相对湿度70%～80%。

采用自然冷却时，冷却传送带的长度一般为炉长的1.5倍才能使饼干的温度和水分达到规定的要求。

3. 饼干冷却的要求

（1）杜绝骤冷或强烈通风，避免饼干内部出现裂纹　饼干不宜在强烈的冷风下冷却。如果饼干刚出炉立刻暴露在较低温度下冷却，降温迅速，就会出现水分急剧蒸发，饼干内部产生较大内应力，在内应力的作用下，饼干外部出现变形，甚至内部出现裂缝。因此，饼干出炉后应避免骤然冷却或以强烈通风的方式使饼干快速冷却。

饼干出现裂缝当时很难发现，一般保持一段时间后才逐渐显现，裂缝大多数出现在饼干中心部位，而且每块裂缝的部位大同小异。在生产中如发现饼干出现裂缝，应立即采取措施防止冷却过快或骤然冷却，避免大量破损饼干出现。

（2）采取适宜方法，满足冷却要求　利用较长的烤炉，在烤炉的后区即停止加热，这样就能够有效防止饼干一出炉就立即遇冷而产生内应力，造成裂缝或变形。在冷却输送带上方加上隔离罩的方式，也能够解决饼干降温过快或冷却室空气相对湿度过低的问题。对于酥性饼干冷却，应保证冷却输送带的线速度大于烘烤炉钢带的线速度，这样既可以达到较好的降温效果，又可防止由于饼干在冷却运输带上的积压而导致饼干因受外力作用而变形。

知识七　饼干的包装

饼干冷却到要求的温度和水分含量后应立即包装。精致的包装不仅可以增加产品美观性，吸引广大的消费者，而且能够避免饼干中水分的过度蒸发或吸潮；保持饼干卫生清洁，阻止饼干受到虫害或环境有毒、有害、有异味物质的污染；

有效地降低饼干贮运和销售过程中的破损；阻断饼干与空气中氧的接触，减缓因油脂氧化带来的饼干酸败变质等。

饼干的包装形式分为袋装、盒装、听装和箱装等，包装材料应符合相应的国家卫生标准。各种包装应保持完整、紧密、无破损，且适应水、陆运输。

饼干外包装标签标注内容应符合 GB 7718—2011《预包装食品标签通则》规定，标明产品名称、企业名称（或企业标示）、生产日期、保质期、质量、防潮、防日晒、防碎和向上等标记。

项目三　饼干质量标准

知识一　饼干的质量标准与要求

（1）饼干的理化指标要求符合 GB 7100—2003《饼干卫生标准》的规定，如表 3－4 所示。

表 3－4　理化指标

项目		指标
酸价（以脂肪计）(KOH)/(mg/g)	≤	5
过氧化值（以脂肪计）/(g/100g)	≤	0.25
总砷（以 As 计）/(mg/g)	≤	0.5
铅（Pb）/(mg/g)	≤	0.5
水分/(g/100g)	≤	6.5

注：各类饼干水分含量、碱度和松密度应符合 GB/T 20980—2007《饼干》中的要求。

（2）各类饼干的感官要求见表 3－5。

表 3－5　饼干的感官要求

产品分类	项目					
	形态	色泽	滋味与口感	组织	冲调性	杂质
酥性饼干	外形完整，花纹清晰，厚薄基本均匀，不收缩，不变形，不起泡，不应有较大或较多的凹底。特殊加工品种表面或中间可有可食颗粒存在（如椰蓉、巧克力、砂糖、燕麦等）	呈棕黄色或金黄色或品种应有的色泽，色泽基本均匀，表面略带光泽，无白粉，不应有过焦、过白的现象	具有该品种应有的香味，无异味。口感酥松或松脆，不粘牙	断面结构呈多孔状，细密，无大的空洞		正常视力无可见外来异物

续表

产品分类	项目					
	形态	色泽	滋味与口感	组织	冲调性	杂质
韧性饼干	外形完整，花纹清晰或无花纹，一般有针孔，厚薄基本均匀，不收缩，不变形，可以有均匀泡点，不得有较大或较多的凹底。特殊加工品种表面或中间有可食颗粒存在（如椰蓉、芝麻、砂糖、巧克力、燕麦等）	呈棕黄色、金黄色或品种应有的色泽，色泽基本均匀，表面有光泽，无白粉，不应有过焦、过白的现象	具有品种应有的香味，无异味。口感松脆细腻，不粘牙	断面结构有层次或呈多孔状	10g 冲泡型韧性饼干在 50mL 70℃温开水中充分吸水，用小勺搅匀后应呈糊状	正常视力无可见外来异物
发酵饼干	外形完整，厚薄大致均匀，表面有较均匀的泡点，无裂缝，不收缩，不变形，不应有凹底。特殊加工品种表面允许有工艺要求添加的原料颗粒（如果仁、芝麻、砂糖、食盐、巧克力、椰丝、蔬菜等颗粒存在）	呈浅黄色、谷黄色或品种应有的色泽，饼边及泡点允许褐黄色，色泽基本均匀，表面略有光泽，无白粉，不应有过焦的现象	咸味或甜味适中，具有发酵制品应有的香味及品种特有的香味，无异味，口感酥松或松脆，不粘牙	断面结构层次分明或呈多孔状		
压缩饼干	块形完整，无严重缺角、缺边	呈谷黄色、深谷黄色或品种应有的色泽	具有品种特有的香味，无异味，不粘牙	断面结构呈紧密状，无孔洞		
曲奇饼干	外形完整，花纹或波纹清楚，同一造型大小基本均匀，饼体摊散适度，无连边。花色曲奇饼干添加的辅料应颗粒大小基本均匀	呈金黄色、棕黄色或品种应有的色泽，色泽基本均匀，花纹与饼体边缘可有较深的颜色，但不应有过焦、过白的现象。花色曲奇饼干允许有添加辅料的色泽	有明显的奶香味及该品种特有的香味，无异味。口感酥松或松软	断面结构呈细密的多孔状，无较大孔洞。花色曲奇饼干应具有品种添加辅料的颗粒		

续表

产品分类	项目					
	形态	色泽	滋味与口感	组织	冲调性	杂质
威化饼干	外形完整，块形端正，花纹清晰，厚薄基本均匀，无分离及夹心料溢出现象	具有品种应有的色泽，色泽基本均匀	具有品种应有的口味，无异味。口感松脆或酥化，夹心料细腻，无糖粒感	片子断面结构呈多孔状，夹心料均匀，夹心层次分明		
蛋圆饼干	呈冠圆形或多冠圆形，外形完整，大小、厚薄基本均匀	呈金黄色、棕黄色或品种应有的色泽，色泽基本均匀	味甜，具有蛋香味及品种应有的香味，无异味，口感松脆	断面结构呈细密的多孔状，无较大孔洞		
夹心（或注心）饼干	外形完整，边缘整齐，夹心饼干不错位，不脱片，饼干表面应符合饼干单片要求，夹心层厚薄基本均匀，夹心或注心料无外溢	饼干单片呈棕黄色或品种应有的色泽，色泽基本均匀。夹心或注心料呈该料应有的色泽，色泽基本均匀	应符合品种所调制的香味，无异味。口感疏松或松脆，夹心料细腻，无糖粒感	饼干单片断面应具有其相应品种的结构，夹心或注心层次分明		正常视力无可见外来异物
蛋卷	呈多层卷筒形态或品种特有的形态，断面层次分明，外形基本完整，表面光滑或呈花纹状。特殊加工品种表面可有可食颗粒存在	表面呈浅黄色、金黄色、浅棕黄色或品种应有的色泽，色泽基本均匀	味甜，具有蛋香味及品种应有的香味，无异味，口感松脆或酥松			
煎饼	外形完整。特殊加工品种表面可有可食颗粒存在	表面呈浅黄色、金黄色、浅棕黄色或品种应有的色泽，色泽基本均匀	味甜，具有品种应有的香味，无异味，口感松硬脆、脆或酥松			

续表

产品分类	项目					
	形态	色泽	滋味与口感	组织	冲调性	杂质
装饰饼干	外形完整，大小基本均匀，涂层或粘花与饼干基片不应分离。涂层饼干的涂层均匀，涂层覆盖之处无饼干基片露出或线条、图案基本一致。粘花饼干应在饼干基片表面粘有糖花，且较为端正，糖花清晰，大小基本均匀。喷撒调味料的饼干，其表面的调味料应较均匀	具有饼干基片及涂层或糖花应有的色泽，且色泽基本均匀	具有品种应有的香味，无异味，饼干基片口感松脆或酥松。涂层和糖花无粗粒感，涂层幼滑	饼干基片断面应具有其相应品种的结构，涂层和糖花组织均匀，无孔洞		正常视力无可见外来异物
水泡饼干	外形完整，块形大致均匀，不得起泡，不得有皱纹、粘连痕迹及明显的豁口	呈浅黄色、金黄色或品种应有的颜色，色泽基本均匀。表面有光泽，不应有过焦、过白的现象	味略甜，具有浓郁的蛋香味或品种应有的香味，无异味，口感脆、疏松	断面组织微细，均匀，无孔洞		

注：冲泡型韧性饼干的冲调性应达到10g饼干在50mL70℃温开水中能充分吸水，用小勺搅拌后呈糊状的要求。

知识二　饼干的卫生标准与要求

各类饼干的卫生要求如表3－6所示。

表3－6　饼干的卫生要求

项目		分类		
		非夹心饼干	夹心饼干	检验方法
菌落总数/（cfu/g）	≤	750	2000	参照GB/T 4789.24
大肠菌群/（MPN/100g）	≤	30		
霉菌计数/（cfu/g）	≤	50		
致病菌（沙门菌、志贺菌、金黄色葡萄球菌）		不得检出		
食品添加剂和食品营养强化剂		按GB 2760—2014和GB 14880—2012的规定执行		

注：压缩饼干、夹心（或注心）饼干、威化饼干和装饰饼干等采用二次加工的饼干按表中夹心饼干的要求执行，其他各类饼干按表中非夹心饼干的要求执行。

［综合实训］饼干加工技能

知识一 实训项目

（一）实训项目名称

酥性饼干、韧性饼干、苏打饼干。

（二）实训目的

通过本次实验，要求学生掌握各种饼干的生产工艺流程，了解和掌握饼干生产的原理、工艺流程和制作方法。掌握饼干的特性和有关食品添加剂的作用及使用方法。加强理论知识和实际知识的联系。

（三）实训要求

4～5人为一小组，以小组为单位，从选择、购买原料及选用必要的加工机械设备开始，让学生掌握操作过程中的品质控制点，抓住关键操作步骤，利用各种原辅材料的特性及加工中的各种反应，使最终的产品质量达到要求。

（四）材料与设备

（1）材料　中筋面粉、淀粉、白砂糖、食盐、水等。

（2）设备　A－20食品搅拌机，小型多用饼干成型机，远红外食品烤箱，面盆，烤盘，研钵，刮刀，帆布手套，台秤，卡尺，面筛，塑料袋，塑料袋封口机，切刀，调温调湿箱，压片机，手工成型模具，擀筒，打蛋机，注浆机或挤浆布袋等。

（五）工艺流程

原辅材料的选择与处理 → 面团调制 → 面团辊轧 → 成型 → 烘烤 → 冷却 → 包装 → 成品

（六）饼干加工实训

1. 酥性饼干加工技能实训

（1）基本原料配方（表3－7）

表3－7　酥性饼干基本配方

材料名称	质量/g	材料名称	质量/g
中筋面粉	4500	食盐	15
淀粉	500	香兰素	0.8
磷脂	50	起酥油	800
碳酸氢铵	20	小苏打	30
白砂糖	2000	水	适量

（2）酥性饼干生产工艺流程　酥性饼干生产工艺流程如图3－6所示。

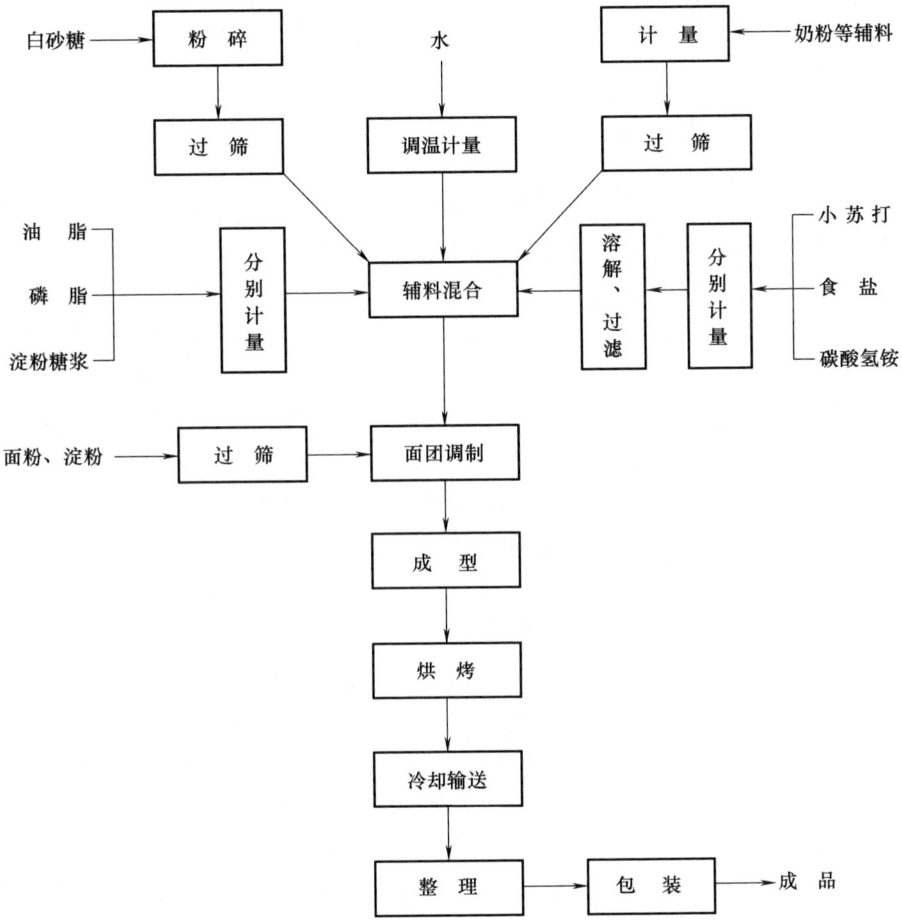

图3－6　酥性饼干生产工艺流程图

（3）操作要点

①面团的调制：先将糖、油、乳制品、蛋品、膨松剂等辅料与适量的水倒入调粉机内均匀搅拌形成乳浊液，然后将过筛后的面粉、淀粉倒入调粉机内，调制6～12min。最后加入香精香料。

②辊轧：面团调制后不需要静置即可轧片。一般以3～7次单向往复辊轧即可，也可采用单向一次辊轧，轧好的面片厚度为2～4mm，较韧性面团的面片厚。

③成型：可采用辊切成型方式进行。

④烘烤：酥性饼坯炉温控制在240～260℃，烘烤3.5～5min，成品含水率为2%～4%。

⑤冷却：饼干出炉后应及时冷却，使温度降到25~35℃，在夏、秋、春的季节中，可采用自然冷却法。如果加速冷却，可以使用吹风，但空气的流速不宜超过2.5m/s。

（4）注意事项

①香精要在调制成乳浊液的后期再加入，或在投入面粉时加入，以便控制香味过量的挥发。

②面团调制时，夏季气温较高，搅拌时间应缩短2~3min；面团温度要控制在22~28℃。油脂含量高的面团，温度控制在22~25℃。夏季气温高，可以用冰水调制面团，以降低面团温度。

③面粉中湿面筋含量高于40%时，可将油脂与面粉调成油酥式面团，然后再加入其他辅料，或者在配方中抽掉部分面粉，换入同量的淀粉。

④酥性面团中油、糖含量多，轧成的面片质地较软，易于断裂，不应多次辊轧，更不要进行90°转向。

⑤面团调制均匀即可，不可过度搅拌，防止面团起筋。

⑥面团调制操作完成后应立即轧片，以免起筋。

2. 韧性饼干操作要点

（1）基本原料配方（表3-8）

表3-8 韧性饼干基本配方

材料名称	质量/g	材料名称	质量/g
中筋面粉	4500	食盐	20
淀粉	500	香蕉香精油	适量
磷脂	50	植物油	380
碳酸氢铵	20	精制油	600
饴糖	200	小苏打	30
白砂糖	1500	水	适量

（2）韧性饼干生产工艺流程

韧性饼干生产工艺流程见图3-7。

（3）操作要点

①面团的调制：先将油、糖、乳、蛋等辅料加热水或热糖浆在调粉机中搅拌均匀，再加面粉进行面团的调制。如使用改良剂，则应在面团初步形成时（调制10min后）加入。然后在调制过程中分别先后加入膨松剂与香精，继续调制。前后约25min以上，即可调制成韧性面团。

②静置：韧性面团调制成熟后，必须静置10min以上，以保持面团性能稳定，才能进行辊轧操作。

③辊轧：韧性面团辊轧次数，一般需要9~13次，辊轧时多次折叠并旋转

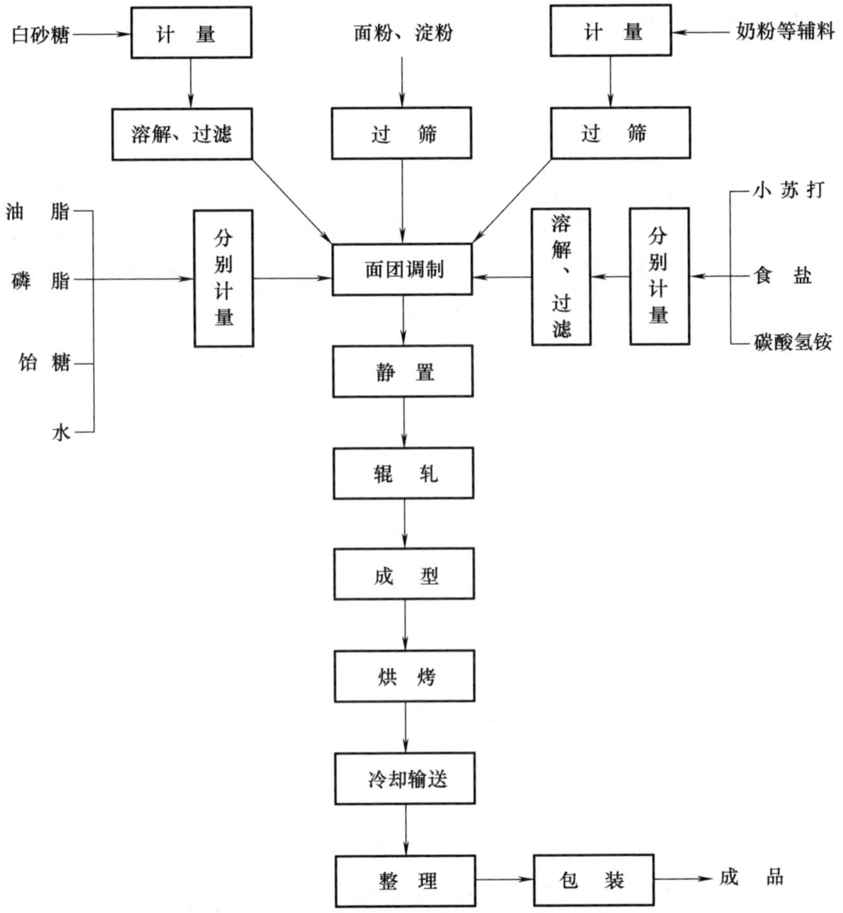

图 3－7　韧性饼干生产工艺流程图

90°，通过辊轧工序以后，面团被压制成厚薄均匀、形态平整、表面光滑、质地细腻的面带。

④成型：经辊轧工序轧成的面带，经冲印或辊切成型机制成各种形状的饼坯。

⑤烘烤：韧性饼坯在炉温 240～260℃，烘烤 3.5～5min，达到成品含水率为 2%～4%。

⑥冷却：烘烤完毕的饼干，其表面层与中心部位的温度差很大，外表温度高，内部温度低，热量散发迟缓。为了防止饼干出现裂缝与外形收缩，必须冷却后再包装。

（4）注意事项

①韧性面团温度的控制：冬季室温 25℃左右，可控制在 32～35℃，夏季室温在 30～35℃时，可控制在 35～38℃。

②韧性面团在辊轧以前，面团需要静置一段时间，目的是消除面团在搅拌期间因拉伸所形成的内部张力，降低面团的黏度与弹性，提高制品质量与面片工艺性能，静置时间的长短，与面团温度有密切关系，面团温度高，静置时间短，温度低时，静置时间长。一般要静置10～20min。

③当面带经数次辊轧，可将面片转90°，进行横向辊轧，使纵横两方向的张力尽可能地趋于一致，以便使成型后的饼坯能维持不收缩、不变形的状态。

④在烘烤时，如果烘烤炉的温度稍高，可以适当地缩短烘烤时间。炉温过低过高都能影响成品质量，如过高容易烤焦，过低会使成品不熟、色泽发白等。

3. 苏打饼干操作要点

（1）原料配方（表3－9）

表3－9　苏打饼干基本配方

材料名称	质量/g	材料名称	质量/g
中筋面粉	5000	面团改良剂	500
起酥油	750	食盐	70
即发干酵母	600	味精	适量
小苏打	25	香草粉	适量
水	2300		

（2）发酵饼干生产工艺流程

发酵饼干生产工艺流程见图3－8。

（3）操作要点

①第一次调粉和发酵：取即发干酵母0.6kg加入适量温水和糖进行活化，然后投入过筛后面粉20kg和11kg水进行第一次调粉，调制时间需4～6min，调粉结束要求面团温度在28～29℃；调好的面团在温度28～30℃，相对湿度70%～75%的条件下进行第一次发酵，时间在5～6h。

②第二次调粉和发酵：将其余的面粉，过筛放入已发酵好的面团里，再把部分起酥油、食盐（30%）、面团改良剂、味精、小苏打、香草粉、大约12kg的水都同时放入和面机中，进行第二次调粉，调制时间需5～7min，面团温度在28～33℃；然后进入第二次发酵，在温度27℃、相对湿度75%下发酵3～4h。

③辊轧、夹油酥：把剩余的精盐均匀拌和到油酥中。发酵成熟面团在辊轧机中辊轧多次，辊轧好后夹油酥，进行折叠并旋转90°再辊轧。达到面团光滑细腻。

④成型：采用冲印成型，多针孔印模，面带厚度为1.5～2.0mm，制成饼干坯。

⑤烘烤：在烤炉温度260～280℃下，烘烤6～8min即可，成品含水量为

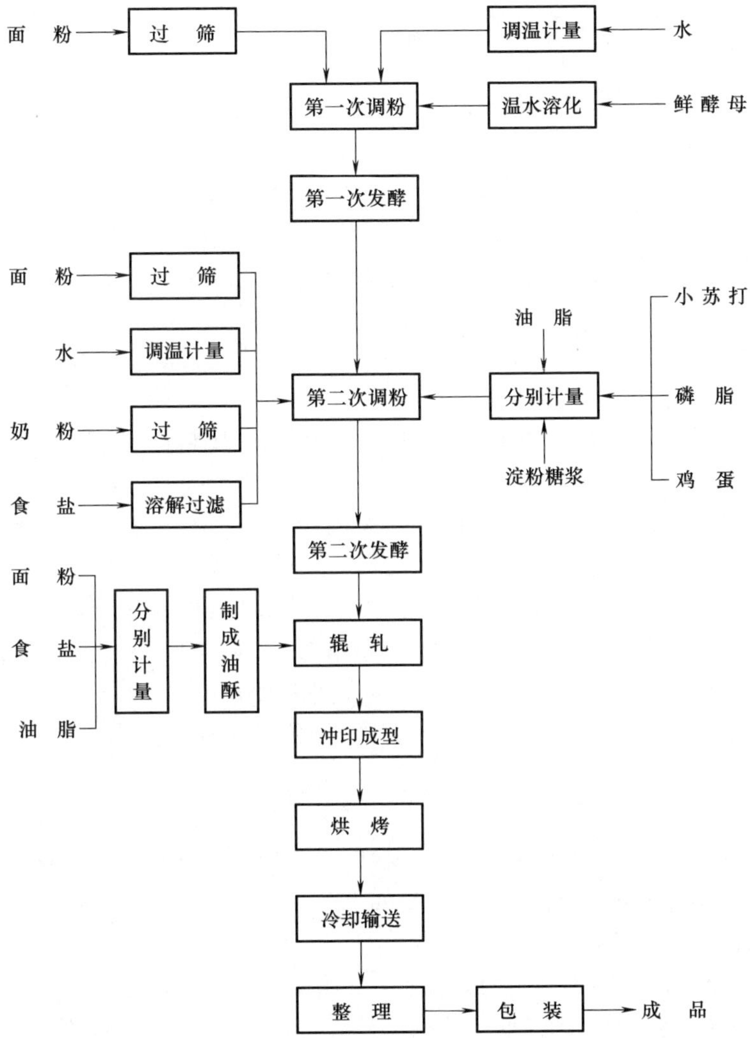

图 3－8　发酵饼干生产工艺流程

2.5%～5.5%。

⑥冷却：出炉冷却 30min，整理、包装成为成品。

（4）注意事项

①各种原辅料须经预处理后才可用于生产。面粉需过筛，以增加膨松性，去除杂质；糖需化成一定浓度的糖液；即发干酵母应加入适量温水和糖进行活化；油脂融化成液态，各种添加剂需溶于水过滤后加入，并注意加料顺序。

②必须计算好总液体加入的量，一次性定量准确，杜绝中途加水，且各种辅料应加入糖浆中混合均匀方可投入面粉。

③严格控制调粉时间，防止过度起筋或筋力不足。

④面团调制后的温度冬季应高一些，在28～33℃；夏季应低一些，在25～29℃。

⑤在面团辊轧过程中，需要控制压延比：未夹油酥前不宜超过3:1，夹油酥后一般要求在（2～2.5）:1。

⑥辊轧后与成型机前的面带要保持一定的下垂度，以消除面带压延后的内应力。

知识二　实训操作评价

（1）准备工作　能发现并解决卫生问题；能进行原、辅料的预处理；在实训开始时检查设备运行是否正常。

（2）面团调制　按照不同生产类型的饼干正确投料；能根据不同产品工艺要求正确调制面团。

（3）面团辊轧　正确掌握各种产品面团辊轧原理；正确掌握各种饼干的面团辊轧要点。

（4）成型　熟练掌握各种成型方式；根据不同类型的饼干选择正确的成型方式。

（5）烘烤　根据不同类型饼干控制好烘烤时工艺参数。

（6）冷却　掌握不同类型饼干冷却的条件和要求。

（7）包装　按照不同类型的饼干选择合适的包装材料。

知识三　产品主要考核要点

饼干的品质评定包括色泽鉴别、形状鉴别、组织结构鉴别、气味和滋味鉴别等几个部分。现将各部分评分细则说明如下。

1. 酥性饼干

（1）色泽　良质饼干：表面边缘和底部呈均匀的浅黄色至金黄色，无阴影，无焦边，有油润感。次质饼干：色泽不均匀，表面有阴影、有薄面，稍有异常颜色。劣质饼干：表面色重，底部色重，发花（黑黄不匀）。

（2）形状　良质饼干：块形整齐，薄厚一致，花纹清晰，不缺角，不变形，不扭曲。次质饼干：花纹不清晰，表面起泡，缺角，粘边，收缩，变形，但不严重。劣质饼干：起泡，破碎严重。

（3）组织结构　良质饼干：组织细腻，有细密而均匀的小气孔，用手掰易折断，无杂质。次质饼干：组织粗糙，稍有污点。劣质饼干：有杂质，发霉。

（4）气味和滋味　良质饼干：甜味纯正，酥松香脆，无异味。次质饼干：口感紧实发艮，不酥脆。劣质饼干：有油脂酸败的哈喇味。

2. 韧性饼干

（1）色泽　良质饼干：表面底部边缘都呈均匀一致的金黄色或草黄色，表面有光亮的糊化层。次质饼干：色泽不太均匀，表面无光亮感，有生面粉或发花，稍有异色。

（2）形状　良质饼干：形状整齐，薄厚均匀一致，花纹清晰，不起泡，不缺边角，不变形。次质饼干：凹底面积已超过1/3，破碎严重。

（3）组织结构　良质饼干：内质结构细密，有明显的层次，无杂质。次质饼干：杂质情况严重，内质僵硬，发霉变质。

（4）气味和滋味　良质饼干：酥松香甜，食之爽口，味道纯正，有咬劲，无异味。次质饼干：口感僵硬干涩，或有松软现象，食之粘牙，有化学疏松剂或化学改良剂的气味及哈喇味。

3. 发酵饼干

（1）色泽　良质饼干：表面呈乳白色至浅黄色，起泡处颜色略深，底部呈金黄色。次质饼干：色彩稍深或稍浅，分布不太均匀。劣质饼干：表面黑暗或有阴影，发毛。

（2）形状　良质饼干：片形整齐，表面有小气泡和针眼状小孔，油酥不外露，表面无生粉。次质饼干：有部分破碎，片形不太平整，表面露酥或有薄层生粉。劣质饼干：片形不整齐，破碎者太多，缺边、缺角严重。

（3）组织结构　良质饼干：夹酥均匀，层次多而分明，无杂质，无油污。次质饼干：夹酥不均匀，层次较少，但无杂质。劣质饼干：有油污，有杂质，层次间粘连成一体，发霉变质。

（4）气味和滋味　良质饼干：口感酥松脆，具有发酵香味和本品固有的风味，无异味。次质饼干：食之发艮或绵软，特有的苏打饼干味道不明显。劣质饼干：因油脂酸败而带有哈喇味。

知识四　饼干加工常见问题分析

1. 饼干粘底

产生的原因：

（1）饼干过于疏松，内部结合力差；

（2）饼干在烤炉后区降温时间太长，饼干坯变硬。

解决方法：

（1）应减少膨胀剂用量；

（2）应注意烤炉后区与中区温差不应太大，后区降温时间不能太长。

2. 饼干无光泽、表面粗糙

产生的原因：

（1）饼干喷油量太小或喷油温度太低，以致产生油雾困难，喷不匀，油不易进入饼干表面，影响饼干光泽。此时可增大喷油量，油温控制在85～90℃，并在油中加入适量增光剂和辣椒红；

（2）配方中没有淀粉或淀粉量太少，此时可加入适量淀粉，必要时在炉内前部附设蒸汽设备，加大炉内湿度使饼干坯表面能吸收更多的水分来促进淀粉糊化，以增加表面光泽；

（3）调粉时间不足或过头，应注意掌握好调粉时间；

（4）面带表面撒粉太多，应尽量不撒或少撒面粉。

3. 饼干收缩变形

产生的原因：

（1）在面带压延和运送过程中，面带绷得太紧；

（2）面团弹性过大；

（3）面带始终沿同一方向压延，引起面带张力不匀。

解决方法：

（1）应调整面带，在经第二和第三对轧辊时要有一定下垂度，帆布带在运送面带时应保持面带呈松弛状态；

（2）可适当增加面团改良剂用量或增加调粉时间，并添加适量淀粉（面粉的5%～10%）来稀释面筋量；

（3）将面带在辊轧折叠时不断转换90°方向。

4. 饼干起泡

产生的原因：

（1）烤炉前区温度太高，尤其面火温度太高；

（2）面团弹性太大，烘烤时面筋挡住气体通道导致气体不易散出，使表面起泡；

（3）膨松剂结块未被打开；

（4）辊轧时，面带上撒面粉太多。

解决方法：

（1）应控制烤炉温度，不可一开始就很高，面火温度应逐渐增高；

（2）降低面团弹性，并使用有较多针的模具；

（3）注意，对于结块的膨松剂应粉碎后再用；

（4）应尽量避免撒粉或少撒粉。

5. 饼干不上色

产生的原因：可能是配方中含糖量太少。

解决方法：可增加转化糖或饴糖用量。

6. 饼干冷却后仍发软、不松脆

产生的原因：

（1）饼干厚而炉温太高，烘烤时间短，造成皮焦里生、内部残留水分太多；

（2）烤炉中后段排烟管堵塞，排气不畅，造成炉内温度太高。

解决方法：

（1）应控制饼干厚度，适当调低炉温，增加烘烤时间，使成品饼干含水

量 <6%；

（2）应保持排汽畅通，排烟管保温，使出口温度不低于100℃，以免冷凝水倒流入炉内。

7. 饼干易碎

产生的原因及解决方法：

（1）饼干胀发过度，过于疏松，此时应减少膨松剂用量；

（2）配料中淀粉和饼干屑用量太多，此时应适当减少其用量。

8. 饼干产生裂缝

产生的原因及解决方法：

（1）饼干出炉后由于冷却过快，强烈的热交换和水分挥发，使饼干内部产生附加应力而发生裂缝。一般情况下，冬天温度低且干燥，饼干易发生裂缝，尤其是含糖量低的饼干更为多见，此时应避免冷却过快，必要时在冷却输送带上加罩，有条件可采用调温调湿设备；

（2）与面筋形成量、加水量、配方中某些原辅料的比例、烘烤温度、饼干造型，以及花纹走向、粗细、曲线的交叉和图案的布局等有关。这时针对发生裂缝的具体原因，采取改进配方、选择炉温、设计饼干模具等措施。

9. 饼干凹底

产生的原因：

（1）饼干胀发程度不够；

（2）饼干上针孔太少；

（3）面团弹性太大。

解决方法：

（1）可增加膨松剂尤其是小苏打的用量；

（2）更换有较多针的饼干模具；

（3）可适当增加面团改良剂用量或增加调粉时间，并添加适量淀粉（面粉的5%～10%）来稀释面筋量。

10. 饼干口感粗糙

产生的原因及解决方法：

（1）调粉时间不足或过头，此时应正确及时地判断调粉成熟度；

（2）配方中膨松剂用量太少或太多，应调整配方适量加入膨松剂；

（3）配方中油、糖用量偏少，应适当增加油、糖用量并加入适量磷脂。

思考题

1. 饼干包括哪些不同类型？
2. 饼干面团调制前各种原料需要怎样进行预处理？
3. 为什么面团调制是饼干生产的关键工序？

4. 影响面团工艺性能的因素有哪些？
5. 不同面团的投料顺序是什么？为什么？
6. 为什么发酵饼干必须进行辊轧工序？
7. 饼干成型的方法有哪些？原理是什么？
8. 饼干在烘烤过程中发生了哪些变化？
9. 出炉后的饼干为什么要进行冷却后才能包装？
10. 不同饼干生产的工艺有哪些不同点？
11. 饼干生产中的“走油”和“油摊”有什么区别？

模块四　蛋糕加工技术

［学习目标］

了解蛋糕生产的原辅用料，掌握面糊类蛋糕、乳沫类蛋糕的加工原理、工艺流程及操作要点，掌握戚风蛋糕的特殊加工方法。

［案例导入］　海绵蛋糕（瑞士卷）生产工艺

1. 配方设计原则

传统海绵蛋糕配方为：

低筋面粉	100%
糖	166%
全蛋液	166%（如掺以30%的蛋黄则成品组织更好）
盐	2%～3%

一般来说，海绵蛋糕蛋的用量越多，组织越松软，相反蛋的用量越少，则蛋糕的组织越粗糙，又因顾客的习惯和口味不同，所以配方中糖的用量可以在面粉量的100%～166%之间来调整。

制作较松软的海绵蛋糕如瑞士纹身卷，可将传统海绵蛋糕配方中蛋液用量提高到200%，配方中其他原料如面粉、糖、盐等保持不变，如果蛋的用量少于标准用量，即每减少蛋液1%，配方中盐的用量减少0.03%，糖量亦随蛋液量的减少而减少，同时相应增加1%的水或牛奶，以及适量添加泡打粉。在蛋糕糊搅拌后期可添加40%的色拉油或融化奶油以提高蛋糕品质。需要注意的是，如果蛋的用量在110%～140%，则油脂用量不得超过20%，否则会导致蛋糕制作失败。

2. 瑞士纹身卷基本工艺流程

瑞士纹身卷配方：

A：蛋液1000g	砂糖（糖粉）500g	盐5g
B：低筋面粉450g	吉士粉50g	蛋糕油40g
C：水125g	蛋奶香精适量	
D：色拉油75g		
E：浓缩巧克力膏适量		

瑞士纹身卷制作步骤：

（1）A慢速搅拌3min，加入B快速打至充分起发。

（2）中速加入C拌匀，改用慢速搅拌3min后，加入D拌匀。

（3）取少量面糊加入E调色，装入纸袋挤在烤盘面糊表面，划出花纹。

（4）入炉，上火200℃、下火175℃烤熟，冷却至表面与室温相同，抹奶油或果酱卷起。

3. 注意事项

（1）面糊装盘的数量最好不要超过烤盘边缘的2/3（六分满）。

（2）海绵蛋糕烘烤温度尽量使用高温，可保存较多水分，使组织细腻易于卷起。

（3）出炉的蛋糕应趁热马上将表面向下翻过来放在冷却架上冷却，以免蛋糕遇冷收缩。

项目一　蛋糕加工工艺

蛋糕是以蛋、糖、小麦粉和油脂等为主要原料，通过机械的搅拌作用或疏松剂的化学作用，而制得的松软可口的烘焙制品。

知识一　分　　类

蛋糕的种类很多，按其使用原料、搅拌方法及面糊性质和膨发途径，通常可分为三类。

1. 油底蛋糕（面糊类蛋糕）

主要原料依次为糖、油脂、小麦粉，其中油脂的用量较多，并依据其用量来决定是否需要加入或加入多少化学疏松剂。油底蛋糕主要膨发途径是通过油脂在搅拌过程中结合拌入的空气，而使蛋糕在炉内膨胀。例如，日常所见的牛油戟、提子戟等。

2. 乳沫类蛋糕

主要原料依次为蛋、糖、小麦粉，另有少量液体油，且当蛋用量较少时要增加化学疏松剂以帮助面糊起发。乳沫类蛋糕膨发途径主要是靠蛋在拌打过程中与空气融合，进而在炉内产生蒸汽压力而使蛋糕体积起发膨胀。根据蛋的用量的不同，又可分为海绵类与蛋清类。使用全蛋的称为海绵蛋糕，如瑞士蛋糕卷、西洋蛋糕杯等，若仅使用蛋清制作则称为天使蛋糕。

3. 戚风类蛋糕

混合上述两类蛋糕的制作方法而成，即蛋清与糖及酸性材料按乳沫类打发，其余干性原料、流质原料与蛋黄则按面糊类方法搅拌，最后把二者混合起来即可，如戚风蛋卷、草莓戚风蛋糕等。至于生日蛋糕底坯，则既可用海绵蛋糕类配方，也可用戚风蛋糕类的配方，可根据各地方特点及消费者口味，选择适当的配方。

知识二　生 产 工 艺

1. 工艺流程

面糊调制→装盘（装模）→烘烤→冷却→成品

蛋糕有不同的面糊调制方法，应视其配方中成分以及内部组织结构的要求，使用不同的搅拌方法。

2. 面糊调制

（1）糖油拌和法　糖油拌和法是利用糖和油脂在搅拌过程中充入大量的空气，使烤出来的蛋糕体积较大，组织松软。此类搅拌方法被目前多数蛋糕师傅所采用，其搅拌程序如下。

①将配方中所有的糖、盐和油脂倒入桨状拌打器的搅拌缸内，中速搅拌8～10min，直到所搅拌的糖和油脂蓬松呈绒毛状。将机器停止转动把缸底未搅拌均匀的油脂用刮刀拌匀，再予搅拌。

②蛋分多次慢慢加入已拌发的糖油中，并把缸底未拌匀的原料拌匀。蛋最后一次加入应拌至均匀细腻，不可再有颗粒存在。

③奶粉溶于水，小麦粉与发粉拌和用筛子筛过，分3次与牛奶交替加入以上混合物内，每次加入时应成线状慢慢地加入搅拌物的中间。用低速继续将加入的干性原料拌至均匀光泽，然后停止搅拌，将搅拌缸四周及底部未搅到的面糊用刮刀刮匀。再继续添加剩余的干性原料和牛奶，直到全部原料加入并拌至光滑均匀即可。但避免搅拌太久。

（2）小麦粉油脂拌和法　小麦粉油脂拌和法的目的和效果与糖油拌和法大致相同，但经该法拌和的面糊所做的蛋糕更为松软，组织更为细密。使用该法时，油脂用量不能少于60%，否则得不到应有的效果。由于糖油拌和法所做的蛋糕体积较大，所以需要较大体积的蛋糕时，可采用此法。如需要组织细密而松软的蛋糕应采用小麦粉油脂拌和法。小麦粉油脂拌和法拌和的程序如下。

①将配方内发粉与小麦粉筛匀，与所有的油脂一起放入搅拌缸内，用桨状拌打器慢速拌打1min，使小麦粉表面全部被油脂黏附后改用中速将小麦粉和油脂拌和均匀。在搅拌中途需将机器停止，把缸底未能拌到的原料用刮刀刮匀。然后拌至蓬发松大，需10min左右。

②将配方中糖和盐加入已打松的小麦粉和油脂内，继续用中速搅拌均匀，需3min左右，无须搅拌过久。

③改用慢速将配方内3/4的牛奶慢慢加入，待全部面糊拌和均匀后再改用中速搅拌。将蛋分两次加入，每次加蛋时需将机器停止，刮缸底再把面糊拌匀。

④剩余1/4的牛奶最后加入，用中速继续搅拌，直到所有糖颗粒溶解

为止。

（3）两步拌和法　该法较以上两种方法略为简便，不适宜使用面筋含量太高或者面筋筋力过强的小麦粉。两步拌和法搅拌方法如下。

①将配方内所有干性原料包括小麦粉、糖、盐、发粉、奶粉、油脂等以及所有的水，一起加入搅拌缸内，先用桨状拌打器慢速搅拌使干性原料黏湿而不飞扬，再改用中速搅拌 3min，将机器停止，将缸底原料刮匀。

②全部蛋及香草水一起混合，慢慢加入以上混合物中，慢速搅拌，待全部加完后，将机器停止，将缸底原料刮匀，再改用中速继续搅拌 4min。

（4）糖蛋拌和法　该法主要用于乳沫类及戚风类蛋糕中，其主要起发途径是靠蛋液的起泡。糖蛋拌和法搅拌步骤如下。

①先将全部的糖、蛋放于洁净的搅拌缸内，先以慢速打均匀，然后用高速将蛋液搅拌到呈乳黄色（冬天必要时可在缸下面盛放热水以加快蛋液起泡速度），即用手勾起蛋液时，蛋液尖峰向下弯，呈公鸡尾巴状时，改用中速搅拌 1 ~ 2min。加入过筛的小麦粉、发粉，慢速拌匀。

②最后把液态油或融化的奶油加入拌匀即可。

（5）使用蛋糕油的搅拌方法　使用蛋糕油的方法，按国内各厂家对蛋糕油的使用不同，也可分为一步拌和法、两步拌和法和分步拌和法。

①一步拌和法：将配方内的所有原料（蛋糕油除外）一步放入搅拌缸内，一次搅拌完毕。采用该法时必须是使用低筋小麦粉、细砂糖且蛋糕油的用量必须大于 4%。所得到的蛋糕成品内部组织细腻，表面平滑光泽，但体积稍微小一些。具体做法是：把除蛋糕油之外的所有原料一齐投入搅拌缸内，使用网状拌打器，先慢速打 1 ~ 2min，待小麦粉全部拌和均匀后再用高速搅拌 5min。然后慢速拌和 1 ~ 2min，同时慢慢加入蛋糕油，拌匀即可。高成分海绵蛋糕（即蛋用量较多）常用此法。

当所使用的糖为粗砂糖，且想采用一步拌和法时，则需将糖、蛋、水三种原料先放于缸内，以慢速拌至糖基本溶化，再加入除蛋糕油之外的原料，按以上所述搅拌即可。

②分步拌和法：将原料分几次加入，实质与传统搅拌法差不多，只是加了蛋糕油。采用该法对原料要求不是很高，蛋糕油的用量也可以小于 4%（根据蛋用量多少而定），所得到的蛋糕成品内部组织比传统搅拌法所做的蛋糕要细腻，但比一步拌和法的稍差些，然而体积较大。分步拌和法一般步骤是：先把蛋、糖两种原料按传统搅拌法搅拌，至蛋液起发到一半体积时，加入蛋糕油，并高速搅拌，同时慢慢地加入水，至打到蛋液呈公鸡尾巴状时，慢速拌匀即可。然后加入已过筛的小麦粉，用手（或搅拌机的慢挡）拌匀，最后加入液体油，拌匀即可。低成分的海绵蛋糕（即蛋用量较少）很多是采用此法。

③两步拌和法：将原料（蛋糕油除外）分两次加入进行两次搅拌。该法

对原料的要求及成品品质均介于一步法与分步法之间。具体方法是：先把蛋、糖、水加入搅拌缸内，慢速拌匀1～2min，高速搅拌5～6min，加入小麦粉慢速拌和，当充分拌匀后，高速搅拌0.5～1.0min，最后加入蛋糕油，慢速拌匀即可。

3. 装盘

面糊调制好后，必须装于烤盘内。但是，每种烤盘都必须经过预处理才能装载面糊。

（1）烤盘的种类及预处理　用于盛装面糊的烤盘（或烤模）有多种，如高身平烤盘、吐司烤盘、空心烤盘、生日蛋糕圈、梅花盏、西洋蛋糕杯、布林盏等。在使用前，它们均需经过如下预处理。

①扫油：烤盘内壁涂上一层薄薄的油层，但戚风蛋糕不能涂油。

②垫纸或撒粉：在涂过油的烤盘上垫上白纸，或撒上小麦粉（也可用生粉），以便于出炉后脱膜。

（2）面糊的装载　蛋糕面糊装载量，应与蛋糕烤盘大小相一致。过多或过少都会影响蛋糕的品质，相同重量的面糊使用不同比例的烤盘所做出来的蛋糕体积、颗粒都不相同，蛋糕的焙烤损耗也不相同。

蛋糕面糊因种类不同、配方不同，搅拌的方法不同，所以面糊装盘的重量也不相同，最标准的装盘重量要经过多次的烘焙试验。使用同一个标准的面糊及数个同样大小的烤盘，分装不同重量的面糊，以比较各盘所烤的蛋糕组织和颗粒，看哪一个重量所做的蛋糕品质最为优良，即以此面糊的重量作为该项蛋糕装盘的标准。

4. 烘烤

面糊调制好后应尽可能快地放到烤盘中，进炉烘烤。不立即烤的蛋糕面糊，应连同烤盘一起冷藏，可降低面糊温度，从而减少膨发力引起的损失。蛋糕烘烤是一项技术性较强的工作，是制作蛋糕的关键因素之一。

（1）烘烤前的准备

①必须了解将要烘烤的蛋糕的属性和性质，以及它所需要的烘焙温度和时间。

②熟悉烤箱性能，正确掌握烤箱的使用方法。

③在面糊调制前就需要把烤箱预热，这样在蛋糕面糊放入烤箱时，已达到相应的烘烤温度。

④准备好蛋糕的出炉、取出和存放的空间以及相应的器具，保证后面的工作有条不紊地进行。

（2）蛋糕烤盘在烤箱中的排列　盛装蛋糕面糊的烤盘应尽可能地放在烤箱中心部位，烤盘各边不应与烤箱壁接触。若烤箱中同时放进两个或两个以上的烤盘，应摆放得使热气流能自由地沿每一烤盘循环流动，两烤盘既不应彼此接触，也不应接触烤箱壁，更不能把一个烤盘直接放于另一烤盘之上。

（3）烘烤温度与时间控制　影响蛋糕烘烤温度与时间的因素很多，烘烤操作时应灵活掌握。例如，蛋糕烘烤的温度与时间随面糊中配料的不同而有变化。在相同烘烤条件下，一般认为油蛋糕比清蛋糕的温度要低，时间要长一些。油蛋糕中的重油蛋糕、果料蛋糕比一般的轻奶油蛋糕温度要低，因为此种蛋糕需要比其他蛋糕的烘烤时间更长。而清蛋糕中，天使蛋糕比其他的海绵蛋糕烘烤温度要高一点，时间也较短。

含糖量高的蛋糕，其烘烤温度要比用标准比例配方的蛋糕温度低，用糖蜜和蜂蜜等转化糖浆制作的蛋糕比用砂糖制作的温度要低。这类蛋糕在较低温度下就能烘烤上色。

相同配料的蛋糕，其大小或厚薄也可影响烘烤温度和时间。例如，长方形蛋糕所需要的温度低于纸杯蛋糕或小模具蛋糕。

此外，烤盘的材料、形状和尺寸均对蛋糕的烘烤产生影响。例如，耐热玻璃烤盘盛装的蛋糕需要的温度略低一些，因为玻璃易于传递辐射热，烤制的产品外皮很易上色。

在浅烤盘中烤制的蛋糕比同体积、边缘较高的烤盘烤出的蛋糕更大而柔软，外皮颜色更美观。

（4）蛋糕成熟检验　蛋糕在炉中烤至该品种所需基本时间后，应检验蛋糕是否已经成熟。测试蛋糕是否烘熟，可用手指在蛋糕中央顶部轻轻触试，如果感觉硬实、呈固体状，且用手指压下去的部分马上弹回，则表示蛋糕已经烤熟。也可以用牙签或其他细棒在蛋糕中央插入，拔出时，若测试的牙签上没粘有湿黏的面糊，则表明已经烤熟，反之则未烤熟。烤熟后的蛋糕应立即从炉中取出，否则烤的时间过久蛋糕内部水分减少太多，影响品质。

（5）烘焙与蛋糕的质量　首先，烤炉温度对所烤的蛋糕品质影响很大。温度太低，烤出的蛋糕顶部会下陷，同时四周收缩并有残余面屑粘于烤盘周围。低温烤出的蛋糕比正常温度烤出的蛋糕松散、内部粗糙。如蛋糕烘焙温度太高，则蛋糕顶部隆起，并在中央部分裂开，四边向内收缩，但不会有面屑粘在烤盘边缘，用高温烤出的蛋糕质地较为坚硬。

烘烤时间对蛋糕品质影响也很大。如蛋糕烘烤时间不够，则在蛋糕顶部及周围呈现深色条纹，内部组织发黏；烘烤时间过长，则组织干燥，蛋糕四周、表层硬脆。如制作卷筒蛋糕时，则难以卷成圆筒形，并出现断裂现象。同时有些制品，烤炉上火与下火温度高低的控制是否得当，对其制品的品质影响也较大。如薄片蛋糕应上火大、下火小，海绵蛋糕上火小、下火大。

总之，蛋糕烘烤的温度及时间影响蛋糕品质的好坏。

（6）蛋糕出炉处理　蛋糕烤熟自烤炉中取出后，应根据蛋糕不同品质做相应处理。

油蛋糕自烤炉中取出后，一般继续留置烤盘内10min左右，待热度散发后，烤盘不炽热烫手时就可把蛋糕从烤盘内取出。多数重油蛋糕出炉后不做任何奶油装饰，保持其原来的本色出售。需用奶油或巧克力等做装饰的蛋糕，蛋糕取出后继续冷却1～2h，到完全冷却后再做装饰。

天使蛋糕和海绵蛋糕所含蛋白数量很多，蛋糕在炉内受热膨胀率很高，出炉后如温度剧变时会很快地收缩。所以，乳沫类蛋糕出炉后应立即翻转过来，放在蛋糕架上，使正面向下，这样可防止蛋糕过度收缩。

为了使蛋糕保持新鲜，经过装饰后的蛋糕必须在2～10℃的冰箱内冷藏。不作任何装饰处理的重油蛋糕，可放在室温的橱窗里。如一次所做的蛋糕数量较多，可将蛋糕妥善包装后放在0℃以下冰箱内冷冻，能存放较长时间而不变质。在出售时，应先把蛋糕从冰箱内取出，放在室温下让其解冻，再放进橱窗出售。

蛋糕容易发霉和酸败，尤其是高温季节，油蛋糕更易变质。蛋糕发霉变质的原因是由于环境污染所致，如使用不洁净的刀子切割蛋糕，蛋糕架上有油渍污垢等，这些都会使蛋糕受到霉菌感染。为了避免蛋糕发霉，切割用的刀子必须事先清洁消毒。最好是在切割蛋糕的工作台边，用深罐子盛水置火上煮沸，每次切割蛋糕后把刀子放入沸水中浸煮一下，这样可避免蛋糕感染细菌，从而延长保鲜期。存放蛋糕的板架，每次使用后，都应清洗消毒干净，不能忽视。

项目二　面糊类蛋糕加工工艺

蛋糕制作所用材料按干、湿性可分为：干性原料如小麦粉、奶粉等，湿性原料如牛奶、鸡蛋、水等。按柔、韧性可分为：柔性原料如油脂、糖、发粉、蛋黄等，韧性原料如小麦粉、蛋白、盐等。我们在调制一个合适的配方时，首先考虑蛋糕的种类与特性才能合理地使用各种干性、湿性原料或柔性、韧性原料，以制作出理想的蛋糕。

衡量一个蛋糕的好坏主要是看其水分是否充足，质地是否细嫩。而在各种原料中，最能使蛋糕柔软并提高水分含量的便是糖，因此在配方平衡中我们通常以糖分为平衡基础。由于各类蛋糕的性能不一，其在配方中使用糖的分量也不相同，因此，在进行蛋糕的配方平衡时，第一步就要按照蛋糕所属的种类确定糖的使用量（以小麦粉100%为基础），第二步再确定配方内可容纳的最大总水量，最后才是油脂、蛋及其他原料的用量。为使配方内各种干性、湿性原料或柔性、韧性原料互相平衡，在介绍面糊类蛋糕的制作之前讨论一下配方的平衡。

知识一 配方平衡

表4－1列出的是低成分及高成分蛋糕配方平衡的一般规律。

表4－1 低成分及高成分蛋糕配方平衡的一般规律

低成分配方	高成分配方
糖量不多于小麦粉	糖量多于小麦粉
总水量：液体蛋＋液体乳	总水量：液体蛋＋液体乳
总水量等于糖量	总水量大于糖量
油脂量不超过蛋量	蛋量等于或大于油脂量

在上面配方平衡的一般规律中，应该注意如果配方中使用了其他的液体原料则必须调整蛋或乳的液体量（如使用液体糖浆等）。配方中的全蛋改用蛋清或蛋黄时也应调整总水量。

从上面的规律中，我们还看不出具体蛋糕配方中各成分用量是多少才能使配方平衡。其实这个问题是很难用具体的数字来下结论的，因为这取决于蛋糕品质、口感、保鲜期及消费者喜欢的风味等。以下是各种原料在蛋糕制作中的使用量。

（1）油脂30%～70%。

（2）泡打粉约6%。

（3）盐3%～4%，取决于消费者的口味及糖的使用量，盐和糖是互补的。

（4）如果在配方中增加糖量，一般蛋量也应增加相同的百分数，相应地，也应适当增加油脂的用量以缓冲由于增加蛋清而产生的韧性。

（5）当使用蛋清来代替全蛋时，应将全蛋的用量乘一个系数（1.25或1.3）作为蛋清的用量，相应地，也应扣除增加的水量。另外，在配方中增加0.5%塔塔粉（cream tartar，酒石酸氢钾）能起到漂白作用，使蛋糕心更洁白。

（6）如果在配方中使用可可粉，由于可可粉吸水量较大，应增加配方中水分。在制作高成分巧克力蛋糕时，配方中的总水量应是糖量的125%再加上1.5倍的可可粉用量。必须指出，这种高成分配方必须使用乳化油脂才可融合这些多水量的水分，如果是制作低成分巧克力蛋糕时，糖的用量按可可粉的用量增加，配方中的总水量为糖加5%～15%再加1.5倍的可可粉用量，蛋的用量可适当增加。

高成分巧克力蛋糕总水量＝糖量＋1.5×可可粉量＋糖量×（5～15）%

另外，可可粉中含有10%～20%的油脂，其油性一般为氢化油的一半，故在配方平衡时应把配方中相应的油脂量扣除。

（7）制作蛋糕时，通常是使用脱脂奶粉加水来代替牛奶，脱脂奶粉与水的比例是1∶9左右。

（8）当使用糖浆或糖水来代替砂糖时，应考虑糖的浓度及水的含量。使用焦化点较低的糖（如葡萄糖、半乳糖等）代替砂糖时在配方中应加少许塔塔粉、柠檬汁之类的酸性原料，以调整蛋糕过深的颜色。

知识二　重奶油蛋糕

重奶油蛋糕简称重油蛋糕，也有人称为牛油蛋糕，广东话称为牛油戟。欧美人士最早烘焙蛋糕，定了一个原料用量的标准，即一份鸡蛋可以溶解与膨大一份糖和一份小麦粉。以现代的配方平衡看，这个配方为小麦粉 100%、糖 100%、蛋 100%，是属于油脂成分很低的海绵蛋糕。配方中小麦粉和鸡蛋都属于韧性原料，而糖为柔性原料，以两份韧性原料、一份柔性原料所做出来的蛋糕韧性很大，为了解决这个缺点在配方内加入一份奶油，因为奶油属于柔性原料。这样配方中韧性原料、柔性原料各占一半，做出来的蛋糕松软可口，解决了蛋糕韧性过大的缺点。重奶油蛋糕所使用的油脂用量很高，成本较其他类蛋糕高，所以属于较高级的蛋糕。最影响蛋糕品质好坏的是油脂的品质以及面糊调制得适当与否。

重奶油蛋糕和轻奶油蛋糕同属面糊类蛋糕，此两种蛋糕的不同点见表 4 - 2。

表 4 - 2　轻奶油蛋糕和重奶油蛋糕不同点

轻奶油蛋糕	重奶油蛋糕
油脂用量：最低 30%，最高 60%	油脂用量：最低 40%，最高 100%
发粉用量：最低 4%，最高 6%	发粉用量：0 ~ 2%
蛋糕组织：松软	蛋糕组织：紧密
颗粒：粗糙	颗粒：细腻
烘焙温度：190 ~ 232℃	烘焙温度：162 ~ 190℃

消费者对蛋糕的爱好不同，有些喜欢组织紧密、颗粒细的蛋糕，而有些喜欢组织较为松软的蛋糕，所以了解轻奶油蛋糕和重奶油蛋糕的性质，就可调制配方做出适合众多消费者口味的产品。

1. 配方制定

重奶油蛋糕属于面糊类蛋糕，其配方制定的规则可以参照面糊类蛋糕，重奶油蛋糕组织紧密、颗粒细腻，轻奶油蛋糕组织松软而颗粒粗大。重奶油蛋糕依靠配方中的油脂在搅拌时拌入的空气而膨胀，轻奶油蛋糕依靠发粉来膨胀。重奶油蛋糕较轻奶油蛋糕坚硬细腻的原因是配方中使用较多的韧性材料，尤其是与增加蛋和不用发粉的关系最大，所以在制定重奶油蛋糕配方时先确定糖的用量。在不使用乳化油的配方中，糖的用量应不超过小麦粉。先确定基准量——糖用量 100%，再确定配方中的总水量。重奶油蛋糕中的总水量应大于糖量 10%。总水量是蛋液加牛奶的总和。配方中蛋的用量确定后油脂的用量应等于蛋量或小于蛋量 10%，所以由蛋的用量多少即可决定油脂的用量。表 4 - 3 所示为一般重奶油蛋糕的配方，以供读者参考。

表 4 -3　一般重奶油蛋糕的配方　单位：%

配方种类	盐	发粉	牛奶	油脂	蛋	小麦粉	糖
A	2	1.75 ~ 2.00	60	40	40	100	100
B	2.25	1.0 ~ 1.5	45	47.5	55	100	100
C	2.5	0 ~ 1	30	70	75	100	100
D	2.75	0.0 ~ 0.5	16	85	92.5	100	100
E	3	0.0 ~ 0.5	0	100	110	100	100

注：

①A、B 类配方为低成分重奶油蛋糕配方，其与轻奶油蛋糕的不同之处为总水量（由蛋液和牛奶提供）= 糖 +0，发粉的用量只有 1% ~2%，而轻奶油蛋糕的总水量（糖量 + 糖量 ×15%），约为糖量的 115%，发粉用量为 4% ~5%。

②C、D 类配方为中成分重奶油蛋糕配方，其总水量 = 糖量 + 糖量 ×5%。因油脂用量已超过 60%，所以配方中不必使用发粉，但为调节蛋糕的松软性可酌量添加 0.5% ~1.0% 的发粉，但此额外增加的发粉需同时按 1∶5 的比例增加牛奶的用量。

③E 类配方为标准重奶油蛋糕配方，总水量 = 糖量 + 糖量 ×10%（水分全部由蛋提供），如配方中减少蛋的用量，则所减少的用量应用牛奶来代替，如蛋的用量减少太多，则变成了中成分或低成分的配方。

④盐的用量根据蛋的用量而增减，高成分配方中可使用 3%，低成分配方中可使用 2%。

⑤配方中的油脂量如低于 60% 则应添加发粉。

根据上表所列我们更进一步拟订配方中各种成分调配所依据的标准，在此标准范围内，可结合配方平衡的公式，制作不同成分的重奶油蛋糕，重奶油蛋糕配方参考范围见表 4 -4。

表 4 -4　重奶油蛋糕配方参考范围

原料名称	烘焙百分比/%	原料名称	烘焙百分比/%
小麦粉	100	油	40 ~ 100
蛋	40 ~ 110	发粉	0 ~ 2
糖	85 ~ 125	盐	2 ~ 3
牛奶	（视配方总水量而定）		

注：重奶油蛋糕总水量计算公式：总水量 = 实际糖量 + 系数 +［（基准糖量 - 实际糖量）/2］。

2. 重奶油蛋糕配方实例

（1）使用 80% 糖、60% 白油的低成分重奶油蛋糕配方见表 4 -5。

（2）使用 120% 糖、80% 乳化油的中成分重奶油蛋糕配方见表 4 -6。

（3）将配方一改为重奶油白蛋糕的配方（表 4 -7）。

表4－5　使用80%糖、60%白油的低成分重奶油蛋糕配方

原料名称	烘焙百分比/%	原料名称	烘焙百分比/%
低筋面粉	100	蛋	66
白砂糖	80	牛奶	24
盐	2	发粉	2
白油	60	合计	334

注：

①低成分重奶油蛋糕配方内的糖用量为100%时，总水量为100%，总水量为配方内蛋量＋牛奶量。如果糖量低于或高于100%时，以上配方内的总水量的调整依照重奶油蛋糕总水量计算公式，由公式中求得应为90%。

②小麦粉因吸水系数不同，配方中的原料用糖油拌和法搅拌后，面糊浓度无问题，但烤好后，应切开蛋糕内部组织观察是否粗糙，如果颗粒粗糙，发粉用量应削减为0.5%。

③其他原料用量可按轻奶油蛋糕配方公式计算。

表4－6　使用120%糖、80%乳化油的中成分重奶油蛋糕配方

原料名称	烘焙百分比/%	原料名称	烘焙百分比/%
蛋糕粉	100	蛋	88
细砂糖	120	牛奶	27
盐	3	发粉	0.5
乳化油	80	合计	418.5

注：

①总水量依照重奶油蛋糕计算公式为120＋5＋［（100－120）/2］＝115。

②总水量减蛋量等于牛奶量。

③发粉使用0.5%是为了调节蛋糕的松软度，可减少或不用。

表4－7　重奶油白蛋糕配方

原料名称	配方一百分比/%	修正后配方百分比/%	原料名称	配方一百分比/%	修正后配方百分比%
低筋小麦粉	100	100	蛋清	0	99
细砂糖	100	100	牛奶	18	11
盐	2	2	发粉	0.8	0.5
白油	40	80.5	塔塔粉	—	0.5
玛琪琳	40	0	杏仁香料	适量	适量
鸡蛋	79	0	合计	379.8	93.5

注：

①白蛋糕不可使用有色油脂。因玛琪琳内含有油32%、水8%，故以32%白油取代玛琪琳。

②全蛋改用蛋清时应乘125%，故蛋清用量为99%，而全蛋内含油8.5%。

③白油量应为原来40%＋取代玛琪琳中油脂32%＋全蛋内含油8.5%＝80.5%。

④总水量应为110%（白蛋糕比黄蛋糕增加5%），即蛋清99%＋牛奶11%。

⑤因蛋清用量较多发粉可略微减少。白蛋糕应在配方内增加塔塔粉0.5%和杏仁香料适量。

（4）将配方一改为巧克力重奶油蛋糕（使用未经处理的可可粉）的配方（表4-8）。

表4-8 巧克力重奶油蛋糕配方

原料名称	配方一 百分比/%	修正后配方 百分比/%	原料名称	配方一 百分比/%	修正后配方 百分比%
低筋小麦粉	100	100	小苏打	—	1.4
细砂糖	100	120	发粉	1.5	0.1
盐	3	3	可可粉	—	20
白油	65	82.6	香草水	—	适量
鸡蛋	70	90	合计	374.5	472.1
乳水	35	55			

注：

①配方一总水量为105%。

②使用20%可可粉后总水量为145%。

③配方一的糖、油、蛋量均随可可粉的使用量增加而增加。

④可可粉内含油脂24%，其中1/2可可脂应从白油用量中减去。

⑤新配方内增加香草水用量，以增加蛋糕香味。

3. 面糊调制

传统的重奶油蛋糕采用小麦粉油脂拌和法搅拌。该法是先将配方中所有的小麦粉和油脂放入搅拌缸内用中速搅拌，使小麦粉的每一细小颗粒均先吸取了油脂，在下一步骤中遇到液体原料不会产生面筋，这样做出来的蛋糕组织较为松软，而且颗粒细小、韧性较低。

中成分重奶油蛋糕可酌量采用小麦粉油脂拌和法，因为中成分重奶油蛋糕配方内所使用的使蛋糕体积膨大的原料较少。为了增加面糊内膨大的气体，采用糖油拌和法效果更佳。但糖油拌和法因最后添加小麦粉时遇到面糊中的水分容易产生面筋，而且糖油在每一步搅打时打入空气较多，使烤出的蛋糕组织气孔较多。

低成分重奶油蛋糕油脂的用量太少，采用小麦粉油脂拌和法时，因搅拌时所用的油脂量无法与全部小麦粉拌和均匀，难以拌入足够的空气，且小麦粉无法融合足够的油脂，在添加蛋和牛奶时，容易产生面筋，使烤好的蛋糕不但体积小，而且韧性很大。故低成分重奶油蛋糕不宜采用小麦粉油脂拌和法，应使用糖油拌和法。

除了小麦粉油脂拌和法和糖油拌和法外，制作高成分或中成分重奶油蛋糕时尚可使用两步拌和法。把配方中全部的蛋加热至35～40℃，用钢丝拌打器像打海绵蛋糕般快速打发。将全部油脂、盐和小麦粉用桨状拌打器中速打松，最后把已打发的糖和蛋倒1/3至已打松的小麦粉和油脂的混合料中，用中速拌匀，然后再倒1/3的蛋糖混合料至小麦粉油脂中拌匀。将机器停止，把缸底未拌匀的原料拌匀，把剩余1/3的蛋糖加入拌匀，再继续搅拌4~5min即可。用此种拌和法所拌出的面糊进炉烘烤，蛋糕体积膨胀很大，而且组织松软细腻，其唯一缺点是在搅拌时需用不同拌打器的两部搅拌机来搅拌。

4. 装盘和烘烤

多数重奶油蛋糕出炉后不作任何的奶油装饰，保持原来的本色出售。目前，最常见的重奶油蛋糕有传统重量454g裂口小长方形的，也有用长方烤盘烤的（10cm）切片出售，还有用空心烤盘而在蛋糕表面点缀樱桃和风干李子的，有数十种之多。因为蛋糕出炉后不作进一步的装饰，所以其四边底部应保持平滑和光整，不可使面糊粘烤盘，使蛋糕从烤盘内取出时表皮受到破损。防止表皮破损的方法有二：一是在烤盘的四周和底部垫上一层干净的白纸，蛋糕烤熟后很容易就可以从烤盘中取出。二是在烤盘四周和底部涂上一层防粘油脂。防粘油脂调配的方法是使用100%的油脂，加入20%的高筋小麦粉，拌匀后使用。蛋糕出炉冷却后，须用干净的布擦拭烤盘且整齐地堆放一处留待下次使用。重奶油蛋糕因为所含各种原料成分较高，而配方内总水量又较其他蛋糕少，因此面糊也较为干硬和坚韧，在烘烤时需要较长时间。为防止蛋糕内水分在烘烤过程中减少过多，避免烤焦，应使用中温177~180℃，烘烤的时间应视蛋糕大小而定，一般在45~60min。

项目三 乳沫类蛋糕加工工艺

乳沫类蛋糕所使用的原料主要有小麦粉、糖、盐和蛋四种，在低成分的蛋糕中可添加少量牛奶，甚至发粉。因乳沫类蛋糕中使用蛋的成分不同，有些只限于蛋白，有些又加重蛋黄的用量，所以我们依据此将其分为蛋清类的天使蛋糕和全蛋类的海绵蛋糕。

知识一 天使蛋糕

1. 配方制定

（1）使用实际百分比来制定天使蛋糕配方的标准（表4-9）

表4-9 使用实际百分比来制定天使蛋糕配方的标准

原料	实际百分比/%	原料	实际百分比/%
蛋清	40~50	食盐	0.500~1.375
细砂糖	30~42	低筋小麦粉	15~18
塔塔粉	0.500~0.625		

（2）天使蛋糕配方的制定　天使蛋糕内水分的含量应在35%~44%，而且全部水分是由蛋清提供的，并不是另外添加水或牛奶取得。所以在调制配方时，

应先考虑到蛋糕所需水量的多少，再确定蛋清的使用量，然后确定小麦粉的用量。如制作水分含量较高的天使蛋糕，就应在配方中使用较高比率的蛋清，同时减少小麦粉的用量；反之如果制作含水量较低的蛋糕，那么配方中蛋清的用量应减少，同时小麦粉的用量因而增加。在天使蛋糕中小麦粉与水，永远是处于相反的地位。当配方中蛋清的用量确定后，要确定塔塔粉的用量。塔塔粉是一种酸性盐，它在蛋糕中的作用是使蛋清增加韧性以及使蛋糕色泽洁白。它的用量应根据配方中蛋清的多少而确定。一般用量在0.5%～0.625%之间。配方中塔塔粉的用量确定后，再确定盐的用量，因为按天使蛋糕基本配方中的规定，盐与塔塔粉的总和是实际百分比的1%，所以用1减去塔塔粉的用量就是配方中盐的用量。最后是糖，只有在天使蛋糕中糖的比率是不根据小麦粉计算的，是实际百分比100%，减去配方内所有原料百分比的总和，其差即为糖的用量。例如，在配方中使用46%蛋清、0.6%塔塔粉、0.4%食盐、16%小麦粉，则糖的用量应为1－46%－0.6%－0.4%－16%＝37%。

（3）根据以上天使蛋糕的配方原则，如用50%蛋清、18%小麦粉、(5/8)%塔塔粉、(3/8)%盐和31%糖（实际百分比100%）制作天使蛋糕，该蛋糕内水分的含量是44%（蛋清内的水量为87.5%）。如此高的水分，可使蛋糕过于湿润及松软，影响蛋糕的包装及完整，因此这个配方不十分理想。如果将蛋清的用量改为45%，小麦粉仍用18%，塔塔粉因蛋清的减少而减为0.5%，同时将盐提高到0.5%，糖也增加为36%，这样蛋糕中水分将减少至39%，较适合于制作好的天使蛋糕。

（4）基本天使蛋糕改为其他类天使蛋糕时，配方应做调整。

由以上标准天使蛋糕的配方为基准，我们可以任意地在配方中添加许多其他不同的原料，制作很多种不同样的天使蛋糕。在添加这些额外原料时，应注意的是这种原料的干性和水分，以及它所含的酸度均须从配方中的蛋清、小麦粉和塔塔粉中减去。例如，用10%的新鲜橙制作香橙天使蛋糕，因为橙中含有85%～90%的水分，所以配方内蛋清应同样减去10%（蛋清内含水分87.5%）。又因橙本身含有足够的酸度，因此配方中使用5%的新鲜柠檬，那么配方内除减去相同的蛋清外，塔塔粉同样可不用。

如果制作各种不同种类的硬果天使蛋糕或蜜饯水果天使蛋糕时，可以依照使用面糊的重量增加硬果或蜜饯水果10%～20%，或小麦粉用量的50%～100%。如果制作含有枫香风味的天使蛋糕时，可以使用10#糖蜜（MOLASSCS），同时减少配方内6%的糖和4%的蛋清（因为糖蜜的成分是糖70%、水30%），另外减少1.0%～1.5%的小麦粉而代替以枫香香料。糖蜜应在第二次拌和时在加糖之前加入搅拌物内。

如果制作可可天使蛋糕，可使用3%～5%的可可粉以代替等量的小麦粉，但是配方内的塔塔粉应减少25%而代替以等量的小苏打粉，以增加蛋糕的可可颜色。可可粉的干性较小麦粉大，所以需增加蛋清用量2% ~3%。当使用粉粒状醋酸或柠檬酸代替塔塔粉时，应视其酸性的程度按一定比例的分量使用。一般来讲醋酸的浓度约为塔塔粉的2倍，而柠檬酸的浓度约为塔塔粉的4倍，但醋酸和柠檬酸的酸度过强，在使用效果上不如塔塔粉理想。

液体酸性原料如白醋和柠檬汁也可取代塔塔粉，其用量为3% ~5%，使用白醋和柠檬汁应注意配方中蛋清的用量减少3% ~5%。以上各种塔塔粉的代用酸性原料一般不宜采用，因为由代用品做出的蛋糕，内部组织不如使用塔塔粉的好。

如果添加剁碎的水果制作天使蛋糕时，应在配方中减少蛋清用量，同时提高小麦粉与糖的分量。总之在制作天使蛋糕时，可以依照标准配方平衡的公式，添加任何原料和香料。添加了新原料，根据其水分含量及酸度强弱，在配方中分别调整蛋清、小麦粉和塔塔粉的分量。

2. 面糊调制

天使蛋糕品质的好坏，受面糊搅拌的影响很大，所以在面糊搅拌过程中应特别小心。天使蛋糕面糊的搅拌分三个步骤。

（1）配方中所有蛋清倒入不含油的搅拌缸中，用钢丝网状拌打器，中速打至湿性发泡（注：蛋清的搅拌过程分为四个阶段。第一阶段蛋清经拌打后呈液体状态，表面浮起很多不规则气泡。第二阶段蛋清经搅拌后渐渐凝固起来，表面不规则的气泡消失，而变为许多均匀的细小气泡，蛋清洁白而具光泽，用手指勾起时成一细长尖锋，留置指上而不下坠，此阶段即为湿性发泡。如蛋清继续搅拌，则干性发泡，此为第三阶段。蛋清打至干性发泡时无法看出发泡组织，颜色雪白而无光泽，用手指勾起时呈坚硬的尖锋，即使将此尖锋倒置也不会弯曲。第四阶段蛋清已完全呈球形凝固状，用手指无法勾起尖锋，此阶段称为棉花状态）。

（2）将为蛋清量2/3的糖、盐、塔塔粉等一起倒入第一步已打至湿性发泡的蛋清中，继续用中速打至湿性发泡。

（3）小麦粉与配方中剩余的糖一齐筛匀，倒入第二步打好的蛋清中，慢速拌至均匀即可。不可搅拌过久，以免小麦粉产生面筋，影响蛋糕的品质。蛋糕中如果使用醋或新鲜果汁代替塔塔粉的，此流质原料在搅拌第三步骤糖加入打发时再加入拌匀。以上搅拌的步骤和搅拌速度均极为重要，不可稍有差错。

3. 烘烤

天使蛋糕的相对密度约为0.38，如果蛋清打得过发，则相对密度降低。面糊装盘若与烤盘上缘平齐，这样面糊进炉烘烤时，体积膨胀致使面糊溢出烤盘。由于面糊内打入的空气过多，且不均匀，所以烤好的蛋糕内部组织多大孔穴、粗糙干燥、韧性大、风味不佳。如果蛋清在搅拌时始终保持在湿性发泡状态，拌好后面糊的相对密度保持在0.38左右，装盘的数量为烤盘的2/3，这样进炉后面糊本身变热而膨胀，烤好后的蛋糕内部组织均匀、弹性佳、水分充足而可口。天使蛋糕应使用空心烤盘来烤，面糊的数量应为烤盘的2/3。但烤盘四周与底不可擦油，以免蛋遇油而收缩。蛋糕烤熟冷却后可用手指轻轻从烤盘边缘向内部拨开，随后用力向下摔落。烤炉温度对蛋糕的品质极为重要，过低的温度会导致蛋糕内部组织粗糙，并有粘手的感觉。过去多数蛋糕师傅喜欢使用176～190℃的温度烤焙天使蛋糕。但经实验证明此温度所烤出来的蛋糕体积小、水分不足（由于需较长时间烘烤）。标准烘烤天使蛋糕的温度是205～218℃，由此温度所烤出来的蛋糕体积大，组织细密而具有弹性，水分适宜，尤其切片后具有洁白的光泽，其唯一缺点为顶部会有龟裂现象。但天使蛋糕往往在出售时顶部都是翻转在下的，不致影响观瞻。

表4－10所示为天使蛋糕使用700g面糊，装于直径25.5cm、深9cm、中间有8cm空管的烤盘内，用不同温度烘烤所做的实验。

表4－10　天使蛋糕不同温度烘烤实验

烤炉温度/℃	蛋糕体积/mL	烘烤时间/min	蛋糕冷却后内部水分/%
163	2 400	45	28.8
177	2 520	40	29.7
190	2 600	35	30.6
205	2 690	30	31.4
218	2 760	25	32.3
232	2 790	21	32.0

由上表可看出烘烤温度对蛋糕品质的重要性。适当的温度不但缩短烘烤的时间、增大蛋糕体积，而且蛋糕内部的水分不致减少太多，提高了蛋糕品质。

测试蛋糕是否烤熟，可用手指触摸蛋糕表面裂开处，如感到坚实干燥而不粘手即已烤熟，应立即从炉内取出。因天使蛋糕所含蛋清的数量很多，蛋清遇温度剧变时会很快地收缩，所以蛋糕出炉后应立即翻转过来，使正面向下，这样可以防止蛋糕的过度收缩。

4. 装饰

天使蛋糕因属于松软度高的蛋糕，所以在装饰方面应用松软的奶油装饰，最好用鲜奶油，则色泽和味道都可高出一筹。切碎的蜜饯、葡萄干、菠萝、樱桃以及胡桃仁、腰果等，均可加在蛋糕中，作为蛋糕的装饰，也使蛋糕更为好吃。

知识二　海绵蛋糕

海绵蛋糕为人类用蛋、糖和小麦粉混合在一起快速制成的一种最早的蛋糕。鸡蛋具有融合空气和膨大的双重作用，利用拌发的鸡蛋，再加上糖和小麦粉，用此调配好的面糊无论是蒸还是烘烤都可以做出膨大松软的蛋糕。渐渐地由于烤炉形式的发展和消费者口味的不同，配方中蛋和糖的比例也随着做不同比例的增减。海绵蛋糕国内又称清蛋糕，如瑞士卷、三角蛋糕等。

基本海绵蛋糕仅含小麦粉、蛋、糖、盐四种原料，其中除糖属于柔性原料外，其他都是韧性原料，所以制作出来的海绵蛋糕虽松软但是韧性甚大，无法达到好蛋糕的标准，因此必须添加油脂和发粉等柔性原料，以调节蛋糕过大的韧性。

1. 配方制定

海绵蛋糕可做很多不同类型的产品，如庆典用的大蛋糕、门市零售经奶油装饰后的各式小蛋糕、果酱蛋糕以及日本式的蜂蜜或麦芽糖蛋糕等。各种蛋糕都有不同的组织和风味，所以蛋糕组织的松软和粗细程度也不一致，调整蛋糕的松软和粗细程度的方法不外乎是将蛋的比例增加或减少。一般来说，蛋的用量越多，蛋糕越为松软。相反地，蛋的用量越少则蛋糕组织越粗糙。又因消费者口味和习惯的不同，有些喜爱较甜的蛋糕，而有些喜欢甜味稍淡的，所以在配方平衡中糖的用量可根据小麦粉量，在60%～100%之间酌量调整。传统的海绵蛋糕配方见表4－11。

表4－11　标准海绵蛋糕配方

原料	烘焙百分比/%
小麦粉	100
糖	166
蛋	166（如加入30%蛋黄，则成品组织较好）
盐	3

根据以上的基本配方，如制作更松软的蛋糕可将蛋的用量提高至200%，配方中小麦粉、糖、盐等的用量不变。如果蛋的用量少于标准用量，则每减少1%的蛋应减少0.03%的盐。此外蛋减少后，蛋糕体积的膨胀减小，水分减少，所以需要增加发粉与牛奶两种原料。发粉的用量可根据蛋的减少量来添加。每减少1%的蛋需增加0.8%的水和0.03%的发粉，配方内的糖也必须随着蛋量减少。

海绵蛋糕的基本配方所使用的原料因偏重于韧性，所以除了原有的原料外，在面糊搅拌的最后步骤可添加40%的色拉油或溶解奶油制作奶油海绵蛋糕，以减小蛋糕的韧性，提高蛋糕的品质。有时也可使用20%的色拉油及20%的牛奶，同样可达到柔软的效果。面糊中加入油脂量，须视配方内蛋的多少而确定。蛋的用量在140%～110%时，油脂最多只能用20%，否则无法乳化，破坏蛋的气泡，使蛋糕制作失败。除了基本海绵蛋糕配方外，可在配方中添加可可粉制作巧克力蛋糕，或添加各种水果制作不同水果海绵蛋糕。

2. 面糊调制

面糊调制的方法有三种。

第一种是将配方中全部的蛋和糖先加热至43℃（蛋和糖在加热过程中必须

用打蛋器不断搅动，以使温度均匀而避免边缘部分受热烫熟。盛装蛋的容器和搅拌缸不能有任何油迹）。开始时用钢丝拌打器中速拌打2min，把蛋和糖拌打均匀后改用快速将蛋糖搅拌至呈乳白色，用手指勾起时不会很快地从手指流下。此时再改用中速拌打数分钟，把上一步快速拌打打入的不均匀气泡搅碎，使所打入的空气均匀地分布在每一部分。继而把小麦粉筛匀（如配方内使用可可粉或发粉时，必须拌入小麦粉中与小麦粉一起筛匀），慢慢地倒入已打发的蛋糖中，慢速搅拌均匀，最后再把流质的色拉油和牛奶加入拌匀即可。油在加入面糊时，必须慢速和小心地搅拌，不可搅拌过久，否则会破坏面糊中的气泡，影响蛋糕的体积。油与面糊搅拌不匀，在烘烤后会沉淀在蛋糕底部形成一块厚的油皮，应加以注意。

第二种方法是把蛋黄和蛋清分开。

①先将蛋清放在干净的搅拌缸中，用中速打至湿性发泡后，加上蛋清量2/3的糖继续打至干性发泡。

②把配方内剩余的糖和蛋黄一齐拌匀（最好先稍微加热），继而用钢丝拌打器快速拌至乳黄色。把色拉油或融化的奶油分数次倒入，改用中速拌打。每次加入时必须与蛋黄完全乳化，再继续添加。搅拌速度太快或添加太快都会破坏蛋黄的乳化作用。

③将1/3已打发的蛋清混合物倒入打好的蛋黄混合物内，轻轻地用手拌匀，继而把剩余的蛋清混合物加入拌匀，然后把小麦粉筛匀倒入，牛奶或干果最后加入拌匀即可。用此方法所做的蛋糕失败的可能性较小，蛋糕体积较大，组织、弹性佳。但须将蛋清、蛋黄分开搅拌，增加了操作程序。

第三种方法是使用蛋糕油的搅拌方法，详见本章第一节。

3. 烘烤

海绵蛋糕因所做成品的式样不同，所使用的烤盘大小、形式也就不一样，所以烘烤的温度、时间也就不一样。一般根据烤盘的形式来分可定下列准则，仅供参考。

小椭圆形或橄榄形的小海绵蛋糕烘烤温度205℃，上火大、下火小，烘烤时间为12～15min。

实心直径30cm以内，高6.4cm的圆形或方形海绵蛋糕烘烤温度205℃，下火大、上火小，烘烤时间为25～35min；如直径增加或高度增加，则仍使用下火大、上火小，而炉温则降低为177℃，烘烤时间为35～45min。

使用空心烤盘的海绵蛋糕需要用下火大、上火小的火力，炉温在177℃左右，烘烤时间为30min。

使用平烤盘做果酱卷与奶油花式小海绵蛋糕时，烤炉应采用上火大、下火小，炉温177℃，烘烤时间20～25min。

蜂蜜海绵蛋糕（通称长崎蛋糕）因较厚需较长的烘烤时间。为避免蛋糕四周受热太快而焦煳，必须在平烤盘中围一木制框架。此类蛋糕应用上火烤，下火尽量减弱，面糊胀满烤盘表面产生颜色后，即需将炉火调整至最小段，直到完全熟透为止。烤炉温度在前25min上火大、下火小，炉温177℃，烘烤时间45min。

4. 其他注意事项

（1）小麦粉中面筋含量的高低影响蛋糕组织的粗细，如想使蛋糕组织细腻可使用10%～20%玉米淀粉代替低筋小麦粉。掺加的玉米淀粉必须过筛两次以上，务必拌和均匀才能加入小麦粉内搅拌，否则因两者相对密度不同，使玉米淀粉沉淀在蛋糕的底部，形成硬块。

（2）配方中使用蛋黄时，蛋黄的比例不要超过总量的50%。

（3）色拉油必须在小麦粉拌入后加入，轻轻拌匀。如果使用奶油必须先熔化，并保持温度40～50℃。如果温度过低奶油又将凝结，无法与面糊拌均匀。凡油与面糊搅拌不匀，烤出的蛋糕底部都会形成一层坚韧硬皮。

（4）搅拌时所有盛蛋的容器、搅拌缸、拌打器等必须清洁，不含任何油迹，以免影响蛋的起泡。搅拌前如将蛋的温度加热，则可缩短搅拌时间，并增加面糊的体积，不但使蛋糕重量增加而且使其组织松软。

（5）搅拌机的速度同样影响打入蛋内空气的多少。在搅拌开始前阶段使用快速，后阶段将完成之时改用中速，这样蛋内保存空气较多，而且分布均匀。

（6）配方内添加5%的柠檬汁可帮助蛋起泡。柠檬汁可在蛋搅拌的同时加入，如柠檬汁超过5%时，则超出部分应在搅拌蛋的后阶段加入。

（7）蛋的搅拌不可太过，以免影响烤好后的蛋糕组织和干燥，但也不可打发不够。蛋的搅拌标准为用手指把搅拌中已打发的蛋勾起，如蛋液凝在手指上形同尖峰状而不向下流则表示搅拌太过；如蛋液在手指上能停留2s左右，再缓缓地从手指上流下来则恰到好处。

（8）理想海绵蛋糕面糊相对密度为0.46左右。

（9）盛装海绵蛋糕面糊的烤盘其底部及四周均须擦油，以使蛋糕出炉后易于取出。烤盘防粘油的调制为：白油100%、高筋小麦粉10%，拌匀即可。

（10）面糊装盘的数量最好不要超过烤盘边缘的2/3（六分满）。

（11）蛋糕出炉后马上翻转使表面向下，以免遇冷收缩。

（12）烘烤海绵蛋糕的温度应尽量使用高温，可使蛋糕保存较多水分和组织细腻，炉温过低蛋糕干硬且组织粗糙。

（13）烘烤中的蛋糕不可从炉中取出或受振动。如因烤炉温度不匀需要将蛋糕换边时要特别小心，因烘烤中未熟的蛋糕由炉内取出受冷后，内部组织会凝结产生硬的面块。

项目四　戚风类蛋糕加工工艺

戚风类蛋糕是与面糊类蛋糕、乳沫类蛋糕不同的另一类蛋糕。所谓戚风，是英文的译音，港澳地区译作雪芳，意思是像打发的蛋清那样柔软。戚风类蛋糕的面糊调制是把蛋黄和蛋清分开搅拌，把蛋清搅拌得很膨松、柔软，将这样调制面糊制作的蛋糕称为戚风蛋糕。

从蛋糕的性质与口感来讲，面糊类蛋糕组织细腻，但使用固体油脂过多，口感较重，尤其重油蛋糕更甚。而传统的乳沫类蛋糕组织较软、粗糙，不够细密，但只使用少量液体油。戚风类蛋糕则综合了上述两类蛋糕的优点，把蛋清部分与糖一起按乳沫类蛋糕的搅拌方法打发，把蛋黄部分与其他原料按面糊类蛋糕的搅拌方法来搅拌，最后再混合起来。

1. 配方制定

较早时期的戚风类蛋糕配方如表 4 – 12 所示。

表 4 – 12　较早时期的戚风类蛋糕配方

原料	烘焙百分比/%	原料	烘焙百分比/%
蛋清	230	蛋黄	77
盐	2.5	液体油	77
砂糖	114	蛋糕粉	100
酒石酸氢钾	0.9	细砂糖	114

后来经过不断的实践，得出戚风类蛋糕大概的配方范围，如表 4 – 13 所示。

表 4 – 13　改进后的戚风类蛋糕配方

原料	烘焙百分比/%	原料	烘焙百分比/%
蛋清	100 ~ 200	液体油	35 ~ 70
白砂糖	65 ~ 75	蛋黄	45 ~ 55
酒石酸氢钾	0.5 ~ 1.0	牛奶或果汁	65 ~ 75
低筋小麦粉	100	盐	0.5 ~ 1.0
发粉	2.5 ~ 5.0	糖	70 ~ 100

戚风类蛋糕的面糊是乳沫类和面糊类两种不同的面糊分别调制再混合而成的，因此配方的制定不但要考虑这两种面糊本身的平衡，而且需考虑混合后的平衡。首先确定面糊类和乳沫类两者之间的平衡。面糊类以小麦粉 100% 为基准，油脂的用量等于蛋或少于蛋的 10%，发粉 2.5% ~ 5.0%，总水量包括牛奶、果汁等（不包括蛋黄）。果汁量需根据蛋糕的种类来确定。一般较大、较厚的蛋糕总水量在 65% 左右，而体积较小和用空心模具所做的蛋糕，总水量在 75% 左右。

因为所采用的都是新鲜带壳的鸡蛋，所以在使用时为了使蛋白和蛋黄能全部用于同一配方中，不致在同一配方中有蛋清或蛋黄剩余，以免造成浪费，原则上乳沫类中蛋清如果是100%，则在称量蛋清时按需要的蛋清数量称出，剩下的蛋黄就作为面糊部分的用量，不必再斤斤计较蛋黄的多少（一般鸡蛋中蛋清和蛋黄的比例为2∶1，即使有差别，也不会太多）。乳沫类蛋糕不像面糊类蛋糕，每样原料都要精确。

乳沫类部分通常都以蛋清100%为标准，但最高可用到200%。在戚风类蛋糕配方中，乳沫类部分只有蛋清、糖和塔塔粉三种原料，一般蛋清为100%，糖则为66%。蛋清在搅拌时配以其量的2/3的糖，这样打出来的蛋清韧性和膨胀性最佳。另外，再配以0.5%的塔塔粉，则完成了戚风类蛋糕乳沫类部分的配方平衡。

根据以上面糊类和乳沫类的分别配方再予结合便成为单一的配方。配方中总蛋量为150%，面糊类部分的糖应为70%左右，乳沫类部分糖的用量最多等于蛋，或少于蛋30%以下，无一定的用量标准，应视实际需要而定。根据经验，除了巧克力戚风蛋糕总糖量应用到170%左右外（也就是乳沫类部分66%，面糊类部分104%），其余的戚风类蛋糕都可用到135%（也就是乳沫类部分66%，面糊类部分69%）。小麦粉和油脂则列在面糊类部分。这样就完成了戚风类蛋糕初步的配方平衡。

戚风蛋糕的种类很多，除了巧克力戚风蛋糕在配方制定上应注意可可粉的使用，必须调整配方中的糖量和总水量外，其余如各种水果味戚风蛋糕只需依照标准配方视所采用水果的酸度，在总水量部分增减其果汁的用量，就可做出不同的水果戚风蛋糕。

2. 面糊调制

（1）蛋黄糊部分的搅拌　首先将小麦粉与发粉过筛，再把糖、盐混合均匀。然后把液体油、蛋黄、牛奶或果汁等依照顺序加入，用桨状拌打器中速搅拌几分钟至均匀即可。若无搅拌机，也可用手动拌打器来拌和均匀。

蛋黄糊部分的搅拌，关键是原料的投放次序，一定要按上述顺序，先加入液体油，再加入蛋黄、牛奶或果汁，这样小麦粉就不会结块。如果先加蛋黄或先加牛奶或果汁，都会使小麦粉粘在一起不易搅散，甚至结块，使烤好后的蛋糕内部有不均匀的生粉粒。

（2）蛋清糊部分的搅拌　蛋清糊部分的搅拌，是戚风类蛋糕制作的最关键步骤。

首先要求把搅拌缸、搅拌器清洁干净，无油迹。然后加入蛋清、塔塔粉，以中速打至湿性发泡，再加入细砂糖，打至干性发泡（即用手指勾起蛋清糊，蛋清糊可在指尖上形成一向上的尖锋）即可。

（3）蛋清糊与蛋黄糊的混合　先取1/3打好的蛋清糊加入到蛋黄糊中，用手轻轻搅匀。拌时手掌向上，动作要轻，由上向下拌和，拌匀即可。切忌左右旋转或用力过猛，更不可拌和时间过长，避免蛋清部分受油脂影响而消泡，导致制作失败。拌好后，再将这部分蛋黄糊加到剩余 2/3 的蛋清糊里面，也是用手轻轻搅匀，要求手掌向上。

两部分面糊混合好后，其性质应与高成分海绵蛋糕相似，呈浓稠状。如果混合后的面糊显得很稀、很薄，且表面有很多小气泡，则表明蛋清打发不够；或是蛋清糊与蛋黄糊两部分混合时拌得过久，使蛋清部分的气泡受到蛋黄部分里的油脂的破坏而导致消泡。此时，蛋糕的机体组织会受到影响。

如果蛋清糊部分打得太发，则混合时蛋清呈一团团棉花状，此时蛋清已失去原有的强韧伸展性，既无法保存打入的空气，也失去了膨胀的功能。混合时不拌散，会有一团团的蛋清夹在面糊中间，使烤好后的蛋糕中存在一块块的蛋清，而周围则形成空间，影响蛋糕品质。同时，也会因这些棉花状蛋清难以拌匀，往往需要较长时间拌和，而使面糊越拌越稀，使制作失败。

3. 装盘与烘烤

戚风类蛋糕可用各种烤盘盛装，但最好使用空心烤盘，这样容易烘烤、容易脱模。不论是何种烤盘，都不能涂油。使用其他烤盘时，必须垫纸，使纸挡住烤盘的边缘部分，支撑住整个面糊的重量，避免收缩。

装盘时的面糊量，只需为烤盘容量的一半或六分满即可，不可太多。因为戚风类蛋糕的面糊内液体用量较多，有较多量的蛋清起发，又有发粉或小苏打等化学疏松剂，故戚风类蛋糕的面糊在炉内的烘烤膨胀性较大。如果装得太满，多余的面糊会溢出烤盘，或在蛋糕上形成一层厚实的组织，与整个蛋糕的松软性质不相符合。

烘烤戚风类蛋糕坯时，一定要掌握好炉温，其原则是面火大，底火小或很小。一般烘烤平烤盘装的用来做蛋糕卷的蛋糕坯，面火为 170 ~ 180℃、底火为 130 ~ 150℃。

戚风类生日蛋糕底坯用的配方见表 4 - 14，戚风类蛋糕卷的配方见表 4 - 15。

表 4 - 14　　戚风类生日蛋糕底坯用的配方

原料	烘焙百分比/%	原料	烘焙百分比/%
低筋小麦粉	100	水	78
发粉	4	香兰素	少许
盐	3	蛋清	100
糖	85	醋精	少许
液态油	50	细砂糖	43
蛋黄	50		

注：取 1/3 蛋清糊加入到蛋黄糊中，用手混匀后，再把蛋黄糊倒入剩余 2/3 的蛋清糊中拌匀即可。

表 4 - 15　戚风类蛋糕卷的配方

原料	烘焙百分比/%	原料	烘焙百分比/%
低筋小麦粉	100	水	50
发粉	0.8	香兰素	少许
盐	1	蛋清	200
糖	50	糖	100
液态油	60	醋精	少许
蛋黄	100		

注：混合过程同生日蛋糕底坯。

[综合实训] 蛋糕加工技能

知识一　实训操作准备及流程

（一）实训项目名称

乳沫类蛋糕的加工、面糊类蛋糕的加工、戚风类蛋糕的加工。

（二）实训目的

通过本次实验，要求学生掌握各种蛋糕的生产工艺流程，了解物理膨松面团的物理膨松原理，掌握物理膨松面团的调制方法和烤制、成熟方法。掌握油蛋糕的制作原理、工艺流程和制作方法，以及清蛋糕和油蛋糕的区别等。

（三）实训要求

4～5 人为一小组，以小组为单位，从选择、购买原料及选用必要的加工机械设备开始，让学生掌握操作过程中的品质控制点，抓住关键操作步骤，利用各种原辅料的特性及加工中的各种反应，使最终的产品质量达到要求。

（四）材料与设备

（1）材料　小麦粉、水、糖、油、鸡蛋。

（2）设备　烤盘，牛皮纸，不锈钢面盆，打蛋机，台秤，烤箱，油刷及竹刮等，钢勺，蛋糕模，铲刀，面筛，注水器，裱花用具（裱花嘴、裱花布袋、裱花架）等。

（五）工艺流程

面糊调制→装盘（装模）→烘烤→冷却→成品

（六）典型蛋糕操作

1. 清蛋糕操作实例

（1）海绵蛋糕（瑞士卷）（表 4 - 16）

表 4－16 瑞士卷配方

原料名称	烘焙百分比/%	质量/g
鸡蛋	250	2500
糖	100	1000
牛奶	20	200
蛋糕油	10	100
蛋糕专用粉	100	1000
食盐	1	10
色拉油	20	200

制作过程：

①鸡蛋、糖、1/3 牛奶搅至糖全部溶化。

②慢速加入蛋糕油、蛋糕专用粉、食盐后，快速加入剩余 2/3 牛奶，然后改慢速搅拌 12min。

③最后慢速拌入色拉油，拌匀为止。

④入模烘烤：面火 200～220℃、底火 180～190℃，烘烤 20min。

⑤脱模、冷却、成型。

（2）鸡蛋糕（表 4－17）

表 4－17 鸡蛋糕配方

原料名称	烘焙百分比/%	质量/g
鸡蛋	250	2500
白砂糖	120	600
鲜奶	40	200
蛋糕油	8	40
吉士粉	15	75
糕点粉	100	500
色拉油	20	100

制作过程：

①将鸡蛋、白砂糖、鲜奶搅拌至糖溶化。

②加入蛋糕油快速搅 34min。

③加入吉士粉、糕点粉（过筛）快速搅拌均匀。

④最后慢速加入色拉油拌匀。

⑤烤盘内擦油，上铺白纸后注入浆料。

⑥烘烤：面火 180～200℃、底火 200～230℃，烘烤 10～15min。

（3）注意事项

①鸡蛋一定要新鲜，选取新鲜的鸡蛋制得的蛋糊黏性好、持气性强、制品膨松。

②面粉与蛋液、白砂糖的比例要适当。

③所有用具必须清洁，不宜粘有油脂，也不宜用含铅质的用具。否则，由于油脂的消泡作用，影响制品的膨松度，同时也要防止盐、碱等破坏蛋清胶体稳定性的杂质掺入。

④搅拌时要边搅边拌，动作要轻，拌匀即成，不宜加水或过度搅拌，否则易生成面筋。

⑤搅拌要适度。搅拌不足，则充入气体不足；搅拌过度，则会破坏胶体，蛋液出现“泻水”现象，制品体积不大、不松软。

⑥加入小麦粉时要慢速搅拌，时间不宜过长，否则会起面筋，造成制品干硬现象发生。

⑦烤箱一定要事先预热好，烤箱温度不宜过高或过低。

⑧调好的蛋糊要及时入模烘烤，并且在操作中避免振动。防止蛋糊“跑气”现象出现。

2. 典型重成分面糊类蛋糕操作实例

（1）重成分面糊类蛋糕（表 4－18）

表 4－18　重成分面糊类蛋糕配方

原料名称	烘焙百分比/%	质量/g
蛋糕专用粉	100	1000
鸡蛋	115	1150
黄油	100	1000
细砂糖	100	1000
蛋糕油	0～3	30

制作过程：

①将配方中所有材料置于搅拌缸中，先慢速 1min，再高速 8～10min，最后慢速 1min。

②入模，烘烤：面火 220℃、底火 180℃，待表面着色后，用利刀划开顶部，同时将烘烤温度调至 160～180℃，烘熟为止。

③出炉、脱模、冷却。

（2）香蕉蛋糕（表 4－19）

表 4－19 香蕉蛋糕配方

原料名称	烘焙百分比/%	质量/g
糖粉	80	400
酥油	50	250
香蕉（去皮重）	180	925
鸡蛋	60	300
低筋面粉	100	500
泡打粉	2	10
小苏打	2	10

制作过程：

①将糖粉、酥油混合，用球状桨打发。

②香蕉切片分次慢慢加入打发。

③鸡蛋分次慢慢加入打发。

④拌入过筛的低筋面粉、泡打粉、小苏打拌匀。

⑤入模、烘烤：面火 200℃、底火 180℃，着色后改为面火 150℃、底火 180℃，烘烤 30min。

（3）注意事项

①调制蛋糊时一定要将其打发到一定程度再加入鸡蛋。

②烘烤时面火不能太高，否则蛋糕表面结壳过早，不易“开花”。

3. 典型戚风蛋糕操作实例

（1）戚风蛋糕（表 4－20）

表 4－20 戚风蛋糕配方

原料名称	烘焙百分比/%	质量/g
鸡蛋	650	1300
细砂糖	20	400
塔塔粉	6	12
水	97.5	195
色拉油	130	260
食盐	4	8
糖粉	100	200
低筋面粉	225	450
淀粉	10	20
牛奶香粉	7.5	15
泡打粉	4	8

制作过程：

①将蛋黄、水、色拉油、食盐、糖粉搅匀后，加入低筋面粉、淀粉、牛奶香粉、泡打粉搅匀备用（A 料）。

②将蛋清、细砂糖、塔塔粉快速搅至中性发泡（B 料）。

③取 B 料液 1/3 拌入 A 料后，再加入剩余 2/3B 料混匀。

④入模至 3/4 高度。

⑤烘烤，面火 180℃、底火 150℃，烘烤时间 35min。

（2）戚风蛋卷（表 4－21）

表 4－21　戚风蛋卷配方

原料名称	烘焙百分比/%	质量/g
细砂糖	30	300
色拉油	50	500
牛奶	50	500
低筋面粉	100	1000
泡打粉	0.8	8
蛋黄	150	1500
蛋清	180	1800
塔塔粉	2	20
细砂糖	100	1000
食盐	1	10

制作过程：

①细砂糖、色拉油、牛奶拌匀。

②低筋面粉、泡打粉过筛后拌匀加入，再加入蛋黄拌匀至面糊细腻。

③蛋清中速打至湿性发泡，再加入塔塔粉、细砂糖、食盐打至干性发泡。

④将面糊与打发的 1/3 蛋清混合，再加入到剩余蛋清中拌匀。

⑤倒入烤盘刮平表面，面火 180℃、底火 150℃至烤熟。

⑥脱模冷却后，抹奶油卷起。

知识二　实训操作评价

（1）准备工作　能发现并解决卫生问题；能进行原、辅料预处理；检查设备运行是否正常。

（2）面糊调制　能按产品配方计算出原辅料实际用量；能根据产品配方和工艺要求解决搅拌过程中出现的一般问题；能使用 5 种方法进行调制。

（3）装盘（装模） 烤盘内壁涂一层薄薄的油层，戚风蛋糕不涂；在涂过油的烤盘上垫上白纸或撒上小麦粉，以便出炉后脱膜；蛋糕面糊的装载量应与蛋糕烤盘大小一致。

（4）烘烤 面糊调制前将烤箱预热；烤盘尽可能放置在烤箱中心部分，烤盘各边不应与烤箱壁接触；在烘烤操作时灵活控制好温度和时间，另外根据含糖量和其他材料的不同，以及烤箱自身的条件来控制；检测时可用手指轻轻按蛋糕表面或将牙签轻轻插入，若表面硬实则应再烤一下，反之则说明已烤好，应立即取出。

（5）冷却 油蛋糕烤熟后，应在烤箱内放置10min左右，热度散去后取出，制作好的蛋糕最好放置在冰箱中储存。

（6）成品 制作好的蛋糕可根据自己的需要存放好。

知识三 产品主要考核要点

蛋糕的品质评定包括体积、表皮颜色、外表形状、焙烤均匀程度、表皮质地，颗粒、内部颜色、香味、味道、组织结构等几个部分。现将内外两部分考核细则说明如下。

1. 蛋糕外部评价标准

（1）体积 烤熟的蛋糕必须要膨胀至一定的程度。膨胀过大，面包多孔而过分松软；膨胀不够，会使组织紧密、颗粒粗糙。

（2）表皮颜色 正常的表皮颜色应是棕黄色或金黄色。

（3）外表形状 蛋糕成品形态要规范，薄厚都一致，无塌陷和隆起，不歪斜。

（4）焙烤均匀程度 蛋糕应具有金黄的颜色，顶部稍深而四周及底部稍浅。如果出炉后的蛋糕上部黑而四周及底部呈白色，或者底部颜色太深而顶部颜色浅，都说明颜色都不均匀。

（5）表皮质地 良好的蛋糕表皮应该薄而柔软。

2. 蛋糕内部评价标准

（1）颗粒 蛋糕的颗粒是指断面组织的粗糙程度及面筋所形成的内部网状结构，焙烤后外观近似颗粒的形状。此颗粒不但影响蛋糕的组织，更影响蛋糕的品质。烤好后蛋糕内部的颗粒也较细小，富有弹性和柔软性，蛋糕在切片时不易碎落。

（2）内部组织 组织细密，蜂窝均匀，无大气孔，无生粉，无糖粒，无疙瘩等，无生心，富有弹性，膨松柔软。

（3）口感 入口绵软甜香，松软可口，有纯正蛋香味，无异味。

3. 卫生

成品内外无杂质、无污染、无病菌。

知识四　蛋糕加工常见问题分析

1. 出现蛋糕面糊搅打不起的现象

（1）原因　因为蛋清在 17～22℃的情况下，其胶黏性维持在最佳状态，起泡性最好，温度太高或太低均不利于蛋清的起泡。温度过高，蛋清变得稀薄，胶黏性减弱，无法保留打入的空气；如果温度过低，蛋清的胶黏性过大，在搅拌时不易拌入空气，所以会出现浆料搅打不起的状况。

（2）解决办法　夏天可先将鸡蛋放入冰箱冷藏至合适温度，而冬天则要一边搅拌面糊、一边在缸底加温水升温，以便达到合适的温度。

2. 蛋糕膨胀体积不够

（1）原因

①鸡蛋不新鲜，配方不平衡，柔性材料太多。

②搅拌时间不足，浆料未打起，面糊相对密度太大。

③加油的时候搅拌得太久，使面糊内空气损失太多。

④面粉筋力过高或慢速拌粉时间太长。

⑤搅拌过度，面粉稳定性和保气性下降。

⑥面糊装盘数量太少，未按规定比例装盘。

⑦进炉时炉温太高，上火过大，使表面定性太早。

（2）解决办法

①尽量使用新鲜鸡蛋，注意配方平衡。

②搅拌要充分，使面糊达到起发标准。

③注意加油时不要一下倒入，拌匀为止。

④如面粉筋力太高，可适当加入淀粉搭配。

⑤打发好为止，不要长时间搅拌。

⑥装盘分量不可太少，要按标准操作。

⑦进炉炉温避免太高，避免开炉门和受到振动。

3. 蛋糕在烘烤的过程中出现下陷和底部结块现象

（1）原因

①冬天相对容易出现，因为气温低，部分材料不易溶解。

②配方不平衡，面粉比例少，水分太少，总水量不足。

③鸡蛋不新鲜，搅拌过度，充入空气太多。

④面糊中柔性材料太多，如糖和油的用量太多。

⑤面粉筋力太低，或烤时炉温太低。

⑥蛋糕在烘烤中尚未定型，因受振动而下陷。

（2）解决办法

①尽量使室温和材料温度达到适宜温度。

②配方要平衡和掌握好。
③鸡蛋保持新鲜，在搅拌时注意别打过度。
④不要用筋力太低的面粉，特别是掺淀粉的时候要注意。
⑤蛋糕在进炉后的前 12min 不要受振动。

4. 海绵类蛋糕表皮太厚

（1）原因

①配方不平衡，糖的使用量太大。
②进炉时面火过大，表皮过早定型。
③炉温太低，烤的时间太长。

（2）解决办法

①配方中糖的使用量要适当。
②注意炉温，避免进炉时面火太高。
③炉温不要太低，避免烤制时间太长。

5. 蛋糕内部组织粗糙，质地不均匀

（1）原因

①搅拌不当，有部分原料未溶解，发粉与面粉未拌匀。
②配方内柔性材料太多，水分不足，面糊太干。
③炉温太低，糖的颗粒太粗。

（2）解决办法

①注意搅拌程序和规则，原料要充分拌匀。
②配方中的糖和油不要太多，注意面糊的稀稠度。
③糖要充分溶解，烘烤时炉温不要太低。

6. 蛋糕表面出现斑点

（1）原因

①搅拌不当，部分原料未能完全溶解和搅拌均匀。
②泡打粉未拌匀，糖的颗粒太粗。
③面糊内总水分不足。

（2）解决办法

①快速搅拌之前，一定要将糖等原料完全拌匀溶解。
②泡打粉一定要与面粉一起过筛，糖尽量不要使用颗粒太粗的。
③注意加水量。

思考题

1. 简述蛋糕面糊糖油拌和法和小麦粉油脂拌和法的调制过程和产品特点。
2. 简述重奶油蛋糕配方制定的原则。
3. 写出一步法、分步法海绵蛋糕生产工艺和产品特点。

4. 简述海绵蛋糕制作工艺要点。
5. 简述戚风蛋糕的配方制定原则。
6. 简述戚风蛋糕面糊制备时的工艺要点。

模块五　其他焙烤食品加工技术

［**学习目标**］

掌握各类面团的调制方法，掌握典型的中西式糕点的加工及生产技术。

［**案例导入**］

一、苏式月饼焙烤食品实训操作及评价

苏式月饼制作方法与众不同，它不添加膨松剂，皮层酥松，色泽美观，馅料肥而不腻，口感松酥，馅料中不加水分，易于保存。下面对苏式月饼制作工艺作以简单介绍：

（1）制皮酥　制皮酥有大包酥和小包酥两种，现以每500g月饼6只计算，皮、酥以5kg为单位（即60只成品），取皮1.6kg，酥0.78kg；素黑麻椒盐月饼取皮1.45kg，酥0.61kg。大包酥：将油酥包入皮料，用滚筒压成薄皮（0.66cm厚），折成圆形长条，用刀切成10块，再将小块的两端刀痕处，折向里边，用手掌按成薄匀形即可包馅，但酥包入皮内用滚筒擀薄时，不宜擀得太窄太短，以免皮酥不匀，影响质量。

小包酥：将皮料与油酥料各分10小块，油酥逐一包入皮料，用滚筒稍稍压延后卷折成团，再用手掌按成薄饼形，即可包馅。

（2）包馅　将馅逐块包入皮酥内即成，但猪油夹心月饼需先取豆沙馅按薄置于皮酥上，再取猪油丁、桂花等混合料同时包入皮酥内。

（3）成型　馅料包好后，在皮酥的封口处，贴上方形小纸，压成1cm厚的扁形生饼坯。重量以每500g 6只计算，每只重量约为90g；每500g 4只或12只也可以此类推。为了分辨各种馅料的月饼，一般在月饼的生球上盖上各种名称的印章。

（4）烘焙　一般烘焙时间为6～7min，主要是根据炉温而定，温度过高易焦，过低要跑糖露馅。鉴定月饼是否烘熟，一般凭眼力观察。熟则饼面松酥，起鼓状外凸，饼边圆周呈黄白色，起酥：如饼面不起鼓，稍有凹进状态，饼边圆周呈黄绿色，不起酥皮，则表示未完全烘熟。

（5）保藏　盒装之前需完全冷却，轻拿轻放，远销时月饼外面包蜡纸或其他包装纸。

准备工序包括：①准备工作；②预调；③调粉；④加水、糖煮沸倒入容器；⑤加入剩余物料；⑥烘烤。

二、焙烤食品主要考核要点

（1）外表形状；

（2）表皮颜色；
（3）表皮质地；
（4）味道；
（5）口感；
（6）卫生。

项目一　概　　述

焙烤食品的种类很多，除了前几章所讲的面包、饼干、蛋糕以外，还有许多中西式糕点。糕点是以小麦粉、食糖、油脂、蛋品、乳品、果料及多种子仁等为原料，经过调制成型、熟制装饰等加工工序，添加或不添加添加剂，制成的具有一定色、香、味的一种食品。糕点的种类繁多，可分为中式糕点和西式糕点。如中式糕点中的月饼、桃酥、蛋黄酥等，西式糕点中的苹果派、蛋塔等，都是典型代表。

中式焙烤食品是从中式糕点中分离出来的，它是指采用焙烤的方式来熟制的一类中式点心。而我们所说的中式糕点是指利用小麦粉、米粉及其他杂粮粉调成面团制作的面食小吃和正餐筵席的各式点心。我国幅员广阔，民族众多，各地气候、特产以及人们饮食习惯的不同，使中点制作在选料、口味、制法上，形成了不同的风格和浓厚的地方特色。人们通常把中点分为“南味”、“北味”，具体又分为“广式”、“苏式”、“京式”。“广式”是指珠江流域及南部沿海地区所制作的面点，以广州为代表。其特点是糖油用量大，选料考究，制作精细，口味香甜软润。其主要品种有：广式月饼、椰蓉酥等。“苏式”是指长江下游、江浙一带所制作的面点，以江苏为代表。其特点是用料考究，使用较多的糖油、果料和天然香料，多为酥皮包馅类，甜咸并重。其代表品种有：苏式月饼、杏仁酥、云片糕等。“京式”泛指黄河以北的大部分地区所制作的面点，以北京为代表。其特点是油多糖少，造型美观精致，产品表面多有纹印，甜咸分明。其代表品种有：京八件、提浆月饼、核桃酥等。

西式糕点，在19世纪末、20世纪初传入我国，起初只有沿海几个主要城市才有出售，厂商也都是些外国人。到了20世纪50年代已基本普及全国，尤其是最近几年，面包店、西饼店、蛋糕店如雨后春笋般地在各地开花，极大地方便和丰富了人们的日常生活。

西式糕点的特点在于其用料讲究，加工精细，造型别致，花式繁多，美观大方，富有营养。西点同样也有各自的流派，其中较有代表性的有：德式、法式、俄式、英式、意式等。

在20世纪80年代以后，随着中国经济的改革和对外开放的发展，中式糕点，尤其是中式焙烤制品，以及西式糕点，在我国都取得了长足的进步。

项目二　各类面团的调制

知识一　面团调制的作用与分类

面团的调制前面章节中已经讲过一些，但本章使用的面团种类较多，因而更详细讲述一番。

面团是指用各种粮食的粉料或其他原料，加入适当的水、油脂、蛋、糖等介质，经过调制，使原料形成的一个整体的团块状，满足于一定的工艺要求。

面团的调制是指对原料按一定的要求，采用传统技法，或者采用调粉机搅拌，调制成适合各类糕点制作所要求的不同性质面团的整个过程。其中传统技法包括和面、揉面、擦面。行业中常说“点心入门先调面”，这说明调制面团既是面点制作的第一道工序，也反映了调制面团的重要性。

1. 面团调制的作用

面团调制是糕点制作的主要工序。将各种原料混合在一起，只有经过适当的调制，才能成为面团。面团调制的好坏，对面点的色、香、味、形有直接的影响。

面团调制具有以下作用。

（1）发挥原料应起的作用　糕点制作需要多种原料，只有根据工艺要求，将各种原辅料均匀地混在一起，才能相互接触，产生预期的效果。

（2）形成不同性质的面团　糕点制品具有很多质地特色，如酥、松、软、筋道等。通过面团的调制可改变原料的物理性质，如可塑性、延伸性、韧性、弹性等，形成适合各类糕点所要求的不同性质的面团，如油酥类制品要求制品有酥松的效果。

（3）便于点心的成型　只有将原料调和后使其具有可塑性、延伸性、弹性等相关物理性状，才能制作出千姿百态的各式点心。

2. 面团的分类

面团的分类方法多采用以下两种。首先根据面团的主要原料进行分类，可分为麦粉类面团、米粉类面团和其他类面团。其次根据调制面团的介质进行分类，可分为水调性、膨松性、油酥性及特殊性四类。

水调性面团是指由粮食粉料与水混合形成的具有某种特性的面团，根据水温的差异又可分为冷水面团、热水面团及温水面团。

膨松性面团是指调粉时加入了膨松性原料而形成的具有膨松性质的面团，可分为三种，即生物膨松面团、化学膨松面团、物理膨松面团。

油酥性面团是指主料与较多的油脂混合形成的面团。

特殊性面团是指上述三种以外的面团，如澄粉面团等。

知识二　面团调制的原理

面团的种类虽然很多，但它们的形成原理，不外乎包括以下四种作用，即蛋白质胀润作用、糊化作用、吸附作用、黏结作用。

1. 面团调制的原理

（1）内在条件　中点制作所用的主要原料为小麦粉。小麦粉中含有蛋白质、脂肪、碳水化合物等成分。面团之所以具有韧性、延伸性、可塑性等工艺性能，是因为小麦粉中的蛋白质、淀粉具有能与水结合的内在条件。

（2）外在条件

调制使各种原料充分分散和均匀混合，使各成分相互接触，并发生预期的反应。

面团胀润的过程就是通过调制，加速小麦粉吸水而形成面筋，促进面筋网络形成的过程，也是逐步使游离水变为结合水的过程。经过调制的面团可以明显地感到面坯逐渐变软，黏性逐渐减弱，体积随之膨大，弹性不断增强。

2. 工艺因素对面团物理性质的影响

（1）原料添加的顺序　原料添加的顺序对面团的工艺性能有很大的影响。一般情况下是将水和其他辅助原料，如油脂、糖、蛋等先拌和均匀，再投入小麦粉，以形成均一的、满足于质量要求的面团。

（2）调制的时间和速度　调制时间对面筋形成及面团的弹性、韧性、延伸性均有一定的影响。调粉速度对物料的混合状况及面筋筋力都有一定的影响。

（3）静置时间　静置可使面团消除张力，降低黏性，并使表面光滑，同时还可提高面团的延伸性。因此调好了的面团一般要进行醒面，也就是将面团静置15～20min，以利于继续水化，并达到消除张力的目的。但静置的时间也不能过短或过长。过短，不利于面团的延伸；过长，面团的外表发硬，内部软烂，不易成型。

3. 面团的调制方法

面团的调制目前多采用和面机、调粉机来进行，但传统的手工技法，如和面、揉面也是需要了解的。

（1）配料的基本要求　配料的过程主要从以下几个方面考虑：首先确定品种，在此基础上，确定添加的原辅料的种类、数量及投料顺序。其次要考虑所使用的原料要既卫生又富有营养。再者要入乡随俗，也就是要按当地人的口味、风俗来确定原辅料，并且还要考虑到原料的来源问题，最好能就地取材，这样既降低了成本，也符合当地人的口味。

（2）调制面团法　分为传统的手工调制面团法和机器和面法。

传统的手工调制面团法是指通过和面、揉面这两项基础操作，调制出适合各类面点所需要的面团的基本方法。虽然在焙烤食品中多采用机械操作，但传统技法在生产特色产品以及在许多点心坊里还是一直在沿用，对此也需要有一个全面的了解和掌握。

机器和面法是采用和面机或调粉机将小麦粉加工成面团的方法。其原理是当机器工作时，其搅拌桨能够将小麦粉、水等原辅料拌和均匀，再经反复的挤压、揉捏作用，蛋白质吸水形成面筋网络，添加的其他辅料均匀分散到蛋白质骨架中，形成面团。机器和面的五个阶段主要是：拌和阶段、吸水阶段、结合阶段、过度阶段和破坏阶段。

知识三　油 酥 面 团

油酥面团是指以油酥和小麦粉为主调制成的面团。其品种繁多，要求不一。用油酥面团制作的食品具有质地疏松、口味酥香、营养丰富、色泽美观的特点。

1. 油酥面团起酥的原理

油酥面团的成团和起酥都与油脂的性质有关。由于油脂具有一定的黏性和表面张力，渗入小麦粉内，小麦粉颗粒就被油脂包围而黏结在一起。因油脂的表面张力强，不易化开，故油脂与小麦粉结合不紧密。但经过反复“摩擦”以后扩大了油脂与小麦粉颗粒的接触面，即充分增强了油脂的黏性，使其黏结小麦粉的能力逐渐加强，从而与小麦粉结合成为面团。这就是油酥面团必须经“擦”制成团的原理。但油酥面团的小麦粉颗粒与油脂颗粒并没有真正结合起来融为一体，所以，油酥面团仍然比较松散，没有黏性，没有筋力。油酥面团具有起酥性还有以下两个原因：一是小麦粉颗粒被油脂颗粒包围隔开，小麦粉颗粒间的距离扩大，空隙中充满了空气，空气受热膨胀，使制品疏松。二是小麦粉颗粒吸不到水分，不能胀润，加热时更容易变脆。因此，全用油脂调制的面团虽具有良好的起酥性，但面团疏松，不易擀开，加热即散，无法利用，必须加入其他原料或采用其他的方法与之配合。这就形成了加水、糖和疏松剂等调制的单酥面团，包入其他面皮类的炸酥与水油酥结合的酥皮，以及与水面结合的擘酥等各种油酥面团。因为单酥面团与化学膨松面团的制法相同，炸酥的制法较为简单，所以这里只介绍酥皮面团和擘酥面团的调制方法。

2. 油酥面团的调制方法

（1）酥皮面团的调制

①调制面团：酥皮面团大体可分为三种，即水油面团、酵面团和蛋面团，种类不同，制法基本相同。这里着重介绍水油面团和干油酥的调制方法。

水油面团调制法是用小麦粉加水和油脂调制。这种方法，第一，使酥皮面团具有成型包捏的条件；第二，与干油酥互相间隔起到分层和起酥的作用；第三，将干油酥层层包住，解决干油酥熟制时散碎的问题。水油面团调制方法与水调面团相同。和面时一般将油脂与水同时加入，并充分打匀，融合，然后与小麦粉混合，搅打成团，水的温度一般以 30 ~ 40℃ 为宜，并根据气候不同灵活掌握。为了使水油面团既具有水调面团的性质又具有油酥面团的特点，在调制时要注意三点。首先必须正确掌握小麦粉、水、油脂的分配比例。其烘焙百分比为：小麦粉100%、水50%、油脂25%。每500g小麦粉约掺入水250g、油脂125g，用油脂量过多，将影响其与干油酥之间的分层作用，并使酥皮容易散碎或破漏；用油量过少，则制出的酥皮僵硬不酥松。第二，面团要反复揉搓或搅打，揉匀揉透，否则制出的成品容易产生裂缝。第三，面团揉好后，要盖上干净的湿布或调整存放地点的相对湿度，以防止面团干裂结皮。

干油酥是用油脂"擦"制而成的，它在酥皮面团中的作用是：第一，作为酥心，与水油面层层间隔形成层次和起酥。第二，使制品熟制后松发酥香。其调制方法与一般面团不同，包括传统法和和面机法两种。传统法是指采用"擦酥"的方法，具体做法是：油掺入面粉后，拌匀，放在案板上，用双手的掌根一层层地向前推擦，擦成一堆后，再滚到后面，摊成团，仍旧反复推擦，直到用双手接触面团时产生弹性为止，这是干油酥调制常用的一种方法。而和面机法，是先将油倒入和面机内，再将小麦粉倒入，搅拌约2min，停机将面坯取出，然后再将面坯分块，用手使劲擦透为止。在制作干油酥的过程中，要注意反复擦透，增加制品的润滑性和黏性。其次要掌握小麦粉与油脂的配料比例。一般以每500g小麦粉掺入油脂250g为宜，但也要根据季节、小麦粉的质量等因素作适当的调整。第三，干油酥的调制一定要用凉油，否则面团松散。第四，合理地选择"擦酥"用油。一般选择猪油、精炼猪油或者起酥油，用它们擦制的干油酥，一般成片状。第五，干油酥的软硬度与水油面的软硬度应基本一致。第六，调制干油酥一般用生小麦粉，但也有用熟面粉的，原因在于小麦粉熟制的过程中，蛋白质发生了变性，制作干油酥时不易形成面筋，起酥效果更好。

②包酥：包酥又称开酥。即以水油面作皮，干油酥作心，将干油酥包在水油面团内制作成酥皮的过程。

包酥的方法：包酥是制作酥皮食品的关键，对产品的质量影响很大。一般分大包酥和小包酥两种，大包酥又称大酥，制作较易、速度快、效率高，缺点是酥层不匀、质量稍差，适于大批生产一般油酥制品。制作时先将油酥包入水油面团内，封口按扁，擀制成短薄片，卷成适当粗细的条，再根据制品的定量标准进行分割。小包酥，酥层均匀、层次多、皮面光滑、不易破裂，但较费时、速度慢、效率低。小包酥适合于制作特色糕点。小包酥又称小酥，既可用卷的方法也可用叠的方法制作。卷的制法与大包酥制作方法基本相同，只是量少些。制作时先将干油酥包进水油面团中，收口按扁，擀制成薄长片，从外向里卷成圆筒形，卷时要紧而匀，粗细一致。卷好后，即可按照制品要求切成或揪成面剂。叠的方法是每次叠成三层，然后再擀薄，一般反复三次，擀至0.7cm左右厚度时，即可用刀切成按规格需要的坯皮。包酥时应注意，第一，水油面与干油酥的比例要适当，一般情况下，水油面占60%，干油酥占40%或各占50%，具体比例可根据品种的要求、气候条件、制作的技术等具体情况而定。第二，包酥时应注意使水油面皮的四周厚薄均匀，将干油酥包在正中间，防止收口过厚或过薄，致使擀制时破漏和干油酥分布不匀。第三，擀制时从中间往四周擀，用力要轻重适当，使薄片厚薄一致，且尽量少用扑面，卷条时要尽量卷紧。第四，起酥后，制成的面剂要用洁净湿布盖上，防止外皮起壳而影响成型，一般应边起酥边成型。

③酥皮的种类和制法：为了适合各种油酥制品的质量和特色要求，酥皮又分为明酥、暗酥、半暗酥三种。

a. 明酥：凡是制品的酥层能明显呈现在表面的都称作明酥。酥层的形式因起酥的方法如采用卷或叠的方法和刀切方法（直切或横切）的不同而不同。一般有螺旋纹形和直线纹形两种，前者称圆酥，后者称直酥。圆酥就是将起酥时卷成的圆条横切成小段，刀切面向上，使圆形纹露在外面，如酥盒子、眉毛酥等都属于圆酥制品。直酥是将卷或叠制的酥条直切成两半，再横切成段，刀切面向上，使直线纹露在外面，如马蹄酥、燕窝酥等都属于直酥制品。在操作中应注意，第一，起酥要整齐，也就是说卷条要粗细适当，卷紧卷齐，切面剂时下刀要快。第二，明酥制品大多包有馅心。因此，在制作坯皮时要按圆，从中间向外擀。第三，包馅时将坯皮的酥层清晰的一面朝外，包馅后收口要严，且可在收口处涂些蛋液，以增加黏性。另外，要掌握好焙烤时所用的温度，防止开裂。

b. 暗酥：从制品表面看不出层次，必须在制品成熟后切开才能看到层次的酥皮。暗酥可分为两种，一种是将擀好的薄片卷紧成条，光面朝下，制成坯皮，然后包馅成型；另一种是将包好干油酥的面团叠擀成厚薄适当的椭圆形坯皮，再改刀成符合制品要求的小型坯皮，然后包馅成型。暗酥的酥层藏在制品内部而不外露，熟制时，因内部油酥受热熔化，气体向外散逸，故胀发性大。暗酥在酥层类制品中用途较广，其质量要求是内部层次清晰，层次多而且要匀，外皮不破，酥层不漏。在操作中要注意：第一，干油酥在水油面内分布均匀，擀皮时厚薄适当，卷条时要卷紧卷齐，边缘整齐。第二，根据品种特色选择卷酥或叠酥。第三，要正确掌握烤制时的温度，炉温一般以 160～220℃ 为宜。

c. 半暗酥：即制品表面一半为明酥一半为暗酥的酥皮。半暗酥一般采用大包酥卷条的起酥方法，分割后将光面朝下，用手斜向约 45°角压扁，制成一半漏酥、一半不漏酥的圆皮，然后包馅成型。

（2）擘酥面团　擘酥面团也称水面皮层酥面团，是由两块面团组合而成。一块是用黄油或猪油掺小麦粉调制的油酥面团，另一块是由小麦粉、水、蛋以及少许糖或少许盐等原料调制的水调面团。以水面作皮面，油酥面作心面，经起酥而形成水面皮层酥面团。水面皮包括两种：一种是水与小麦粉调制而成，另一种是以水、蛋与小麦粉调制而成，多称为蛋水面皮。水面皮层酥面团中主要使用的就是蛋水面皮，由于它是广式面点擘酥中最常用的一种坯皮故又称擘酥皮。擘酥类制品的特点是饼皮分层非常酥，入口酥化。擘酥面团的调制包括以下几个步骤：首先调制干油酥，将冷却凝结的猪油或黄油掺入少量小麦粉，揉搓均匀，压成块，放入冰箱内冷冻4～6h，至油脂发硬成为硬中带软的结实板块状，即为油酥面。其次进行水面调制，水面调制与冷水面团相同，但加料较多，如加鸡蛋、白糖等，平均每500g小麦粉加鸡蛋100g、白糖35g、清水225g，拌和和用力揉搓至面团光滑、形成面筋为止，同样也放入冰箱冷冻。擘酥面团采用叠酥起酥的方法，先将冻硬的干油酥取出，平放在案板上，擀压成适当厚薄的矩形块，再取出水面，也擀压成与干油酥同样大小的块，然后将干油酥重合在水面上，折叠三次，每次折成四折，最后擀成矩形块，置于冰箱内冷冻0.5h即可。擘酥面团的起酥方法也可以采用开酥机来压制，擀压要轻而匀，油酥面和水面的软硬应当一致，否则易形成分层开裂的现象。

知识四　水 调 面 团

水调面团，即小麦粉掺水，有时也加入少量食盐、食碱等调制的面团。在中点行业里多称为“呆面”、“死面”。由于添加的水温度不同，面团的性质、特点和用途也不同。冷水面团筋力大，韧性强，颜色白。热水面团筋力小，黏性大，色泽暗。温水面团的特点介于两者之间。

1. 冷水面团

小麦粉用冷水调制时，蛋白质的亲水性基团吸水形成面筋。面筋蛋白吸水后的胀润作用，随着温度升高而增加，其最大胀润温度为30℃。

调制时要注意，首先水温要适当，必须使用冷水，即使冬季也只能用30℃以下的微温水。其次要使劲揉搓或高速搅拌，直至面团十分光滑，不粘手或器具，才能形成致密的面筋网络。再次要注意加水的量，一般小麦粉和水的比为2:1，并要分次掺入。同时和好的面团要经过静置醒面15min左右，并要控制好醒面场所的相对湿度，防止面团风干结皮。但有时当小麦粉中的面筋蛋白含量过高时，会造成面筋筋力过强，此时可采用掺入淀粉或加少量热水和面，以及采用和面时和软一些的方法加以改善。

2. 热水面团

调制热水面团的温度大多都在90℃左右，当水温达到100℃时称为开水面团。手工制作时要经过下粉、浇水、拌粉、揉团、散发热等过程。机器调粉时要先低速，再中速搅拌。调粉时要注意加水量准确，并且一次性加入，同时热水要浇匀。在揉团前要先洒些冷水，然后揉成团块状。当面团和好后要切成小块，使热气散发，当面团凉透后进一步揉匀，否则会造成制品结皮，而且表面粗糙、开裂。

3. 温水面团

温水面团调制方法与冷水面团相似，调制中需要注意一是水温要准确，以50℃左右为宜。二是要散尽面团中的热气。

知识五 膨松面团

膨松面团是指在面团调制过程中加入适当的填充物或运用特殊的方法，使面团组织产生孔洞，产生膨大疏松效果的面团。利用膨松面团制得的焙烤产品，如面包、蛋糕等，都具有松软适口的特殊风味。这种面团一般分为三类，分别是酵母膨松面团、化学膨松面团和物理膨松面团。

1. 酵母膨松面团

酵母膨松面团又称生物膨松面团，它是利用生物疏松剂——酵母使面团膨胀疏松的方法。在发酵的过程中，酵母使面团膨松，原因在于酵母利用面团中的糖发酵，生成了 CO_2，使面团膨松。在发酵的过程中，还有其他风味物质的积累，从而使酵面制品产生浓郁的芳香。同时，在发酵过程中，面团中的淀粉、蛋白质发生了复杂的生物化学变化，这些生成物既可以提高面筋的弹性和延伸性，同时也为面团风味物质的产生提供相应的条件。面团的发酵原理详见模块二。

2. 化学膨松面团

化学膨松面团是将一些化学疏松剂掺入面团内，其在加热条件下发生化学反应，产生 CO_2 气体，从而使制品具有膨松、酥脆的特点。如焙烤制品中常见的饼干、桃酥类制品即是采用这种方法。所使用的化学疏松剂主要有两类：一类是小苏打、氨粉、发酵粉等；另一类是矾碱盐，但在矾碱盐里含有铝，过量食用含铝的食物有害于人体健康，特别是容易引起老年性痴呆症，所以说对矾碱盐类尽量不要使用。

化学膨松的原理：化学疏松剂膨松的原理，都是在受热的时候产生化学反应，从而产生大量的 CO_2 气体，使制品内部结构形成酥松多孔的组织，并使制品膨大。虽然疏松剂的种类很多，加热过程中都能产生 CO_2 气体，但由于各自的化学成分不同，因而反应的形式也不同。现列举常用疏松剂受热后的化学反应式如下：

小苏打： $2NaHCO_3 \xrightarrow{加热} Na_2CO_3 + CO_2\uparrow + H_2O$

氨粉： $NH_4HCO_3 \xrightarrow{加热} NH_3\uparrow + CO_2\uparrow + H_2O$

发酵粉：小苏打加酒石酸氢钾

$$NaHCO_3 + HOOC(CHOH)_2COOK \xrightarrow{加热} NaOOC(CHOH)_2COOK + CO_2\uparrow + H_2O$$

小苏打加磷酸四氢钙

$$2NaHCO_3 + CaH_4(PO_4)_2 \xrightarrow{加热} Na_2CaH_2(PO_4)_2 + 2CO_2\uparrow + 2H_2O$$

从以上可以看出，氨粉受热反应比小苏打受热反应产气量多，并且氨气的比重更小，故上冲劲力较大。小苏打用量过多，制品色泽不好；氨粉用量过多，制品容易残留臭味。而发酵粉比较稳定，制品无臭味产生，色泽较理想。在相同重量的情况下，反应迅速、膨松劲大，因此在选择疏松剂时，要根据它们的特点以及制品的品种，选择单独或混合使用，并且要严格掌握使用的量，否则不但影响制品的品味、色泽，而且制品松散易碎。

3. 物理膨松面团

物理膨松面团法又称机械力胀发法，俗称调搅法。它是利用鸡蛋经过机械搅拌，能打进并保住气体的性能，将鸡蛋搅打成含大量气体的蛋泡糊，然后加小麦粉，调制成蛋泡面糊。制品在熟制的过程中，其内部所含气体受热膨胀，从而使制品松发柔软。所以它的膨松，既不是酵母的生化作用，也不是疏松剂的化学作用，而是气体受热膨胀的物理作用。它的特点是：产品酥松性好、营养丰富、口味鲜美、柔软适口，一般适合做蛋糕类的制品。

物理膨松面团的膨胀原理：物理膨松面团的膨松主要是物理变化的结果，它是以蛋作调搅介质。由于蛋类中的蛋白是一种亲水胶体，具有很好的起泡性能，通过高速的搅打，增加黏度，打进空气形成泡沫，同时泡沫层变得浓厚坚实。制品加热时，面糊中的气泡受热膨胀，形成制品的膨松柔软的特性。蛋白虽然有良好的起酥性能，但是需要有一定的条件，蛋白中的黏蛋白与其他蛋白在机械的搅拌作用下产生局部变性。变性的蛋白质分子可以凝结成一层皮，形成十分牢固的薄膜，从而将混入的空气包围起来，形成稳定的泡沫，并且其表面张力迫使泡沫成为球形。加上蛋白胶体具有黏度和加入的原料附着在蛋白泡沫层的四周，泡沫层变得浓厚坚实，增强了泡沫的稳定性，使混入的气体得以保持，生产加热时泡沫内的气体受热膨胀，从而使制品酥松多孔，并且有一定的弹性和韧性。在调制时要注意以下几点。首先，选用新鲜的鸡蛋。新鲜的鸡蛋含氮物质高，灰分少，胶体溶液稠度强，能打进气体多，并且持气性能好。其次，要对小麦粉进行适当的加工处理。物理膨松面团所用的小麦粉要求粉质细、筋力差，可使用专用粉或低筋小麦粉。

知识六　其 他 面 团

在焙烤制品中，主要使用的就是上面所介绍的三种面团，其他如米粉面团、澄粉面团、糕粉面团、菜类面团、果类面团等，在焙烤制品中用到的非常少，在这里仅作简单的介绍，以利于拓展思路，丰富焙烤制品的品种。

1. 米粉面团

米粉面团即用米粉加水和其他辅料调制而成的面团，俗称粉团。

2. 澄粉面团

澄粉面团是小麦粉经过特殊加工，成为纯淀粉，再加水调制而成的面团。这种面团制品色泽洁白，呈半透明状，细腻柔软、口感嫩滑。

3. 糕粉面团

糕粉又称潮州粉，是糯米经过特殊加工制成的粉料。用糕粉调制的面团质地软滑、富有韧性。

4. 菜类面团

主要有马铃薯、山药、芋头等面团，各有不同风味。从调制方法看大体相同，即先把原料洗净去皮，蒸熟，捣烂成泥或蓉，再加入适量的熟小麦粉或者熟澄粉和各种配料揉搓成团。

5. 果类面团

主要有荸荠、莲子、菱角、栗子等，做法也大体相同。

项目三　制馅工艺

知识一　馅心的基础知识

1. 馅心的概念及作用

馅心就是用各种不同的制馅原料，经过精细加工制成的形式多样、味美适口，并包入糕点内部的心子，它是糕点的重要组成部分。有很多糕点就是以包入的馅心直接命名的，如莲蓉月饼、叉烧包等。馅心的制作是糕点制作的重要技术之一。要制作出口味鲜美的馅心不仅要熟悉加工的方法，还要熟悉各种原料的性质和用途，并结合本地的特点。馅心的作用在于：首先，它体现了糕点的口味。这是因为，包馅类的焙烤制品，馅在产品中占有较大的比例，大多在50%左右，有的甚至达到60%～80%。从馅心的用量上看它对制品的口味有着决定性的影响。其次，影响糕点的形态。馅心调制适当与否对制品烤熟后的形态能否保持不走样、不塌形有着很大的影响。一般情况下要求馅心的软硬度与坯皮的软硬度相同。再则，它可以形成制品的特色。制品的特色虽然受到加工方法、料坯的种类、烘烤的方法等的影响，但馅心往往起着决定性的作用。如广式糕点馅味清淡；苏式糕点馅浓色深；京式糕点注重口味，所用辅料较多。另外，馅心可使花色品种多样化。由于所用的馅料不同、口味不一，这就使得花色品种更加丰富多彩。例如，用豆类可以加工成沙馅、泥馅。由此可见馅心的多种多样使得产品的花色品种大大增加。

2. 馅心的制作特点

制作馅心一般要经过调味、煮制等过程，具有它的相应特点。首先，馅心具水分和黏性。制作馅心时，水分和黏性影响包馅制品的成型，也影响成品的品质。因此，馅心调制时要适度控制水分和黏性。甜味馅为保持适当的软硬度可添加适量的熟粉或熟油来调节馅心的干湿程度。原料炒制成熟，糖油溶化，黏性增强，便于和其后序辅料凝成一体。其次，馅料要细碎，馅料宜小不宜大，宜碎不宜整。由于饼皮多半柔软易碎，所以馅料必须加工成细丝、小丁、末、蓉、泥等形状。如果馅料过于粗大，就会给成型造成困难，且在熟制时不易成熟，产生皮熟馅生或馅熟皮烂的现象。另外要根据产品的成型特点制作馅心。由于馅料的性质和调制方法不同，制出的馅心有干、硬、软、稀等区别，只有馅心的软硬合适，才不至于糕点在烤制时出现“走形”、“塌架”的现象。

3. 馅心的种类

馅心的种类很多，花色不一，分类方法主要根据原料、品味、制作方法三个方面。

（1）根据原料分类　可分为荤馅和素馅两大类。荤馅是指以肉制品为原料制成的馅心，一般以咸味馅为主，口味上要求鲜美适口、咸淡适中。素馅是指以豆类、素菜、水果等为原料制成的馅心。由于焙烤制品多为甜食，所以素馅用的品种较多，如莲蓉、豆沙、枣泥等。

（2）根据品味分类　可分为甜馅、咸馅等。甜馅是以糖、油脂、豆类、果仁、干果、蜜饯为原料制成的馅心。以甜香味为主体口味，如五仁馅等。咸馅是指以咸鲜口味为主体的馅心，根据其主要的原料风味又可分为鲜肉馅、叉烧馅等。

（3）根据制作方法分类　可分为生馅、熟馅两类。生馅习惯上称为拌馅，它是将原料经初加工处理后，不经加热成熟，而直接调味拌制而成的馅心，如酥肉馅；熟馅是指将原料经加工处理后再经蒸煮炒制等调味后，使馅料成熟的馅心。

知识二　甜味馅制作工艺

甜食是我国人民特别是南方人最喜爱的。甜馅根据制作方法可分为泥蓉馅、果仁蜜饯馅、糖馅等。

1. 甜味馅原料的加工处理

（1）熟化处理　熟化处理是指将制馅料经过加热成熟，改善其原有性质，以符合馅心质量要求的处理方法。常用的加热方法有蒸、烤等。

小麦粉是甜馅中常用的添加原料。添加小麦粉的主要目的是控制糖馅在加热中不液化。用生小麦粉调制的馅较黏稠，不爽口。而用熟化处理过的小麦粉，则可提高粉料吸收水、油脂的能力，使馅质松润爽口。为保持较好的色泽，小麦粉的熟化多采用蒸制方法。小麦粉装入蒸笼后，应留气孔，以便蒸汽流通，便于成熟。蒸粉时，要保持火旺汽足，蒸 0.5～1h 即可。熟小麦粉经冷却后，打散，过筛，达到粉粒松散、无结块后备用。判断小麦粉是否蒸熟，可用工具挑开蒸制小麦粉的中间部位，如小麦粉结块，则表示小麦粉已蒸熟；如为粉状、松散状，还需继续蒸制。也可采用炒粉的方法。炒粉时要求将小麦粉炒成黄色即可，或者用烤箱烤制。在用烤箱烤制的过程中，一般用烤盘装一半的小麦粉，然后在 100℃ 的温度下烘烤约 1h，然后温度升高，稍微烤 10min 即可。烤制出来的小麦粉颜色仍然泛白。

糕粉是制作馅料的常用原料。它吸收水分的能力强，质地软滑并有韧性。糕粉的制作方法是将糯米淘洗干净，浸泡后滤干水分，在锅中放入适量细砂，加入少量的油脂，用大火将砂炒热，再放入糯米，改用小火炒动，炒至干脆成熟，然后过筛，筛去砂粒，冷却后，用磨或粉碎机制成米粉，过筛后便成了糕粉。

（2）退皮处理　植物果实种子的外皮，质硬粗糙，影响馅的口感及风味质量，所以制馅中应将其皮去掉。对豆类来说，制馅中常用的有红豆、绿豆等，因为其淀粉含量高，制成的馅口感细腻爽滑。其去皮的过程是将豆用清水浸泡，洗净，淘去泥沙等杂质，将豆倒入容器内，加2～3倍的冷水煮烂，致豆皮爆裂为止。煮好的豆滤干水分冷却后磨制成豆泥，用细筛擦筛，使豆中的淀粉通过筛网而豆皮则留在筛内被清除掉。将筛过的粉浆装入布袋，压去水分即成豆沙。莲子也是甜馅中常用的原料之一。莲子肉质洁白、味道清香，尤其是湖南省所产的莲子质量最好，但其外皮颜色粉红粗糙，制馅时应去掉。其去皮的过程是：用碱水浸泡莲子，大约20min，再倒入莲子重量1倍的开水，加盖浸泡莲子约1h后滤干，用刷子将莲子来回搓擦，去除外皮，并用清水冲洗干净。由于莲心味苦，因此要用竹签去除莲心。将去皮去心后的莲子滤干水分入笼蒸至熟烂，再将莲子磨碎搅烂即可。

2. 生甜馅的制作工艺

生甜馅是以糖为主要原料，配以粉料和果料，不需加热工序，直接擦拌而成的馅心。加入的果料主要有果仁和蜜饯两类。使用的果仁有：瓜子仁、花生仁、核桃仁、松子仁、杏仁、芝麻等。蜜饯有青红丝、桂花、蜜枣、桃脯、杏脯、冬瓜糖等。有的果料在拌入糖馅前要进行熟化处理。如芝麻要炒熟碾碎。生甜馅一般具有香甜松爽的特点，并且带有各种果料的特殊香味，如常见的五仁馅、麻仁馅等。在制馅的过程中，要进行合理的选料。由于生甜馅所用果料较多，果料很容易有虫伤鼠害，因此，应先去掉霉烂变质的部分，并除去泥沙杂物等。蜜饯、果脯之类，要先用温水漂洗干净，再用干布蘸去水分，然后切成小丁。在拌制的过程中，生甜馅的基础原料是糖、油脂、熟小麦粉或者是糕粉。糖在生甜馅中不仅起到味的作用，还起到黏合剂的作用，能把各种果料、蜜饯粘连在一起。水果酱、猪油、熟小麦粉等也能起到黏合的作用。这样才能使果料均匀地掺合在一起，并融为一体。熟小麦粉除了有黏合作用外，在用纯糖做馅心时，还可起到防止成品“塌架”，便于吃、咬的作用。加熟小麦粉时，检验其是否合适的标准是：用手搓匀、搓透，能捏成团即可。油脂除了有黏合作用外，还能调节馅心的干湿度，增加馅心的鲜香味道。下面举两例加以说明。

（1）莲蓉馅　莲蓉馅是糕点中常用的馅料之一，主要用于月饼，也可用于其他糕点。由于它带有莲子的清香深受消费者的喜爱。莲子以湖南产的湘莲为最佳。

①原料配比：莲子25kg，砂糖37.5kg，花生油7.5kg，猪油6.5kg，碱0.4kg。

②操作要点：

a. 莲子去皮去心：生产莲蓉的莲子一般是采用带衣通心莲，莲子的脱衣一般采用碱煮的方法。先将水放入碱煮沸后，即放入莲子，煮约5min。也可先将碱用水溶化，将莲子拌湿，放入容器中，倒入热开水，将莲子浸没，盖好焖一会儿，待莲子皮能用手捏脱即可取出。迅速用清水冲洗多次，以消除碱味。然后用竹刷刷去莲子皮，用清水冲洗干净，再用竹签挑取莲心，用水清洗干净即可。

b. 煮烂粉碎：把脱去莲衣去心的莲子加清水煮沸约30min，慢火煮至能用手捏烂，然后用胶体磨磨烂，莲蓉的绵滑与磨制的程度有很大的关系。

c. 炒蓉：先将一部分花生油和砂糖放入锅中，加热至金黄色，然后加入莲蓉及剩余的糖和花生油，用猛火煮沸，边煮边搅拌至稠状。改用文火炒制，再将猪油分次加入，炒至莲蓉呈稠厚状，手捏成团即可。

d. 冷却：莲蓉出锅后要及时冷却、冷透。冷却时要防止莲蓉表面变硬，一般都采用表面覆盖的方法，如采用油脂覆盖。

③莲蓉的质量标准：水分18%～25%，总糖40%～50%，脂肪≥11%，卫生质量要符合国家标准。

（2）五仁馅

①原料配比：核桃仁150g，甜杏仁150g，松子仁150g，瓜子仁100g，芝麻100g，白糖500g，熟小麦粉200g，冬瓜糖200g，猪油200g，青红丝150g。

②操作要点：

a. 原料处理：核桃仁、松子仁、甜杏仁分别下油锅炸香，瓜子仁、芝麻分别炒香待用，核桃仁、杏仁、冬瓜糖分别剁碎待用。

b. 拌制：将以上处理后的原料加入白糖拌匀，再加入熟小麦粉或糕粉拌匀，最后加入猪油擦拌均匀即成五仁馅。添加熟小麦粉制得的五仁馅往往比较紧实，添加膨化后磨碎的米粉条能够很好地起到防止板结的效果。

③质量要求：松香、甜润，并具有多种果仁的香味。

3. 熟甜馅制作工艺

熟甜馅是指以豆类、干果、植物的根茎等为主要原料加工成泥蓉状后，用油、糖炒制而成的一类甜馅。因加工中将原料制作成泥蓉状的小颗粒，所以也常称为泥蓉馅。其特点是馅料细软，具有果实香味，甜而不腻。泥与蓉的制法基本相同，只是泥比蓉略粗，且熬得比蓉略稀一些。常见的品种有豆沙、枣泥、莲蓉、麻蓉等。在制馅的过程中，首先要合理地选料。豆沙要选用淀粉含量高、出沙率高、质地细腻的品种；莲子应选用肉质松化、个体大的香莲。其次要洗净原料，去除干瘪虫蛀等不良果实。豆类和某些干果类应先用清水浸泡，使之吸收一些水分，以利于蒸煮。对所使用的根茎类的蔬菜，如甘薯、山药等要洗净，并削去外皮，蒸煮的目的是让原料充分吸收水分，变得软烂，以利于磨碎。一般果实和根茎类的原料适宜使用蒸的方法，蒸时要火旺汽足，一次蒸烂。常用的豆类及一些坚果适宜使用煮的方法，原因在于其质地干硬，煮制时要先用旺火煮开，再改用小火焖煮，放少量碱可缩短煮制的时间。现代制蓉的方法多用胶体磨，一般要磨2～3次，使所制的馅料比较细腻。传统制蓉的方法是采用特制的铜制细筛磨砂，静置沉淀。对于根茎原料也可采用刀抿制的方法，要反复地抿制，使馅料细软为止。制成的泥蓉还需加糖、油炒制，炒制的方法有的是用油炒糖，然后再放入馅料，有的先用油炒馅料，最后加糖等。因此，炒出的馅心也各具风味。炒制时要注意掌握好火候，先用旺火炒制，使大量水分蒸发，再转入中小火炒至馅变色，使糖、油等滋味渗入馅料。炒制时要不停翻动，防止粘锅、煳锅。下面举两例加以说明。

（1）豆沙馅

①原料配比：红豆500g，白糖750g，植物油300g。

②操作要点：

a. 煮制：将红豆洗净放入锅内，一次性加足凉水。一般500g豆加水1 250～1 500g，旺火烧开，然后小火焖煮，至豆酥烂。

b. 炒制：在炒锅中倒入植物油100g，烧至九成热加入200g白糖炒制到糖转为棕红色为止。将豆沙倒入锅内，炒到有大气泡出现，转为中火炒制，待水分将干、馅质变稠时，再加入植物油100g、白糖300g炒制。待锅内豆沙馅再次转为稠厚时，加入剩下的植物油、糖，炒拌，直至颜色褐黑、光亮、不粘锅、稠厚即可。一般每500g红豆出沙1.0～1.5kg，出沙率高低与豆的厚薄有关，薄的出沙率高。

③质量要求：色泽黑红油亮，质地软硬适度，口感细而不腻，口味甜爽无焦苦味。

（2）枣泥馅

①原料配比：红枣500g，白糖250g，植物油100g。

②操作要点：

a. 原料选择及处理：将枣用冷水洗浸1～2h（冬天用温水）。搓去外皮，上笼，蒸烂，冷却后用铜丝细筛搓去枣核，擦成厚泥。

b. 炒制：将油入锅烧热后倒入白糖熬熔，然后放入枣泥同炒，炒约1h左右，至枣泥不粘手、香味四溢时盛起倒入容器内冷却即可。在炒制的过程中不能用旺火，但水分必须炒干，如有水分，不耐存放。

③质量要求：细腻滑润，甜而鲜美。

知识三　咸味馅的制作

在馅心制作中，咸馅是用料最广、种类最多也是使用最多的一类馅心。咸馅按制作方法可分为生咸味馅和熟咸味馅两类。根据原料性质划分，一般有素馅、荤馅和荤素馅三类。但在焙烤制品中，由于很多种饼皮都是甜味为主，因此，咸味馅料主要用在一些花色面包的加工上、苏式月饼中，如海鲜月饼、牛肉月饼等。

1. 咸馅原料的加工处理

（1）胀发处理　在咸馅制作过程中，许多原料都需要胀发处理，以便恢复其鲜嫩细腻、酥软的组织结构。胀发的方法包括水发等手段，如海参、干贝等的胀发。但应注意其胀发度，要根据具体品种来定。

（2）形态处理　为满足加工的需要，馅料一般都要加工成丁、丝、粒、末、泥蓉等形状。常用的处理方法包括搅、擦、切、剁。搅是制馅中应用最广泛的一种加工方法，多采用搅拌机、胶体磨等将原料搅碎，加工成细小的蓉状。擦是指用擦板和刨将原料加工成丝状。切是指用刀将各种原料加工成丝丁状。剁是指用刀将原料加工成细碎的形态。

2. 咸味馅的制作

生咸味馅是指用生料加工拌制而成，不经烹制成熟的馅心。它包括生荤馅的制作、生素馅的制作以及生荤素馅的制作。在焙烤制品中为了防止产品出现“塌架”，对所选取的馅料要求有一定的硬度。在加工过程中可添加适量的糕粉、吉士粉、淀粉，使用纤维以及果胶类物质来填充，从而改善制品的软硬程度。下面举例加以说明。

火腿馅：火腿馅是广式、苏式糕点的典型馅料，是糕点馅料中的著名品种。以果仁为主，辅以火腿；也有以火腿为主，辅以果仁的。

①原料配比：糕粉3kg，熟小麦粉1.75kg，花生油0.75kg，白砂糖10kg，芝麻2.5kg，核桃仁3.0kg，松子仁1kg，瓜子仁0.6kg，榄仁0.8kg，杏仁0.8kg，冬瓜糖8kg，金橘饼1kg，玫瑰花0.5kg，火腿1.5kg，肥膘肉0.5kg，香油、猪油、味精、葱、姜等调味料适量。

②操作要点：

a. 原料处理：先将火腿去皮、骨，然后熟制。广式的蒸熟，稍硬；苏式的习惯煮熟，火腿质地较软。经切丁或切片以后用曲酒拌和。葱、姜经油炸处理后再用。核桃仁、青梅切成小粒，金橘饼切片成碎屑。肥膘肉切丁。

b. 拌馅：将果料、蜜饯、肥膘肉、火腿拌匀后加入油、糖和适量水拌和，最后加入熟小麦粉或糕粉拌匀即可。

项目四　中式焙烤食品加工

知识一　月饼的加工

月饼的加工在我国已经经历了一个漫长的过程。月饼是一种时令性的食品，每年农历八月十五也就是中秋佳节吃饼赏月，已成为我国民间比较普遍的风俗习惯。月饼的种类主要包括广式月饼、苏式月饼、京式月饼以及在此基础上发展起来的台式月饼等。月饼的品种很多，并且随着所使用的原料、设备、制作技术、风俗习惯的变化，月饼的品种也有了很大的变化。

1. 广式月饼

广式月饼花色品种繁多、品名雅致，如七星伴月、嫦娥奔月等。广式月饼除了有传统的纯正莲蓉月饼、蛋黄莲蓉月饼、五仁月饼等，还有各式各样的食疗月饼，如无糖月饼等。广式月饼具有色泽诱人、软滑甘甜的独特风味。在每年的中秋佳节，都有大量的广式月饼销往东南亚及我国港澳等地。从广式月饼的生产实践看，除了广东地区生产的正宗广式月饼以外，其他地区，尤其北方的广大地区生产的月饼与正宗广式月饼相比，在产品的回油、回软方面还有很大的差距。广式月饼的制作主要有以下几个步骤。

（1）糖浆的制备　糖浆是制作广式月饼最重要的液体原料，是保证月饼及时回油、回软、久放不硬的关键技术。制作出来的广式月饼回油慢、回软慢，其主要原因就在于转化糖浆的熬制方法不科学，配料的比例不合理，熬制的程度不够。

①糖浆的制备原理：制备糖浆所需要的主要原料是白砂糖。白砂糖是白色透明的纯净蔗糖的晶体，其是由 1 分子葡萄糖和 1 分子果糖组成的双糖。在加热加酸的条件下，能转化成单糖，即葡萄糖和果糖。

②糖浆的制备方法：糖浆的制备与糖、水的比例、加热的容器、熬制的时间、温度，以及转化剂的种类及数量有很大的关系。广式糖浆的配比是糖 100%，水 40% ~60%，柠檬酸 0.05% ~0.10%。在制作过程中，首先必须使用大量的水，加水量相对提高可以延长熬制的时间，蔗糖的转化率也就提高，使蔗糖转化成葡萄糖和果糖的程度也更充分。在小批量熬制糖浆的过程中，多使用铜制容器，如传统方法使用铜锅。在工业化生产中多使用能控温的夹层锅，使用蒸汽或电加热，可以确保加热温度始终保持在 115 ~120℃。熬制的时间对糖的转化有很大的影响，熬制时间与糖、水比例也有着直接的关系。加水量多，熬制时间就长；加水量少，熬制的时间就短。在正常配比情况下，熬制时间一般在 5 ~6h。尤其是在传统的制作过程中，应采用大火加热，使糖浆沸腾，然后转入小火慢慢熬制，以利于糖浆的转化。熬制的温度一般在 115 ~120℃，不能过高或过低。当温度过高时，尤其是在 140℃以上，会产生焦糖化反应，从而使糖浆颜色过深。当熬制温度过低时，蔗糖的转化程度很低，不利于回油回软。转化剂的种类及数量也是影响糖浆熬制的一个重要因素。酸性物质是蔗糖的转化剂，无机酸的转化能力较强，但制出的糖浆颜色差、风味不好，操作时具有一定的危险性。因此，多使用有机酸包括柠檬酸、酒石酸、乳酸等，相对来说酒石酸是最理想的转化剂。但由于价格的因素，目前普遍使用的是柠檬酸。柠檬酸一般在糖浆

煮沸以后，再添加进去。通过以上的控制方法使糖浆的浓度达到 80%～85%，也就是形成浓稠浆，以利于月饼的回油、回软。糖浆是否熬好，可以采用感官的判断方法，一种方法是用勺子舀起一部分糖浆，举到离煮制容器 1m 左右的高度，使糖浆流下，看其是否断线。如果不断，说明熬制的已经满足需要；如果断线，说明熬制还未达到生产需要。第二种方法是将熬好的糖浆用一小勺舀出一点，然后滴在白纸上，看其所形成的液滴是否分散，如不下滑分散，说明已经熬到了一定程度，否则糖浆仍未熬好。熬好的糖浆还需要贮存一段时间，使蔗糖进一步转化，贮存的时间越长，蔗糖的转化程度越高，月饼的回油、回软速度也就越快，一般要贮存 15d 以上再使用。

（2）饼皮的制作　广式月饼能否回油、回软与饼皮的配方和制作工艺有着很大的关系。广式月饼饼皮的基本配方是低筋小麦粉 100%，广式糖浆 80%，植物油 30%，枧水 2%。如低筋小麦粉 1 200g，糖浆 960g，植物油 360g，枧水 24g。枧水是制作广式月饼饼皮一种非常重要的物质，它也是广式糕点常用的传统辅料。最早是用草木灰加水煮熟，浸泡 1d 后，取上层清液而得到的碱性溶液，其 pH 在 12 左右。现在多使用碳酸钾和碳酸钠再配以磷酸盐或聚合磷酸盐调制而成的碱性混合物。添加枧水的目的包括：一是中和转化糖浆中的酸，防止月饼的酸味过大而影响口感。二是有利于月饼着色，碱性越高，越易着色。三是利用枧水与酸发生反应产生一定的 CO_2 气体，利于月饼的适度膨胀。在饼皮的制作过程中，机械的方法是首先将糖浆、枧水在调粉机中先低速混合均匀，然后在低速条件下加入油脂混合。制作月饼的过程中所使用的油脂多是花生油或色拉油，以利于提高制品的口感。然后将 2/3 的小麦粉加入调粉机低速拌匀后再高速搅打，最后将余下的小麦粉加入调粉机，剩余的小麦粉可不加完，主要是用来调节饼皮的软硬程度。饼皮的软硬程度应与馅料一致，馅硬饼皮也适当地硬一些，馅软饼皮也应适当地软一些，否则，烘烤后的月饼容易皮馅分离、收缩塌陷或出现裂纹。饼皮的手工制作：首先在案台上放 2/3 的小麦粉，加入糖浆、植物油、枧水，拌匀擦透小麦粉，静置 30min，再加入 1/3 的小麦粉叠匀即可。

（3）成型　月饼的成型是将饼皮和馅料分割后，包制而成。饼皮和馅料分割的大小是根据产品的质量要求来进行规定的，皮与馅的比例一般为 2∶8、3∶7、4∶6 等。通常所生产出来的月饼档次越高，馅料也就越多，饼皮也就越少。如二八皮，生产 50g 的月饼，皮为 10g，馅一般为 40g。在皮馅的分割过程中一定要保持皮馅的规格一致。采用机械来进行加工很容易控制，而采用传统的手工制作时，分割不准，在包馅后放入模具成型的过程中就很容易造成体积过大或过小而影响产品的质量。传统的手工包制是首先将饼皮压扁，然后将馅料放入饼皮中间，收口，把馅料包住，然后放入模具中成型。一般使用木制模具，用前要在油脂中浸泡 15d 以上，以利于脱膜。放入模具的月饼面团要用双手使劲压，以利于脱膜后的月饼生坯花纹清晰。脱膜时，用力要均匀，从而使饼形平整不歪斜。

（4）烘烤　月饼的烘烤对产品质量也是一个重要的影响因素。入炉前首先用清水对饼面喷雾，这样既可以防止饼面出白点，又可使饼皮受热时水分挥发得到缓和，同时使饼坯的热度内外平衡，利于饼皮色泽润滑。接着要采用高温定形，一般面火230℃左右，底火190～200℃，烘烤5～6min，然后出炉冷却，刷蛋液。刷蛋时要刷阳面，外圆轻于内心，要均匀，刷蛋后入炉烤熟，一般面火200℃，底火180℃。温度太高，容易烤焦，月饼不熟；温度太低，月饼开裂。月饼是否烤熟可以采用感官来进行判断，一种方法是看月饼的底面中心部位是否仍成湿面状，无湿面状说明已烤熟，否则仍没烤熟；也可以采用测温仪测月饼中心温度，如在85℃以上基本上已烤熟。

2. 苏式月饼

苏式月饼原产于苏州，现南方省市，如江苏、浙江、上海等均有生产。苏式月饼属于酥皮包馅糕点，饼皮是由水油面皮及油酥经多次折叠复合而成的，成品外皮完整，看不到酥层，切开后剖面层次分明。苏式月饼花色品种很多，包括火腿、椒盐、玫瑰等各种口味。和广式月饼相比甜度低，口感酥松，保质期也较长。苏式月饼的加工主要从以下几个方面进行。

（1）酥皮的制作

①水油面团调制：水油面团是使用小麦粉、油脂、水、盐加工而成的。一般情况下，所使用的小麦粉要求使用中筋面粉，油脂多使用精炼猪油，水一般使用冰水，以利于操作。常用的比例是，中筋面粉100%，猪油40%，冰水42%，盐少许。如600g小麦粉加240g猪油、250g冰水、5g盐。首先在调粉机中加入小麦粉，在低速条件下加猪油搅打均匀，然后加入冰水，高速搅打，待小麦粉充分吸水成团后，加盐低速搅打成团状即可，使面团不松散、不粘手，又有良好的延伸性，静置待用。

②油酥面团的调制：油酥面团是使用低筋小麦粉和猪油混合而成的。一般情况下，低筋面粉100%，精炼猪油50%，将猪油和小麦粉一起混合拌匀，软硬度与水油面团相一致。

③酥皮的制作：酥皮的制作分为大包酥和小包酥两种方法，皮酥的比一般为1∶0.67（如15g皮、10g酥）或1∶1（如12g皮、12g酥）。其包酥方法已在前面叙述过，这里不再重复。

（2）馅料调制　将绵白糖和热猪油在搅拌机中搅匀拌透，再倒入熟小麦粉或糕粉，充分搅拌，然后倒入其他辅料，如果仁、蜜饯等拌匀。制馅的原料必须经过挑选、分切处理后才能使用。如果料中的核桃仁、松子仁、瓜子仁，要将其虫蛀、霉变、发黑、发黄的剔除，核桃仁还要掰成大小均匀的粒块。蜜饯也要剔除其虫蛀、异味的部分，并将块形大的切成丁。火腿去皮切成薄片，并与等量的白砂糖拌匀。

（3）包馅成型　包馅的过程中首先将饼皮压成扁圆的薄片，一手取皮一手取馅，左手虎口要由下而上，边转边逐步收口，使饼皮厚薄均匀，收口紧密完整。在饼坯收口处粘上正方形衬纸，收口朝上，放在铁圈里，成扁鼓形，不能用力过猛，以免饼皮破裂。把成型的饼坯饼面朝上放在烤盘上，放盘时动作要轻巧，防止破坏饼坯的形状，并要充分利用烤盘的面积排放均匀，中间保持一定的间距。

（4）烘烤　烘烤一般要求炉温面火180℃，底火210℃，时间约15min。烤熟后的月饼饼面呈金黄色，腰部呈乳白色，月饼中心温度85℃左右。然后趁热小心认真地盖上红色品名印章，冷却后，包装即可。

苏式月饼中常见的质量问题很多，主要包括以下几个方面：一是饼面焦黑，饼腰部呈青灰色。原因在于炉温过高，饼间距过小。二是出现露馅，原因在于皮料太烂。三是漏酥，其原因在于制酥皮时压皮用力不匀，或是包馅时将酥皮掀破。四是跑糖，原因在于油酥太烂或是包馅时收口没捏紧，导致变形。五是变形。变形的原因在于皮过烂或置盘时捏饼过紧。六是皮馅不匀，原因主要在于包馅时用力不匀。

3. 京式月饼

京式月饼历史悠久，起源于华北农村和满蒙地区，形成于北京。由于长期受宫廷制作的影响，故其外形精细美观，表面多有纹印，富有传统民族色彩。京式月饼最有名的是提糖月饼、自来红月饼、自来白月饼等。

（1）提糖月饼　又称提浆月饼。所谓“提浆”，是由于熬制饼皮糖浆时，用蛋白液或豆浆提出糖浆中的杂质而来的。但目前生产用的蔗糖，品质纯净，制作糖浆已不采用蛋清液提浆的方法。现在是化浆时加入少量蛋清，提取糖内部分杂质；二是使糖液转化成单糖。制作过程如下。

①熬糖：将糖按照1kg糖加300g水的比例混匀，然后加入煮沸，待糖完全溶化后加入糖稀，再煮沸后起出。化糖时用火不可过大，但熬制的时间要长些。

②调粉：调粉时，先将糖浆、油脂、小苏打加入调粉机内，搅拌均匀后将小麦粉分三次加入，每次加入后搅拌7～8min。分次加小麦粉搅拌的目的是为了使面团有充分的延伸性，便于包馅。在面团调制过程中，最后加入的小麦粉要逐渐加入，以免面团过硬。调制初期加入的小麦粉不可过多，以免因调制面团的时间过长而使面团发热，造成过早发硬。如果操作较慢，调粉快，可在搅拌过程中稍微停一会儿机器。

③包馅：包馅成型时，先将制成的皮面分成每个约65g的小块，然后按扁包馅，压入月饼模内，印制成型。最后饼坯挤口向下，摆入盘内，其表面用铁针扎两个小孔。对于双麻提糖月饼，用湿布将饼面润湿，撒上芝麻仁即可。

④烘烤：将生坯送入炉内，炉温250～270℃，烤至表面为棕红色或金黄色，侧面为白色，饼坯凸起，有细裂纹即可出炉。总之，提糖月饼成熟的主要标志是侧面发青、膨胀、有细裂纹。制品成熟后，如果表面花纹因胀发而不清晰，可减

少小苏打用量，反之可增加小苏打用量。

提糖月饼的品质要求是色泽一致，规格均一，花纹清晰，入口酥香。

（2）自来红月饼　自来红月饼又称红酥月饼，因制品烤制熟后自然形成棕红色，故称之为自来红月饼。

饼皮料配方为精粉、香油、糖稀和开水。馅料配方为熟精粉、白糖粉、芝麻油、青梅、葡萄干、冰糖、玫瑰、青红丝和瓜子仁。饼面配方为冰糖、糖稀、水、碱面和红茶叶少许（在锅内化成糖水）。制作过程如下。

①制皮：制皮时，先将香油、开水、糖稀加入调粉机内，搅拌均匀后加入精粉，制成面团。待面团冷却后，分成每个45g的小块，采用小包酥的方法制好皮，静置片刻，便可包馅。

②制馅：制馅时，先将青梅切丁，然后将各种馅料混合均匀，加入熟精粉与适量水制成面团，再分成每个为45g的馅球。

③包馅成型：包馅成型时，先将皮擀成圆片，包馅，压成直径为6.2cm的圆饼，表面向上摆入盘内，在制品正中捣一圆孔，深入制品1/3，然后用化好的冰糖水在圆孔周围均匀地画一圆圈。将生坯送入炉内，炉温为240℃，烤至棕红色、表面起酥发毛、冰糖水圆圈发亮，即可出炉。

4. 其他月饼

月饼的种类还有很多，这里主要介绍台式月饼的配方及制作。

（1）台式月饼　台式月饼的制作和广式月饼有很多相似的地方，不同之处在于糖浆的熬制以及饼皮的配方有所不同。

①台式糖浆：基本配方为糖100%，水50%，柠檬酸1.5%，碱1%，盐1%，红色素适量。

熬制的方法：先将糖、水、盐按比例加入容器中煮沸后再加入柠檬酸，熬制大约2h后加碱，加碱的过程中要产生大量的气泡，所以要缓慢加入。碱的种类包括碳酸钠、碳酸氢钠、氢氧化钠，一般添加食用碱即可。熬制后根据情况添加适量的红色素。

②饼皮：原料配比为低筋面粉100%，台式糖浆80%，油50%，发粉、苏打粉适量。如低筋面粉1 200g，糖浆1 000g，花生油400g，麻油200g，发粉7g，苏打粉5g。

制作过程：先将糖浆、油混合搅打，使其乳化。在低速条件下，添加发粉、苏打粉，搅匀，然后添加低筋面粉，中速搅打30min，至缸体发热、面糊粘手发亮有延伸性为止。然后出缸放置6～8h以后，即可使用。

③包馅、成型及烘烤工艺与广式月饼相同，这里就不再叙述。

（2）冰皮月饼　冰皮月饼主要是在一些热带地区开发出来的产品。其口感清凉，能透过饼皮看到馅料，因此，所选用的馅料多以深色馅料为主，如红莲蓉、草莓馅。其制作的原料配比是糕粉100%，澄粉50%，糖粉135%，冷开水

67%，奶油45%。如糕粉500g，澄粉250g，糖粉625g，冷开水335g，奶油225g。冰皮月饼的制作过程是首先将糖、水混合均匀，加入糕粉、澄粉低速搅拌1min，至不粘手，然后加入奶油，调匀即可，调好的冰皮比较容易收缩，应立即包馅，成型后，放入冰箱，即为冰皮月饼。

（3）水晶月饼　水晶月饼配方见表5－1。

表5－1　水晶月饼配方

原料名称	烘焙百分比/%	用量/g
水	100	700
露珠粉	7	50
葡萄糖粉	57	400

操作要点：

①先把露珠粉、葡萄糖粉混合均匀，将水煮开，加入到混合粉中，将其溶化，再改用小火不停搅拌。

②将熬好的溶液先少量倒入月饼模中冷却，然后将各种深色馅料倒入模中，再将剩下的溶液倒入月饼模中。将月饼模放入冰箱，冷冻成形后出模，即成水晶月饼。

月饼的制作随着时代的发展，其新品种仍不断出现。在制作的过程中，除了传统的手工制作方法以外，机械制作也得到了很大的发展。在分皮、分馅、包饼成型、烘烤等方面都有相应的设备来完成。这种机械制作方法能很好地保证产品的质量，卫生条件也得到了很大的改善，但传统的手工方法制作出来的产品更具特色。

知识二　油酥面团制品

油酥面团是一种以油脂和小麦粉为主调制而成的面团。面团可塑性强，基本无弹性。下面举例说明。

1. 老婆饼

（1）老婆饼配方　见表5－2。

表5－2　老婆饼配方

原料名称	烘焙百分比/%	用量/g	原料名称	烘焙百分比/%	用量/g
水油酥皮	100	650	玫瑰糖	12	75
酥心	45	300	猪油	8	50
糖冬瓜	40	250	细砂糖	80	500
冰肉	40	250	潮州粉	30	200
榄肉	20	125	清水	25	175

（2）操作要点

①制馅：先把冰肉切成小粒状，糖冬瓜搅烂，再加上其他馅料一起放在案板上拌匀。叠两次，静置3min后，将它分成40份馅料。

②把酥心包入水油酥皮中，形成小酥。包上馅料，使之成饼形，用酥棍擀开成圆形，刷蛋液放入烤盘。

③入炉在170℃温度下烤熟即成。

2. 三色千层酥

（1）三色千层酥配方　见表5－3。

表5－3　三色千层酥配方

原料名称	烘焙百分比/%	用量/g	原料名称	烘焙百分比/%	用量/g
清酥面	100	500	糖粉	20	100
奶油酱	80	400	烘烤黄的碎杏仁	30	150

（2）操作要点

①将清酥面擀成约0.2cm厚的矩形薄片，铺入洒过水的烤盘内，醒几分钟后在薄片中间戳几个透气孔，入炉烤熟后取出冷却，冷却后切成8条约8cm宽的长条。

②将奶油酱分成3份（其中2份分别加可可粉和草莓粉拌匀），分别抹在6条切好的长条上，取3条（不同色）为一组摞起来，上面盖一条没有抹奶油酱的长条，两侧拍上烘黄的碎杏仁，撒上糖粉，切成小块即可。

知识三　酥性面团制品

酥性面团是在小麦粉中加入大量的糖、油脂及少量水以及其他辅料调制而成的面团。这种面团具有松散性和良好的可塑性，缺乏弹性和韧性，适合于制作酥类糕点，如桃酥、杏仁酥等。下面举例说明。

杏仁酥

（1）杏仁酥配方　见表5－4。

表5－4　杏仁酥配方

原料名称	烘焙百分比/%	用量/g	原料名称	烘焙百分比/%	用量/g
小麦粉	100	500	鸡蛋	—	2个
白砂糖	50	250	小苏打	1	5
香油	25	125	杏仁霜	2	10
猪油	20	100	杏仁	—	适量

（2）操作要点

①把小麦粉倒在面案上，中间扒一个坑，放入白砂糖、小苏打、杏仁霜、鸡蛋拌匀，再加香油、猪油搅拌乳化、融合，将小麦粉调制成团。

②将面团搓成长条，揪成4个每个50g的剂子，把剂子搓圆，中间压一个坑，放入杏仁。

③把烤盘擦净，摆入生坯，进炉于170℃温度下烤至金黄色即可。

知识四　水油面团制品

水油面团主要是用小麦粉、油脂和水调制而成的面团，也有用部分蛋或少量糖粉、饴糖、淀粉糖浆调制成的。面团具有一定的弹性，良好的延伸性和可塑性，不仅可以包入油酥面团，制成酥层类和酥皮包馅类糕点，也可单独用来包馅，制成水油面皮类和硬酥类糕点。现举两例说明。

1. 八宝酥饼

（1）八宝酥饼配方　见表5－5。

表5－5　八宝酥饼配方

原料名称	烘焙百分比/%	用量/g	原料名称	烘焙百分比/%	用量/g
小麦粉	100	500	青西瓜子、蜜枣、核桃仁、冬瓜糖、葡萄干分别为	5	25
熟小麦粉或澄粉	10	50			
白砂糖	30	150			
花生油	30	150	莲子	3	15
温水	20	100	桂花酱、香油	10	50
橘饼	2	10	鸡蛋	—	1个
			红色素	—	少许

（2）操作要点

①将200g小麦粉用100g花生油擦成干油酥，300g小麦粉用50g花生油、100g温水和成水油面团。

②把水油面团、干油酥分别搓成长条状，各揪成10个剂子，逐个将水油面剂包住油酥剂，擀成长薄片，竖直卷起来，揪成两个小剂，按成圆皮状待用。

③将八宝料切碎，加桂花酱、香油、白砂糖、熟小麦粉搓拌成馅，捏成20个馅球。

④用酥皮包住馅球，擀成圆饼状，将饼坯摆入烤盘内刷上鸡蛋液，点上红色素。

⑤在170℃温度下烘烤至饼鼓起呈金黄色即得到外皮酥脆、馅心香甜的八宝酥饼。

2. 奶油酥卷

（1）奶油酥卷配方　见表5－6。

表5－6　奶油酥卷配方

原料名称	烘焙百分比/%	用量/g	原料名称	烘焙百分比/%	用量/g
小麦粉	100	500	凉水	25	125
猪油	25	125	白砂糖	30	150
奶油	10	50	麻仁	—	适量

（2）操作要点

①将250g小麦粉倒在案板上，用猪油擦成干油酥。

②将奶油与水充分乳化，加100g白砂糖溶化，加250g小麦粉，反复搓透稍醒。

③将干油酥包入水油面团内，稍按扁，擀成长方形面片。把白砂糖50g和适量麻仁搅匀，撒在面片上，顺长卷起并卷紧，收口处抹少许水粘住，切剂并制成约2cm厚的圆饼。

④把生坯蘸点水，滚上麻仁，排入烤盘内，进烤炉于170℃温度下烤至金黄色熟透，即得到酥香可口的奶油酥卷。

项目五　西式焙烤食品加工

西点的种类很多，在原料的使用上、制作方法上与中式点心有很大的区别。其常见的品种包括甜甜圈、比萨、派、塔、泡芙等。

知识一　甜　甜　圈

甜甜圈是西点中常见的一种，它包括面糊式甜甜圈、面团式甜甜圈、脆皮式甜甜圈，其他甜甜圈都是在此基础上变化而来的。

1. 制作所用材料

甜甜圈的制作所用的材料主要包括以下几种。

（1）小麦粉　小麦粉分高、中、低筋面粉，其面筋的含量各不相同，面筋含量越高且面筋筋力越强，其制品越有嚼劲。

（2）砂糖　砂糖是甜甜圈甜味的主要来源。在甜甜圈的制作过程中，使用的还有糖粉、麦芽糖，其主要作装饰用。

（3）酵母　酵母是制作甜甜圈时所用的疏松剂，适合于面团类的甜甜圈。

（4）白油　白油是油脂脱色、脱臭后经加氢处理而形成的固体白色油脂，能够使甜甜圈松软可口。

(5) 水 水用于拌和所有的材料。制作的过程中，要依据配方进行准确的称量。

(6) 泡打粉 泡打粉是做甜甜圈时所用的化学疏松剂，俗称 BP 粉，主要适合于面糊类甜甜圈。

(7) 鸡蛋 它可以增加甜甜圈的色泽，提高甜甜圈的柔软度与营养价值。

(8) 奶粉 奶粉主要可以增加制品的奶香味。

(9) 马铃薯粉 在制作甜甜圈的过程中主要是利用马铃薯粉加水调成泥使用。

(10) 葡萄干 可直接加入面糊或面团中，增加制品的风味和营养，味道甜而不酸。

2. 面糊式甜甜圈

面糊式甜甜圈具有蛋糕般松软的口感，常被称作蛋糕甜甜圈，不但味美好吃，制作起来也相对比较简单。制作蛋糕式甜甜圈所用的粉类原料都要用筛网筛过，以利于混入新鲜的空气，防止粉粒结块。

(1) 面糊式甜甜圈配方 见表 5－7。

表 5－7 面糊式甜甜圈配方

原料名称	烘焙百分比/%	用量/g	原料名称	烘焙百分比/%	用量/g
低筋面粉	100	450	盐	1	5
奶粉	5	25	全蛋	25	110
奶香粉	2	10	马铃薯泥	10	45
发粉	5	25	水	30	135
糖粉	35	150	砂糖	—	适量
白油	8	38			

(2) 操作要点

①用筛网将低筋面粉、奶粉、奶香粉、发粉、糖粉过筛后与其他原料一起倒入搅拌缸内，加水，中速搅打制成团状。

②将搅拌好的面糊用刮刀取出，再用保鲜膜包起来，静置 20min。

③将松弛后的面团擀成 1～1.5cm 厚的面皮，再用保鲜膜盖好松弛 10min。

④用甜甜圈模型将松弛好的面皮压成圆圈形，并将中央的小圆形面皮取出，表面刷少许小麦粉，排放在平盘上再松弛一下。

⑤在油炸锅中倒入适量的油加热至 180℃，用刮刀铲起甜甜圈面皮放入油锅中炸至金黄色，沥干油后，在表面粘上砂糖即可。

3. 面团式甜甜圈

面团式甜甜圈的制作采用了发酵工艺，从而积累了大量的风味成分，并且面团中的面筋蛋白吸水形成湿面筋，从而使制品在口感上有嚼劲。

（1）面团式甜甜圈配方　见表5－8。

表5－8　面团式甜甜圈配方

原料名称	烘焙百分比/%	用量/g		原料名称	烘焙百分比/%	用量/g	
高筋面粉	100	840	A	全蛋	10	85	B
酵母	4.5	36	A	盐	1	10	B
盐	1.2	10	A	细砂糖	15	125	B
水	62	520	A	水	2	15	B
高筋面粉	25	210	B	白油	15	125	B
奶粉	10	80	B	砂糖	—	装饰材料	C

（2）操作要点

①首先将A组材料混合均匀揉至成团。在原料的混合过程中，水温要根据季节而变化。秋冬季加温水，春夏季节加冷水，甚至加冰水。然后将面团揉至光亮，放入发酵箱中，在28℃、相对湿度75%的条件下发酵约90min。

②将B组材料加入搅拌机的搅拌缸中（白油除外），分次加入发酵好的面团，中速搅打至成团后再加入白油，继续搅拌至面团拉起来有筋性且能看到有明显的细条纹路后停止搅拌。

③取出面团，在面案上将其擀成1～1.5cm厚的面皮，然后用保鲜膜盖在面皮上，防止其水分散失，并使面团散弛15min左右。

④用甜甜圈模型在面皮上压出甜甜圈的面皮，表面刷少许小麦粉，放入烤盘中，在温度35℃、相对湿度80%的条件下发酵10min左右。

⑤将发酵的甜甜圈生坯放入180℃的热油中，炸至外表呈金黄色，起锅沥干油后，立即在表面粘上砂糖即可。

4. 脆皮甜甜圈

脆皮甜甜圈是在原味面包甜甜圈的基础上加上脆皮粉浆制作而成的，外皮薄脆松软。

（1）脆皮甜甜圈配方　见表5－9。

表5－9　脆皮甜甜圈配方

原料名称	烘焙百分比/%	用量/g
原味面包甜甜圈	—	适量
脆皮粉浆	100	600
糯米粉	15	40
吉士粉	3	20

续表

原料名称	烘焙百分比/%	用量/g
发粉	10	60
生粉	5	30
猪油	7	40
香草粉	5	30
冰水	160	1 000

（2）操作要点

①将原味面包甜甜圈在180℃的热油中炸成外表呈金黄色捞出，沥干油，放凉备用。

②将所用原料中的粉类用筛网过筛，以补充新鲜的空气，防止粉类原料板结，有利于制品膨松。然后将筛好的原料和脆皮粉浆放入容器中，加水和熔化的猪油，用打蛋器搅打均匀，直至打蛋器拉起时，粉浆能成直线滴落。再静止3min，然后将放凉的原味面包甜甜圈放入浆中，均匀粘裹一层。

③将油温加热到190℃，放入蘸过粉浆的原味面包甜甜圈，炸至金黄色，捞出沥干油即可。

知识二　比　　萨

比萨原产自意大利的那不勒斯，是从意大利的一种传统面饼演变而来的。原本是把小麦粉、酵母、盐、橄榄油等材料混匀成团后，直接烘烤成面饼。后来由于酱料及馅料的变化，比萨的品种也得到了极大的丰富。它既包括厚皮比萨、脆皮比萨，又包括在此基础上发展出来的其他美味比萨，如夹心比萨等。

1. 基础面团制作

（1）基础面团配方　见表5－10。

表5－10　基础面团配方

原料名称	烘焙百分比/%	用量/g	原料名称	烘焙百分比/%	用量/g
高筋面粉	100	500	砂糖	5	25
温水	54	270	盐	1	5
即溶酵母	0.8	4	橄榄油	5	25

（2）操作要点

①在干净的容器里，首先加入即溶酵母粉，然后将高筋面粉加入，搅拌均匀后再慢慢倒入温水，继续搅拌。然后将砂糖粉、盐加入继续搅拌，最后将橄榄油缓慢加入到容器中，用刮板混合所有的材料，不断揉压成碎屑状。

②将面屑放在案板上，用双手按压，直至揉成长条形。然后在面案上摔打，以利于面团更具筋性。面团摔打至表皮呈光滑状后即可进行整形，揉成圆球状称重。

③将大圆面团用刀切成每个200g的小面团，并用双手手掌捧住揉搓成小圆形，将小圆面团用保鲜膜覆盖，在常温条件下，发酵约40min。其发酵是否成熟的判断方法是用手指蘸些小麦粉再插入面团，并小心抽出。若面团不会马上弹回，表示已经发酵完毕；若快速弹回，表示发酵时间不够；若手指抽出后下陷表示发酵过度。

2. 厚皮比萨制作

（1）厚皮比萨面皮制作

①将发酵好的基础面团拍打压平，每团约200g，将面团滚揉，排出面团里的空气，重新整形成小圆球状，盖上保鲜膜，发酵约20min。

②在操作台上撒少许小麦粉，将上述发酵好的面团拍打压平，以利于排出面团中的空气。用擀面棍将面皮擀成圆形，然后将圆形面皮以向上抛甩的方式甩开成扁圆皮状，即成厚皮比萨面皮。

③在烤盘中刷上一层薄油，将比萨面皮放入即可。

（2）三种厚皮比萨的制作

①意式总汇比萨：意式总汇比萨配方见表5－11。

表5－11 意式总汇比萨配方

原料	厚皮比萨面皮	番茄酱汁	意式沙拉米	意大利小丸	小猪肉丸	黑橄榄	马苏里拉奶酪	洋葱
配比	200g	适量	12片	20g	20g	15g	120g	20g

操作要点：

a. 将黑橄榄切片，马苏里拉奶酪刨丝，然后再放入烤盘的比萨面皮上，涂上番茄酱汁，撒上适量的奶酪丝，再将其他原料均匀地铺在比萨面皮上，再撒上剩余的奶酪丝。

b. 将烤箱预热至200℃，将比萨放入烤箱中烤12～15min即可。

②水果素什锦比萨：水果素什锦比萨配方见表5－12。

表5－12 水果素什锦比萨配方

原料	厚皮比萨面皮	比萨酱汁	橘子肉	猕猴桃	罐装菠萝	红甜椒	比萨用奶酪丝
配比	200g	适量	1片	1个	2片	1/2个	适量

操作要点：

a. 将放入烤盘的比萨面皮用叉子戳出小洞，下垫烘焙纸，然后将橘子肉剥去外皮，去子，切成粒状备用。猕猴桃去皮切成粒状备用，菠萝切成粒状备用，红辣椒也切成粒状备用。

b. 将比萨酱汁均匀地涂抹在面皮上，撒上一层奶酪丝，在面皮上依序撒上橘子粒、猕猴桃粒、菠萝粒、红辣椒粒，最后再撒上一层奶酪丝。

c. 在200℃温度下，烘烤10min左右至奶酪丝融化、比萨酱汁沸腾、面皮底部着色，即可出炉。

③北京烤鸭比萨：北京烤鸭比萨配方见表5－13。

表5－13　北京烤鸭比萨配方

原料	厚皮比萨面皮	烤鸭酱汁	烤鸭腿	青蒜蒜头	马苏里拉奶酪
配比	200g	适量	1只	适量	100g

操作要点：

a. 将鸭腿、青蒜蒜头切片，马苏里拉奶酪刨丝备用。在放入烤盘的比萨面皮上，均匀地涂上烤鸭酱汁。烤鸭酱汁可参考以下配方，甜面酱150g，烤鸭肉汁50g，糖、香油少许。取锅倒入所有材料，混合均匀，煮开成黏稠状即可。然后将马苏里拉奶酪丝撒到比萨面皮上，再均匀地铺上鸭腿丝、青蒜丝、蒜头片，再将剩余的奶酪丝撒在表面。

b. 放入预热到200℃的烤箱烘烤10min左右即可。

3. 脆皮比萨制作

酥脆的脆皮比萨与厚皮比萨在面皮的制作上所不同的是，其原料里面没有添加糖，具有传统的意大利风味。脆皮比萨面皮配方见表5－14。

表5－14　脆皮比萨面皮配方

原料名称	烘焙百分比/%	用量/g	原料名称	烘焙百分比/%	用量/g
高筋面粉	100	500	盐	1	8
水	54	270	橄榄油	5	25
即溶酵母粉	0.8	4			

操作要点：

（1）将酵母粉倒入温水中搅拌均匀，然后加入到高筋面粉中搅匀，接着加入盐、橄榄油和水，混合成碎屑状。

（2）取出面屑，揉搓成长条形后摔打，以增加面团的筋性及口感。盖上保鲜膜，发酵约40min，待面团胀发至2倍体积，即表示发酵完成。

（3）将发酵好的面团分割成每个150g左右，并分别滚圆后，再盖上保鲜膜，进行二次发酵，时间约25min。接着将发酵好的面团以拍打的方式压平，并在操作台上撒少许小麦粉，防止粘连。用擀面棍将面团均匀地擀成边薄圆片形面皮，即得到了脆皮比萨面皮。利用脆皮比萨面皮可以制作出很多种比萨，现举两例。

①帕玛火腿酪比萨：帕玛火腿是意大利相当有名的生火腿。因为猪饲料里面含有奶酪渣，所以其火腿肉口感滑嫩顺口，味道甘甜。帕玛火腿酪比萨原料是，脆皮比萨面皮一片，大约150g，番茄酱汁适量，帕玛生火腿6片，马苏里拉奶酪100g。其制作过程是将擀开的面皮向上抛甩，使面皮向下及向外呈圆形均匀拉开。将烤盘内刷上薄薄的一层油，再放入薄皮比萨面皮，然后在面皮上均匀地涂上番茄酱汁，但不能涂到面皮的边缘部分。在面皮上放入适量的奶酪丝，再将烤箱预热到200℃，放入比萨饼烤12~15min即可，最后在上面均匀地铺上帕玛火腿薄片即可。

②鲜虾酪梨比萨：其所用的原料是脆皮比萨面皮一片，约150g，番茄酱汁适量，炒虾仁12只，酪梨1/4个，马苏里拉奶酪70g。其制作方法是首先将酪梨切成小块，虾仁洗净，奶酪刨丝备用。然后在烤盘上刷一层薄油，放入薄皮比萨面皮，并均匀地涂上番茄酱汁，撒上适量的马苏里拉奶酪丝，再均匀地铺上虾仁及酪梨，将剩余的奶酪丝撒在表面，最后将比萨放入已预热到200℃的烤箱中，烘烤约15min即可。

4. 夹心比萨制作

夹心比萨面皮的制作是在基础面团的基础上涂抹奶油、奶酪制作而成的。其制作方法是：将基础面团均分成两块，约100g，再各自滚成大小相同的圆形，盖上保鲜膜，使面团松弛约10min。然后将松弛好的面团拍打压平成圆片状，用擀面杖将其擀成圆形的面皮。在面皮上均匀地涂上一层奶油、奶酪，再用一块相同大小的面皮盖在其表面，并压紧两片面皮的结合处，取一叉子在面皮上戳洞备用。利用该种面皮也可制得许多品种的比萨，现举例如下。

（1）叉烧百汇比萨　其所用的原料是夹心比萨面皮一片，叉烧酱150g，叉烧肉150g，蒜头3颗，青椒5g，马苏里拉奶酪100g。其制作方法是首先将叉烧肉、青椒、蒜头切片，奶酪刨丝备用。然后取一烤盘，在烤盘内刷上一层薄薄的油脂，放入夹心比萨面皮，并均匀涂上叉烧酱。撒上适量的马苏里拉奶酪丝，均匀地铺上已切好的叉烧肉、青椒、蒜头，最后加入剩余的马苏里拉奶酪丝。将比萨放入已预热至200℃的烤箱中，烘烤约15min即可。在叉烧百汇比萨中，所使用的叉烧酱对制品的质量有很大的影响。其所使用的材料是酱油500mL，糖20g，麦芽15g，水50mL，蒜末、葱、姜适量。其制作方法是将全部材料倒入锅中，一同熬煮至呈现浓稠状即可。

（2）什锦蔬菜比萨　其所使用的材料是夹心比萨面皮1片，青椒、红甜椒各1/2个，蘑菇30g，洋葱50g，马苏里拉奶酪100g，番茄酱汁适量。其制作方法是将青椒、红甜椒、洋葱切成粗丝状，蘑菇切成片状，马苏里拉奶酪刨丝备用。然后取一烤盘，烤盘里刷上一层薄薄的油脂，放入夹心比萨面皮，并均匀地涂上番茄酱汁，撒上适量的马苏里拉奶酪丝。再将青椒丝、红甜椒丝、洋葱丝、蘑菇片均匀地铺在比萨面皮上，撒上剩余的马苏里拉奶酪丝后，将烤盘放入已预热至200℃的烤箱中，烘烤15min左右即可。

5. 制作比萨所需要的主要工具及原料

（1）工具　比萨制作的过程中需要有一些基本的工具，主要包括比萨铲、滚刀、烤盘、烤模、擀面棍、温度计等。

①比萨铲：其作用是将比萨切开呈放射状，并且很容易地盛起一小块。

②滚刀：它的作用也是为了很容易地将比萨切开。

③烤盘：它是在制作薄皮比萨时，先把面皮放在烤盘上才能把比萨放进烤箱。

④烤模：它是制作厚皮比萨时所使用的主要器具。由于周边较高，它可以帮助将比萨的饼皮塑出好看的形状。

⑤擀面棍：它的作用是将饼皮擀开。

⑥温度计：用来测量水的温度。

（2）原料

①奶酪：它是制作比萨的基础原料，并且好奶酪的品种非常多，要想制作出口味非常完美的比萨，对奶酪的选择非常重要。常见的奶酪品种包括帕玛森奶酪，市售的帕玛森奶酪多为三角形包装，原产自意大利，具有乳香风味；马苏里拉奶酪，原产于丹麦，香气温和，口感滑顺，多半也是刨成丝，撒在比萨上面；奶油奶酪，多适合于夹心面皮，具有奶油的香味和口感；切达奶酪，原产自英国，味道浓厚，可刨丝后撒在比萨上面，多用来搭配肉类的比萨。

②酱汁：

a. 番茄酱汁配方见表5－15。

表5－15　番茄酱汁配方

原料	罐头番茄	橄榄油	意大利香料	番茄泥	黑胡椒粗粒	盐
配方	400g	40g	15g	适量	适量	10g

操作要点：将罐头番茄倒入搅拌机，打成番茄酱，加入橄榄油、香料以及其他原料，搅拌均匀即可。

b. 奶酪酱汁配方见表5－16。

表5－16　奶酪酱汁配方

原料	马苏里拉奶酪	切达奶酪	帕玛森奶酪	鲜奶	鲜奶油	黄油	面糊	黑胡椒粉
配方	50g	50g	25g	150mL	150mL	20g	20g	适量

操作要点：

● 取一锅加入奶油，使其融化后放入面糊拌炒，再慢慢加入鲜奶及鲜奶油一起拌匀，至完全没有颗粒为止。

● 加入剩余原料（黑胡椒粉除外），在小火下用木勺不停搅拌至原料沸腾，再加入黑胡椒粉即可。

c. 那不勒斯肉酱配方见表 5 – 17。

表 5 – 17 那不勒斯肉酱配方

原料	红高汤	橄榄油	红酒	牛绞肉	猪绞肉	罐装番茄	洋葱碎	胡萝卜碎	月桂叶	盐	糖
配方	3 000mL	3 勺	200mL	700g	300g	2 500g	3 勺	2 勺	2 片	少许	少许

操作要点：在锅中烧热橄榄油，放入牛绞肉、猪绞肉拌炒。将牛绞肉、猪绞肉煎至表面微焦，放入其他原料，继续炖煮约 6h 即可。

知识三　派的加工工艺

派又称排，由英文 Pie 翻译而来，是一种有馅的馅饼。派有许多种类，从口味上分，可分为甜味的（如苹果派）或咸味的（如叉烧派）。从饼皮上分，可分为单面派，即只有派底没有派面；双面派，既有派底又有派面。使其成熟可采用烘烤法，也可油炸。

1. 派皮

派皮是由小麦粉、油脂、水、盐、糖制作而成的。制作时根据其工艺要求，小麦粉要使用中筋粉，油脂一般用奶油，水要使用冰水，这样既使制品好做，还可以限制小麦粉形成面筋。也可不加水，加入鸡蛋来制作派皮，现举例如下。

（1）派皮　派皮配方见表 5 – 18。

表 5 – 18 派皮配方

原料	奶油	糖粉	鸡蛋	低筋面粉
配方	600g	300g	130g	900g

（2）操作要点

①将奶油、糖粉混合均匀后，分次加入鸡蛋拌匀。

②将低筋面粉过筛，加入到已拌匀的奶油、糖粉、鸡蛋混合物中，继续搀拌均匀，放入冰箱，冷冻至适宜的软硬度。

③将冷冻面团从冰箱取出，稍放置一段时间，用面棍擀开至 0.3cm 厚，盖在翻转的派碟上，再盖上一个派碟，然后翻正，用刮刀削去面皮边裙，再用手将其周边按齐，即制成生派皮。

④用竹签在面皮上扎孔后，送入已预热的烤炉，要求炉温面火 180℃，底火 170℃，烤至金黄色即制成熟派皮。

⑤双面派皮就是制作两块派皮，以便在其中间加入馅料制成派。烤法同上。

2. 派馅

派馅分生、熟两种。生馅拌和均匀后，与派皮一起烤熟。熟馅可直接放入到烤好的派皮上。如奶油派，在派皮上挤上奶油，再放水果装饰即可。

3. 派的加工实例

（1）柠檬派　柠檬派配方见表5－19。

表5－19　柠檬派配方

原料	鲜柠檬	奶油奶酪	柠檬浆	玉米淀粉	蛋黄	糖粉	蛋清	细砂糖	烤好的派皮
配方	1个	600g	100g	120g	4个	80g	160g	20g	1个

操作要点：

①鲜柠檬：将鲜柠檬放入搅拌机中打碎，取其汁液。

②将柠檬汁与奶油奶酪、柠檬浆、玉米淀粉、蛋黄、糖粉一起混合均匀，倒入准备好的派皮上，抹成圆拱形。

③将蛋清、细砂糖快速打至干性起发，抹在派面上，呈不规则状。

④将派放入预热的烤炉，以面火190℃、底火170℃烤至表面蛋清干熟，形成不规则的烤焦效果即可。

（2）苹果派　苹果派配方见表5－20。

表5－20　苹果派配方

原料	吉士粉	水	苹果	肉桂粉	单面派皮	镜面果胶
配方	100g	800g	700g	适量	1个	适量

操作要点：

①首先将吉士粉与水拌和均匀，然后将苹果去皮后，切成颗粒状加入拌匀。

②将拌匀的苹果馅涂抹到单面派皮上，要求抹匀。

③将苹果切片，排到馅料上，表面撒适量的肉桂粉。

④将坯料放入已预热的烤箱中，以面火200℃、底火190℃烤熟，取出冷却后，在苹果派表面刷镜面果胶，以增加其色泽。

（3）吞拿鱼派　吞拿鱼派配方见表5－21。

表5－21　吞拿鱼派配方

原料	吞拿鱼	洋葱粒	味精、盐、胡椒粉	沙拉酱	双面派皮
配方	300g	160g	适量	100g	一对

操作要点：

①将吞拿鱼、洋葱粒、沙拉酱及味精、盐、胡椒粉拌和均匀。

②将拌匀的馅料放入派碟内，抹平并另外擀薄派皮一块盖在表面，扫蛋黄后，画上花纹，花纹一般用竹签在其表面交错画道。

③将坯料放入已预热的烤炉中，以面火200℃、底火190℃烤至金黄色即可。

（4）猕猴桃慕斯派　猕猴桃慕斯派配方见表5－22。

表5－22　猕猴桃慕斯派配方

原料	鲜奶油	猕猴桃	慕斯明胶水	烤熟派皮
配方	300g	4个	适量	1个

操作要点：

①将鲜奶油打发备用。

②取两个猕猴桃去皮切成小粒后与打发的鲜奶油拌匀，然后将慕斯明胶水加热后分次加入拌匀，最后将拌匀的混合物倒入烤熟的派皮上。

③取猕猴桃两个去皮切片后，排在派表面，放入冰箱冻至凝固。

知识四　塔的加工工艺

塔又称挞，是英文Tart翻译而来，多根据其馅料来区分，如蛋塔、椰子塔等。塔是西点中的一种常见食品。

1. 塔皮

塔皮包括两种，一种是粉酥塔皮，另一种是层酥塔皮，二者在制作方法上具有不同的地方。

（1）粉酥塔皮　粉酥塔皮是用奶油、小麦粉、鸡蛋、糖、盐等调制而成的。其油脂的添加量较高，目的在于使塔皮既具有酥松效果，又能承载塔馅。

（2）层酥塔皮　层酥塔皮是由小麦粉、糖、鸡蛋、水混合而成的。其制作过程分三个部分。首先制作水面皮，水面皮由中筋面粉、白糖、鸡蛋、水混合调制而成。在制作的过程中，首先把糖、蛋、水混匀，打发，然后加小麦粉调成团状，醒发20～30min。其次制作酥心，酥心是由中筋面粉和猪油或起酥油混合而成的。在制作的过程中，应将猪油或起酥油和中筋面粉搓至纯滑。最后制作塔皮，用水面皮包上酥心，经多次折叠擀制，即可得到层酥塔皮。擀制的过程中，要防止酥心外露，可将包有酥心的面皮放入冰箱冷冻，并且擀制时用力要均匀，防止外皮破碎。

2. 塔馅

塔馅有许多种类，每一种都是将各种原料按一定的要求制作好。

塔馅加入到塔皮里面制成塔。

3. 加工实例

（1）椰子塔　椰子塔配方见表5－23。

表 5－23　椰子塔配方

原料	水	花生油	麦芽糖	砂糖	低筋面粉	椰蓉	鸡蛋	发粉	塔皮
配方	450g	170g	75g	130g	150g	380g	4 个	6g	适量

操作要点：

①将部分水（250g 左右）、花生油、麦芽糖、砂糖放入锅里煮开，然后将剩余的水与低筋面粉拌匀后加入到煮沸的水溶液中，再加入椰蓉，搅拌均匀，冷却。

②将鸡蛋、发粉分次加入到面糊中，并搅拌均匀，然后放置一段时间，多在 12h 以后使用。

③将馅料装入到塔皮中，放入已预热的烤箱中，以面火 210℃、底火 200℃ 烤至表面呈金红色。

（2）核桃塔　核桃塔配方见表 5－24。

表 5－24　核桃塔配方

原料	细砂糖	鸡蛋	香草粉	牛奶香精	核桃	提子干	蛋黄	塔皮	霖酒
配方	190g	5 个	5g	适量	370g	280g	25 个	适量	适量

操作要点：

①将细砂糖、鸡蛋、牛奶香精、香草粉、霖酒混合搅拌均匀，然后将核桃、提子干加入搅拌均匀。

②将蛋黄快速打至干性起发，装入裱花袋中备用。

③将塔馅加入到塔皮中，然后将打发的鸡蛋黄挤出覆盖在其表面。

④将塔坯放入已预热的烤箱中，以面火 200℃、底火 200℃ 烤至金黄色即可。

（3）水果塔　原料为粉酥塔皮适量，鲜水果适量，鲜奶油适量。

操作要点：

①先将粉酥塔皮烤熟，冷凉备用。

②将鲜奶油打发后取出一部分与水果粒混合，加入到塔皮中。

③用裱花袋将打发的鲜奶油挤在塔表面，放适量切片后的水果即可。

知识五　泡芙加工工艺

泡芙又称气鼓或奶油空心饼，是西点中的一种小甜食。其制作过程包括煮面糊部分和打面糊部分，其成型多用裱花袋挤出相应的形状。采用烤制或炸制的方法均可制得产品。由于其本身味道差，做成的产品应用细糖粉、糖浆或巧克力装饰。

（1）泡芙配方　见表 5－25。

表 5-25 泡芙配方

原料	黄油	水	高筋面粉	吉士粉	鸡蛋	鲜奶油
配方	800g	1 200g	1 000g	100g	35 个	适量

（2）操作要点

①将黄油、水煮开，分次加入高筋面粉、吉士粉煮成熟面糊状。

②将煮熟的面糊倒入搅拌机中快速打至冷却，再分次加入鸡蛋，快速搅拌均匀，搅拌好的面糊用手指挑起时应呈尖峰状。

③烤盘上刷油，并撒少许生小麦粉，将面糊挤在烤盘上，并做成相应的形状，如长条状。

④将烤盘放入已预热的烤箱中，以面火 220℃、底火 180℃烤至金黄色。在烘烤的过程中切记不要中途打开烤箱，否则产品容易收缩。

⑤将鲜奶油打发，用裱花袋挤入到冷却后的泡芙外壳里，然后进行装饰，即得到泡芙成品。

知识六 其他西式焙烤食品加工实例

西点除了常见的蛋塔、派、泡芙、面包等，还有许多其他的品种，如曲奇饼、酥饼、酥条、酥片等。

1. 奶油曲奇

（1）奶油曲奇配方 见表 5-26。

表 5-26 奶油曲奇配方

原料	牛油	黄油	细砂糖	鸡蛋	低筋面粉	高筋面粉	奶粉	牛奶香精	鲜奶油
配方	500g	500g	500g	310g	650g	600g	80g	适量	适量

（2）操作要点

①将牛油、黄油、细砂糖加入到搅拌机中，以中速搅拌，打至起发状，然后分次加入鸡蛋，打至糖完全溶化即可。

②将低筋面粉、高筋面粉、奶粉、牛奶香精用筛网过筛后，加入到蛋糊中，并搅拌均匀。

③将面糊装入裱花袋中，以一定的形状和规格挤在烤盘上。烤盘应事先涂少量油脂，并撒少许小麦粉。

④将烤盘放入已预热的烤箱中，以面火 170℃、底火 150℃烤至金黄色，取出冷却。

⑤将鲜奶油加入到搅拌机中，打发后，挤在冷却的曲奇饼底部，两块黏结即可。

⑥装入包装袋中。

2. 花生曲奇

（1）配方　见表5－27。

表5－27　花生曲奇配方

原料	牛油	黄油	盐	鸡蛋	低筋面粉	花生
配方	1 125g	1 125g	50g	10个	450g	1 500g

（2）操作要点

①将牛油、黄油、盐加入到搅拌机中，以中速打发后，分次加入鸡蛋搅拌均匀。

②将低筋粉过筛后，加入到鸡蛋糊中，搅拌均匀，然后加入已切碎的花生，倒入烤盘、压平，放入冰箱冻硬，取出后切片。

③将切片的花生曲奇生坯均匀地排在烤盘中，放入已预热的烤箱里，以面火170℃、底火150℃烤至金黄色。

④烤熟的花生曲奇，冷却后包装。

3. 椰蓉酥饼

（1）配方　见表5－28。

表5－28　椰蓉酥饼配方

原料	低筋面粉	发粉	碳酸氢铵	细砂糖	精炼猪油	鸡蛋	椰子香精	椰蓉
配方	350g	5g	5g	400g	350g	1个	适量	320g

（2）操作要点

①将低筋面粉、发粉、碳酸氢铵用筛网过筛后，在面案上开一粉窝。

②将细砂糖、猪油、鸡蛋、椰子香精搅拌均匀，至糖大部分溶化后，加入椰蓉混合，再与低筋面粉等堆叠拌匀。在混合的过程中，切记不要揉搓，防止小麦粉形成面筋。

③将面团分割成10g左右大小，搓圆后，放入烤盘。

④将烤盘放入已预热的烤箱中，以面火180℃、底火170℃烤至金黄色取出冷却。

⑤将冷却后的椰蓉酥饼包装即可。

4. 金手指小西饼

（1）配方　见表5－29。

表5－29　金手指小西饼配方

原料	牛油	黄油	细砂糖	鸡蛋	低筋面粉	高筋面粉	奶粉	牛奶香精
配方	200g	200g	400g	350g	330g	270g	10g	适量

（2）操作要点

①将牛油、黄油、细砂糖中速搅打至发泡，慢慢地加入鸡蛋，搅拌至糖已全部溶解为止。

②将低筋面粉、高筋面粉、奶粉、牛奶香精用筛网过筛后加入到上述混合物中拌匀。

③将拌匀后的面糊用裱花袋挤在高温布上，成细长条状，做成相应的形状，并规则排列。

④将生坯放入已预热的烤箱中，以面火170℃、底火150℃烤至金黄色后取出。

⑤将冷却后的小西饼包装。

5. 豪客薄饼

（1）配方　见表5－30。

表5－30　豪客薄饼配方

原料	牛油	细砂糖	蛋黄	蛋清	低筋面粉	香草粉	塔塔粉
配方	600g	500g	350g	350g	600g	5g	10g

（2）操作要点

①将牛油、细砂糖搅拌均匀，加入蛋黄，搅打至发泡状。

②将低筋面粉、香草粉过筛后，加入上述混合物中搅拌均匀。

③将蛋清和少量的细砂糖，快速打至湿性起发状，再加入塔塔粉，打至干性起发状。

④将打起的蛋白与面糊拌和均匀，挤在高温布上，呈片状。

⑤将生坯放入已预热的烤箱中，以面火170℃、底火150℃烤至金黄色。

6. 草莓佛林夹

（1）配方　见表5－31。

表5－31　草莓佛林夹配方

原料	蛋黄	细砂糖	盐	蛋清	塔塔粉	低筋面粉	草莓香精	鲜奶油
配方	350g	650g	10g	800g	20g	450g	适量	适量

（2）操作要点

①将蛋黄、细砂糖、盐加入到搅拌机里，快速打至干性起发，然后加入草莓香精拌匀后待用。

②将蛋清快速打至湿性发泡，然后加入塔塔粉，搅打至干性起发，再将已打发的蛋黄加入搅拌均匀。

③将低筋面粉过筛，加入拌匀。

④将打好的混合物装入裱花袋中，挤成直径约5mm的圆片。为了防止烘烤效果不理想，应将面糊挤在耐高温的不粘布上，并在挤好的面糊上撒上糖粉。

⑤将生坯放入已预热的烤炉中，以面火150℃、底火140℃烤熟后取出。

⑥将鲜奶油高速打发涂抹在冷却的草莓佛林上，两片夹起即可。

⑦装入相应的包装材料里。

7. 巧克力新月

（1）配方 见表5－32。

表5－32 巧克力新月配方

原料	蛋黄	水	低筋面粉	玉米淀粉	可可粉	温水	蛋清	细砂糖	塔塔粉	鲜奶油
配方	250g	100g	150g	100g	40g	50g	500g	250g	5g	适量

（2）操作要点

①将蛋黄、水搅拌均匀后加入低筋面粉、玉米淀粉拌匀。

②用温水将可可粉溶解，加入到上述面糊中搅拌均匀。

③将蛋清快速打至湿性发泡后，加入细砂糖、塔塔粉，继续打至干性起发。

④将拌匀的面糊与打发的蛋清混合拌匀，用裱花袋挤在高温布上。

⑤将生坯放入已预热的烤箱中，以面火220℃、底火140℃烤熟后取出。

⑥将稍冷却的烤熟的面饼对折成半圆状，放置备用。

⑦将鲜奶油打发后装入裱花袋中，挤在已对折的面饼的空隙处。奶油上还可以放置些水果，如黄桃、樱桃等进行装饰。

⑧用透明包装材料装后封口即可。

8. 椰子薄饼

（1）配方 见表5－33。

表5－33 椰子薄饼配方

原料	细砂糖	鸡蛋	椰子香精	椰蓉
配方	1 200g	2 000g	适量	2 000g

（2）操作要点

①将细砂糖、鸡蛋搅拌至糖完全溶解后加入椰子香精、椰蓉搅拌均匀。

②将两片模具放在高温布上，抹上椰蓉馅，制成相应的形状。

③将生坯放入已预热的烤箱中，以面火160℃、底火150℃烤至金黄色。

④将冷却至室温的椰子薄饼用透明塑料袋包装即可。

9. 椰子圈

（1）配方 见表5－34。

表 5－34 椰子圈配方

原料	牛油	糖粉	鸡蛋	椰蓉	低筋面粉
配方	1 440g	1 300g	650g	1 000g	1 950g

（2）操作要点

①将牛油、糖粉混合搅拌均匀，再分次加入鸡蛋，至发泡状，再将椰蓉加入搅拌均匀。

②将低筋粉过筛，加入到上述混合物中，搅拌均匀，呈团状即可。

③将面团用面棍擀薄，用大小两套圆印印出圆圈形。

④将椰子圈生坯蘸上椰蓉，均匀地排在烤盘中。

⑤将烤盘放入已预热的烤箱中，要求面火 170℃、底火 150℃，烤至金黄色。

⑥将冷却的椰子圈用透明材料包装即可。

10. 雪布玲夹饼

（1）配方　见表 5－35。

表 5－35 雪布玲夹饼配方

原料	低筋面粉	澄粉	发粉	白奶油	糖粉	蛋清
配方	500g	500g	3g	450g	300g	200g

（2）操作要点

①将低筋面粉、澄粉、发粉过筛后，在案板上开一粉窝，与白奶油、糖粉一起混合均匀。

②将蛋清分数次加入，并混合均匀。将面团擀成薄片，厚约 0.3cm，并用印花模具印出两块大小相等的面块，在其中的一块上印出小孔。将面块放入烤盘。

③将烤盘放入已预热的烤箱中，以面火 140℃、底火 120℃烤干至白色，用奶油将底、面夹起，在开孔处挤入果酱作装饰。

11. 马赛克小西饼

（1）配方　见表 5－36。

表 5－36 马赛克小西饼配方

原料	牛油	黄油	细砂糖	盐	牛油香精	鸡蛋	低筋面粉	玉米淀粉	巧克力膏
配方	250g	250g	400g	5g	适量	180g	500g	500g	适量

（2）操作要点

①先将牛油、黄油、细砂糖、盐、牛油香精拌匀，打至起发状，然后分次加入鸡蛋拌匀。

②将低筋面粉、玉米淀粉过筛后加入拌匀，将面糊分成三份，一份加入巧克

力膏调色。

③将黑白两份面团搓成圆长条，放入冰箱冻硬，然后取出，从中间切开，对错拼合。将剩余一份面团擀成薄片，包入拼好的面条，再放入冰箱冻硬后，粘砂糖切片。

④将烤盘放入烤炉烘烤，以面火160℃、底火150℃烤至金黄色。

⑤冷却后包装即可。

［综合实训］糕点加工技能

【实训项目一】　核桃酥加工技能综合实训

（一）实训目的

（1）掌握核桃酥性糕点的起酥原理、工艺流程和制作方法。

（2）通过实验，能初步对核桃酥性糕点成品质量进行分析、鉴别。

（二）实训要求

4~5人为一小组，以小组为单位，从选择、购买原料及选用必要的加工机械设备开始，让学生掌握操作过程中的品质控制点，抓住关键操作步骤，利用各种原辅料的特性及加工中的各种反应，使最终的产品质量达到要求。

（三）材料与设备

（1）材料　小麦粉、白砂糖、植物油、鸡蛋等。

（2）设备　烤炉、搅拌机、案板、粉刷、刮刀、不锈钢盘、烤盘、打蛋器、排笔、棕粉帚。

（四）工艺流程

面团调制→分割→置盘→烘烤

（五）典型产品操作要点

（1）原料准备。

（2）面团的调制　将小麦粉过筛，放在案板上围成圈。

（3）把白砂糖、酥油、核桃仁、糖浆、鸡蛋、碳酸氢铵、小苏打放在圈内充分揉匀，然后用刮刀和手配合，将小麦粉拨入圈中搅拌。

（4）分摘　分摘是将面团分成若干个有一定分量的生坯，一般以500kg小麦粉为基数按配方调制面团，可将其分成25块生坯。

（5）置盘　将分好的生坯用两手掌心搓成圆球形，放进烤盘，注意间距应摆得稍大一些。摆好后在每个生坯中央用手指压一小孔，刷上蛋液，粘上数粒果仁，待蛋浆稍干后再刷一次蛋浆，即可入炉烘烤。

（6）烘烤　将烘烤的面火和底火温度都调到140~150℃，然后入炉烘烤。圆球形生坯摊裂成圆饼形，表面形成多瓣大大小小的自然裂纹，色泽呈金黄色时即可出炉。

（六）操作实例

（1）桃酥配方见表5－37。

表5－37 桃酥配方

原料名称/g	烘焙百分比/%	用量/g
小麦粉	100	500
白砂糖	45	225
植物油	45	225
鸡蛋	20	100（2个）
氨粉	1	5
小苏打	40	200
核桃仁	适量	适量

（2）操作要点

①将小麦粉倒在面案上或盆中，中间扒个坑，加入白砂糖，再加入氨粉、小苏打、油和鸡蛋。将油和鸡蛋充分搅匀乳化，再将小麦粉调匀，擦透成团。

②将面团擀制成约1cm厚的大片，制成直径约6cm的圆饼，在饼中间按小坑，放入少许核桃仁或芝麻，刷上蛋液，摆入烤盘。

③进炉，在170℃温度下烤熟即成香酥可口、营养丰富的桃酥。

（3）注意事项

①使用化学膨松剂时，小苏打、碳酸氢铵都必须用蛋液溶解后才能拌入面团中，否则烘烤后成品会出现黄斑，且带有苦味。

②面团软硬要适中，过硬则起发膨胀差，表面裂纹不匀，规格偏小；过软则起发膨胀过大，表面裂纹太细，制品摊泻太多，规格偏大。一般冬天面团可能稍硬，可多加25kg左右的油来调节，不宜加水；夏天如面团过软，可适当减少油的用量。

③饼坯摆上烤盘时，相互间一定要留有匀称的间距，不能小于饼坯的直径，以免在入炉烘烤受热时，饼坯向四周摊裂，互相粘连在一起，出炉时就会使整个烤盘的饼干都相互黏结，扳断分开成一个个成品时，其外形就会残缺不齐，破坏美观。

④面团调好后要及时分摘、摆盘、装饰和烘烤，不宜放置过久，以防止小麦粉中蛋白质吸水胀润起筋，影响起发和酥松性。

⑤核桃酥的特点是表面呈裂纹状的圆饼形，要使圆形的饼坯自然摊裂并形成裂纹，烘烤中炉温的控制是关键。其操作方法是在140～150℃时入炉，注意观察摊裂情况，如果摊裂较快，则适当提高炉温至180℃，使之尽快干化、板结、

定型；如果摊裂较慢，可关掉炉火，炉温自然下降，促使其摊裂，待饼坯摊裂至合适大小时，马上开火提高炉温定型。

（七）实训操作评价

（1）准备工作　能发现并解决卫生问题；能进行原辅料预处理；检查设备运行是否正常。

（2）面糊调制　能按产品配方计算出原辅料实际用量；能根据产品配方和工艺要求解决搅拌过程中出现的一般问题。

（3）分摘　按照一定重量将面团分成若干个生坯。

（4）置盘　将分好的生坯用掌心搓圆，放进烤盘，注意间距；在每个生坯中央用手指压一小孔；刷蛋液、粘上核仁，待稍干后再刷蛋液。

（5）烘烤　控制好面火和底火温度，然后进炉烘烤，色泽呈金黄色即可出炉。

（八）产品主要考核要点

桃酥的品质评定包括体积、表皮颜色、外表式样、内部颜色、香味、味道、组织结构等几个部分，其各部分评分细则及要求都详细列出。

（1）外表形状　桃酥成品形态要规范，厚薄都一致，无塌陷和隆起，不歪斜。

（2）表皮颜色　桃酥表皮颜色是由于适当的烤炉温度和配方内糖的使用而产生的，正常的表皮颜色应是金黄色。

（3）表皮质地　良好的桃酥表皮应该薄而柔软。

（4）体积　烤熟的桃酥必须要膨胀至一定的程度。膨胀过大，会影响到内部组织，使面包多孔而过分松软；如膨胀不够，会使组织紧密，颗粒粗糙。

（5）内部组织　组织细密，蜂窝均匀，无大气孔，无生粉，无糖粒，无疙瘩等，无生心，富有弹性，膨松柔软。

（6）口感　入口酥松甜香，松软可口，有纯正蛋香味，无异味。

（7）卫生　成品内外无杂质，无污染，无病菌。

（九）桃酥加工常见问题分析

1. 烘烤过程中油脂溢出

（1）使用低筋面粉过多；

（2）烤炉温度过低或过高；

（3）面粉贮存太久。

2. 产品不够酥松

（1）使用过多的剩余面皮；

（2）使用太多生粉。

3. 制作酥皮制品时的注意事项

选用熔点较高的油脂，熔点低时吸湿面粉的能力强，流动性强，折叠压延时易发黏、漏油；选用糖粉，不应选用颗粒较大的白砂糖，否则糖粒未溶化，使终制品表皮呈斑点，影响产品质量；注意烤炉温度，特别应注意烘烤有馅心的双层派皮时，出炉前要检查派底是否烤熟，必要时可在上层盖一层锡纸或关掉面火。

4. 酥皮层次不清

（1）包油时，水油面团硬，而油酥面团软；

（2）油脂品质不佳，可塑性差；

（3）面粉筋力差，韧性、弹性弱，压延时破裂而造成油酥外露现象；

（4）水油面团温度过高，油脂凝固性差；

（5）折叠时面坯过软；烘烤时温度过低，或炉内保温效果不好。

5. 暗酥制品制作中应注意的问题

（1）开酥时，油酥要均匀地分布在水油面皮内；擀制时，不宜擀得过薄；卷筒时两头不要露酥。

（2）开酥时，采用卷酥或叠酥，应根据不同品种灵活掌握。一般地，卷酥时酥皮较薄，层次较多、均匀；叠酥时酥皮较厚，层次清楚，胀性大。

（3）分割时刀口要锋利，下刀快，防止层次粘连。

（4）烘烤时，炉温要适当。炉温过高，使外皮裂开；炉温过低，使成品泻油、不酥。

【实训项目二】 月饼加工技能综合实训

（一）实训目的

本实训重点是学会月饼制作的基本工艺流程。包括能掌握原辅料的处理方法，正确使用相应添加剂，并注意投料顺序，能按产品配方比例计算出所需原料的实际用量。掌握好温度、湿度；能按不同产品的特点控制加工的过程。要求进行分组对比实验（安排一组不按投料顺序进行配料实验），观察发生的现象并记录。

（二）实训要求

（1）3～5人为一小组，以小组为单位，从选择、购买原料及选用必要的加工机械设备开始，让学生掌握操作过程中的品质控制点，抓住关键操作步骤，利用各种原辅料的特性及加工中的各种反应，使最终的产品质量达到要求。

（2）写出书面实训报告。

（三）材料与设备

（1）材料　月饼粉、馅料、油脂、枧水。

（2）设备　和面机，立式搅拌机（或卧式搅拌机），面团分割机（选用），远红外线电烤炉，不锈钢操作工作台（案板），刮板，擀面杖，电子秤（或台秤)，各种月饼模具，烤盘，铁架子车，温度计、纸袋或塑料袋。

(四) 工艺流程

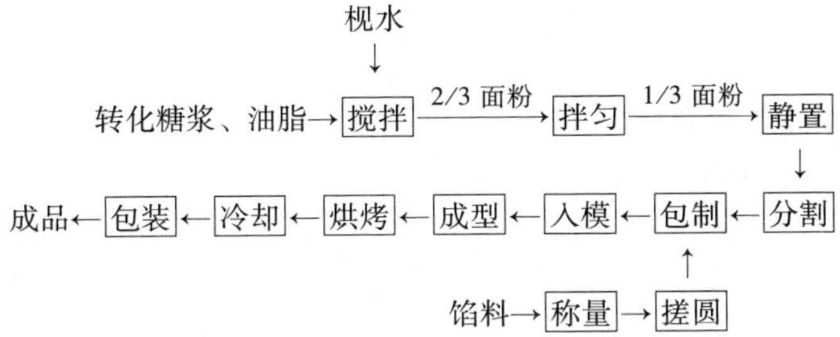

(五) 典型广式月饼操作要点

(1) 面团调制　将糖浆、油脂、枧水混合，中速搅拌均匀，形成乳状液。加入 2/3 面粉，为了防止面粉起筋，不宜过早加入面粉；搅匀后静置 20min 后再加入剩余 1/3 面粉。

(2) 面团静置　面团调制好后，一般要静置 30～40min 才能进行下一步操作。通过静置可使张力松弛，既降低了面团的弹性，又降低了黏度，从而改善了其加工性能。

(3) 包馅与成型　一般皮∶馅＝2∶8 或 3∶7，要求饼皮厚薄均匀，无内馅外露。取分摘好的皮料，用手掌揿扁，放馅，收口。把捏好的月饼生坯，收口朝上放入特制的印模内，用手掌向下按扁，不使饼皮露边或溢出模口。台上，稍撒干粉，以防成型时粘印模，然后敲脱印模，逐个置于烘盘内。

(4) 烘烤月饼在进炉前需在表皮刷清水，使饼皮表面形成一层水膜。以面火 180～230℃、底火 180～200℃烘烤 3～5min，使月饼定型，待表面呈金黄色时取出，再薄薄地刷一层蛋液，一定要均匀。

(5) 冷却与包装　月饼出炉后冷却至 50～60℃后即可包装。应选择可降解或易回收，符合安全、卫生、环保要求的包装材料。

(六) 典型京式月饼操作要点

(1) 面团调制　将制好的糖浆倒入和面机内，然后加入花生油和小苏打搅拌成乳白色悬浮状液体，再加入面粉搅拌均匀。搅拌好的面团应柔软适宜、细腻、起发。

(2) 面团静置　面团调制好后，应在 1h 内生产，否则存放时间过长，面团筋力增加，影响产品的质量、不浸油。

(3) 包馅与成型　一般皮∶馅＝3∶7 或 4∶6，要求饼皮厚薄均匀，无内馅外露。

(4) 成型　把捏好的月饼生坯，收口朝上放入特制的印模内，用手掌向下按扁，不使饼皮露边或溢出模口。

(5) 烘烤月饼　以面火 210～250℃、底火 180～200℃烘烤 3～5min，使月

饼定型，待表面呈金黄色后取出，刷薄薄的一层蛋液，一定要均匀。最后将炉温调至面火、底火均为180～200℃，烘烤8～12min。

（6）冷却与包装　月饼出炉后冷却至50～60℃后即可包装。应选择可降解或易回收，符合安全、卫生、环保要求的包装材料。

（七）典型苏式月饼操作要点

苏式月饼源于苏州。苏式月饼制作方法与众不同，它不添加膨松剂，皮层酥松，色黄油润，馅料香，油重而不腻，口感松酥，馅料中不加水分、糖多，易于保存。品种的味道分为玫瑰、百果、椒盐、豆沙、薄荷、黑芝麻、甘菜、鲜肉、猪肉火腿等。

（1）将水面团调好，将油面团擦匀。

（2）将水面团擀成面皮，将水面皮包入油面，擀成面皮；折成2～3折后再擀成面皮后，再反复操作一次；将面皮卷成棍形，切成小剂子；每个小剂子再擀成圆饼。

（3）包馅与成型　一般皮：馅＝2∶8或3∶7，要求饼皮厚薄均匀，无内馅外露。

（4）烘烤　月饼在进炉前需在表皮刷清水，使饼皮表面形成一层水膜。入炉后，以面火210～250℃、底火180～200℃，烘烤3～5min，使月饼定型，待表面呈金黄色时取出薄薄地刷一层蛋液，一定要均匀。最后将炉温调至面火、底火均为210～220℃，烘烤8～12min。

（5）冷却与包装　月饼出炉后冷却至50～60℃后即可包装。应选择可降解或易回收，符合安全、卫生、环保要求的包装材料。

（八）操作实例

1. 广式五仁月饼的制作

（1）配方用料

①馅料：熟面粉300g，糖粉120g，冬瓜粉160g，椰子香粉40g，松子仁120g，瓜仁120g，腰果120g，核桃120g，芝麻仁120g，葡萄干120g，花生油110g，水适量。

②皮料：月饼粉1000g、糖浆760g、吉士粉75g、枧水20g、花生油260g、食盐5g、牛油香粉10g。

（2）制作流程

①糖浆＋枧水搅拌均匀。

②加入花生油拌匀。

③加入面粉搅拌成均匀饼皮。用保鲜袋装起来，松弛半小时。

④面皮松弛好以后开始包馅。皮馅比例2∶8 。

⑤包好的月饼表面稍微蘸一些面粉，开始用月饼模成型。

⑥开始烘烤，先用温度210℃烤大概7min，到表面稍稍上色出炉。

⑦冷却5min以后表面刷上蛋液（蛋液用20g蛋黄+10g蛋清调制）。

⑧再次烘烤6～8min，至表面金黄色出炉。

⑨冷却后用密封袋装起来，存放3～7d以后就可食用了。

2. 京式月饼的制作

（1）皮馅比为4∶6。

①皮料（单位：kg）：小麦粉100、熟猪油40、白砂糖50、鸡蛋16、饴糖1、小苏打0.27。

②馅心（单位：kg）：枣泥200、核桃仁2。

（2）工艺流程

原料准备→配料→调制面团→分摘→包馅成型→入盘→烘烤→成品

①面团调制：将制好的糖浆倒入和面机内，然后加入花生油和小苏打搅拌成乳白色悬浮状液体，再加入面粉搅拌均匀。搅拌好的面团应柔软适宜、细腻、起发好、不浸油。

②制馅：使用擦制法。

③包馅：将已包好的饼坯封口向外，放入印模，用印模压制成型。

④装盘、烘烤：先在烤盘内涂一层薄薄的花生油，再按合适距离放入饼坯。用200～220℃的炉温烘烤。

（3）操作要点　皮面团要适当揉搓，防止饼皮生筋；饼皮与馅心要分摘均匀，防止成品大小不一；皮和馅的软硬度要尽量保持一致，便于成型，出炉后迅速冷却，不能翻动，否则成品易破碎。

3. 苏式月饼的制作

（1）制皮酥　制皮酥有大包酥和小包酥两种，现以每500g月饼6个计算，皮、酥各以5kg为单位（即60个成品），取皮1.6kg、酥0.78kg；素黑麻椒盐月饼取皮1.45kg、酥0.61kg。

①大包酥：将油酥包入皮料，用滚筒压成薄皮（0.66cm厚），擀成圆形长条，用刀切成10块，再将小块的两端从刀痕处折向里边，用手掌按成薄匀形即可包馅，但酥包入皮内用滚筒擀薄时，不宜擀得太窄太短，以免皮酥不匀，影响质量。

②小包酥：将皮料与油酥料各分10小块，油酥逐一包入皮料，用滚筒稍稍压延后卷折成团，再用手掌按成薄饼形，即可包馅。

（2）包馅　将馅逐块包入皮酥内即成，但猪油夹心月饼需先取豆沙馅按薄置于皮酥上，再取猪油丁、桂花等混合料同时包入皮酥内。

（3）成型　馅料包好后，在皮酥的封口处贴上方形小纸，压成1cm厚的扁形生饼坯。质量以每500g 6个计算，每只质量约为90g；每500g 4个或12个也可依此类推。为了分辨各种馅料的月饼，一般在月饼的坯形上盖上各种名称的印章。

（4）烘焙　一般烘焙时间为6～7min，主要是根据炉温而定，温度过高易焦，过低会跑糖露馅。鉴定月饼是否烘熟，一般凭眼力观察。熟则饼面松酥，起鼓状外凸，饼边圆周呈黄白色，起酥；如饼面不起鼓，稍有凹进状态，饼边圆周呈黄绿色，不起酥皮，则表示未完全烤熟。

（九）实训操作评价

（1）准备工作　能发现并解决卫生问题；能进行原辅料预处理；检查设备运行是否正常。

（2）面团调制　能按产品配方计算出原辅料实际用量；能根据产品配方和工艺要求解决搅拌过程中出现的一般问题；能正确调制面团的软硬度。

（3）静置　能按不同产品要求在一定的条件和规定时间内完成分割和称量。包馅：要求饼皮厚薄均匀，无内馅外露；入模（除苏式月饼外）要求要包口朝上，出模后包口向下，表面花纹清晰。

（4）烘烤　能按不同产品的特点控制烘烤过程。

（5）装饰　能用调制的多种装饰材料对产品表面进行装饰。

（6）冷却与包装　能正确使用冷却装置；能控制产品冷却时间及冷却完成时的内部温度；能根据产品特点选择相应的包装方法。

（7）贮存　要求保存在低温通风干燥处。

（十）产品主要考核要点

月饼的基本要求如下。

（1）塌斜　月饼高低平整，要周正；

（2）摊塌　月饼不得有面小底大的变形现象；

（3）露酥　月饼不得有油酥外露、表面粗糙的现象；

（4）凹缩　月饼不得有饼面和侧面凹陷的现象；

（5）跑糖　月饼不得有馅心中的糖融化渗透至饼皮，造成饼皮破损并形成糖疙瘩的现象；

（6）青墙　月饼不得有未烤透而产生的腰部呈青色的现象；

（7）拔腰　月饼不得有烘烤过度而产生的腰部过分凸出的变形现象；

（8）花纹　月饼表面花纹要清晰明显；

（9）组织　月饼内部组织要均匀一致；

（10）回软　月饼回软要适当、及时。

（十一）月饼加工常见问题分析

（1）制作月饼熬制后的糖浆在贮存时，有时在糖浆面周围会出现“糖霜”；若增加水分，降低糖浆浓度，饼皮会上筋。

糖浆返砂（即有霜）是由于煮制时间不足而引起的，要解决返砂问题，就要延长熬煮时间，加入足量的酸使蔗糖较充分地转化成单糖。所以，高质量的糖浆通常是用大量的水（60%的水）煮制5～6h，使糖浆浓度达85%左右。关于煮糖浆的加水量问题，请注意以下两方面。

①加水量越大，蔗糖转化为葡萄糖和过糖的量越多，即转化率越高，糖浆回油效果越好。所以，煮糖浆时尽可能多加水就是这个道理。

②加水量大，不等于糖浆水分含量就高，糖浆最终浓度是通过调节煮制时间及煮制火力的大小来控制的。我们知道，煮制时间也是影响糖浆转化率的主要因素，煮制时间越长，转化率越高。目前，很多企业在煮糖浆时仅使用35%～40%的水，煮制时间很短，用这种糖浆制作的月饼，回油效果是很差的。

（2）广式月饼皮面有时出现面团糟脆，不能正常使用的现象。

饼皮没有黏性、不易成型，其主要原因是：第一，饼皮配方不合理，油脂过多或者糖浆不足，都会引起饼皮干、硬、没有黏性。要解决这一问题，可考虑增加糖浆用量、相对减少油脂用量，以增加饼皮黏度。转化糖浆的用量多少，是影响饼皮回油质量的关键，所以正常的广式月饼，糖浆用量都高达80%以上。第二，搅拌饼皮的投料顺序和搅拌时间，也会影响饼皮的韧性。在饼皮搅拌时，通常是糖浆与油脂搅拌均匀，接着加入2/3的面粉，充分搅拌均匀；停放约20min后，再加上剩余的面粉，搅拌均匀即可。如果不按这种加料顺序搅拌，饼皮常会出现问题。例如，一次性加入全部面粉，若没有充分搅拌，饼皮韧性就不好，不易成型；若搅拌过度，面筋形成太多、饼皮易收缩。广式月饼的搅拌通常分两次拌入面粉就是出于这一目的。

（3）广式月饼烘烤前需刷清水原因。

糖浆皮月饼在进炉前需刷清水，其目的是希望饼皮有一层水膜，使其糖焦化，上色速度放慢，饼皮颜色呈金黄色。如果不刷清水，饼皮的焦化会加快，饼皮颜色不艳，没有光泽。所以糖浆皮月饼（如广式月饼）、提浆月饼等需刷水后进炉，其他饼皮的月饼（如苏式月饼）不需这一工序。另外，刷水或喷水不能过多，饼皮若水膜过厚将影响饼皮花纹的明晰度。

（4）广式月饼烘烤后，出现饼皮与馅料分离现象。

饼皮与馅料不黏结，主要原因有两个方面：其一是由于馅料中油分太高，或是因馅料炒制方法有误，使馅料泻油，即油未能完全与其他物料充分混合，油脂渗透出馅料。这种情况会引起月饼包馅时，皮与馅不能很好黏结，烤熟后同样是皮与馅分离。如果馅料泻油特别严重，月饼烤熟后存放时间越长，饼皮脱离也就越严重。其二是饼皮配方中油分太高，搅拌饼皮后，饼皮泻油。饼皮搅拌过度，也会引起饼皮泻油。泻油的饼皮同样也会使饼皮与馅料脱离。

要解决脱皮问题，主要方法就是防止泻油现象的出现。如果是馅料泻油，可以在馅料中加入3%～5%的糕粉，将馅料与糕粉搅拌均匀。若是皮料泻油，可以在配方中减少油脂用量，增加糖浆的用量。搅拌饼皮时应按正常的加料顺序和搅拌程度操作，这是防止饼皮泻油的关键。

（5）广式五仁月饼出炉后，花纹模糊不清；出炉后，五仁月饼变形。

如果月饼不变形，只是花纹模糊，大多数是因为饼皮的配方不合理，或是由于炉温没有掌握好。当饼皮中的油脂含量过高，饼皮柔性过重时，月饼花纹不清晰，则是由于油多，饼皮泻性增加而引起的。另外，月饼入炉后，应先用较高的面火、较低的底火，把饼皮形状固定，烤至有轻微金黄色后，取出刷蛋液，把炉温调低一些，继续烤熟。如果炉温太低烤月饼，花纹也会模糊不清。

五仁月饼变形，主要原因有两方面：首先，可能是由于五仁馅配料不合理、糖分含量过高或者油脂含量过高，糖、油含量过高是五仁月饼变形的主要原因，馅料中的糖应包括所有加入的糖（包括肥猪肉中的糖）。总糖量不应大于30%，总油量应小于18%。其次，炉温低，表皮形成速度减慢，表皮未固定之前，馅料中的糖已开始溶化，油已开始泻流、月饼变形，所以月饼入炉后先用210～220℃的面火来烘烤，可减少由于炉温失误引起的变形。

（6）做广式月饼能不能加一定的麦芽糖浆来代替部分转化糖浆。

许多老师傅在煮转化糖浆时，常常加入一定量的麦芽糖，其目的是增加转化糖浆的稠度，减少糖浆返砂现象。但从科学的角度看，加入麦芽糖浆是没有必要的，因为转化糖浆的稠度和是否返砂均可通过煮制过程来控制，与是否加入麦芽糖浆无关。另外，麦芽糖浆含有大量的糊精，糊精经烘焙后会增加产品的硬度，所以不必添加麦芽糖浆。

【实训项目三】 泡芙加工技能综合实训

（一）实训目的

（1）掌握泡芙的工艺流程和制作方法。

（2）通过实验能初步对泡芙成品质量进行分析、鉴别。

（二）实训要求

4～5人为一小组，以小组为单位，从选择、购买原料及选用必要的加工机械设备开始，让学生掌握操作过程中的品质控制点，抓住关键操作步骤，利用各种原辅料的特性及加工中的各种反应，使最终的产品质量达到要求。

（三）材料与设备

（1）材料　黄油、水、高筋面粉、鸡蛋、鲜奶油、吉士粉等。

（2）设备　烤炉、搅拌机、案板、粉刷、刮刀、不锈钢盘、烤盘、打蛋甩、裱花袋等。

（四）工艺流程

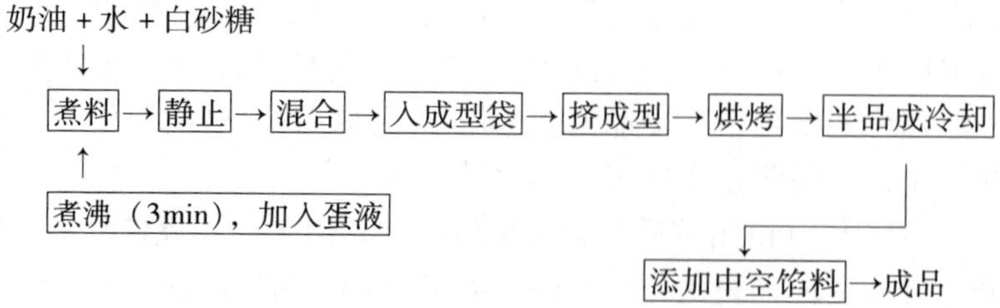

（五）操作实例

（1）泡芙配方见表5－38。

表5－38 泡芙配方

原料	黄油	水	高筋面粉	吉士粉	鸡蛋	鲜奶油
配方	800g	1 200g	1 000g	100g	35个	适量

（2）操作要点

①将黄油水煮开，分次加入高筋面粉、吉士粉煮成熟面糊状；

②将煮熟的面糊倒入搅拌机中快速打至冷却；

③再分次加入鸡蛋，快速搅拌均匀，搅拌好的面糊用手指挑起时应呈尖峰状；

④将面糊装入裱花袋中，烤盘上刷油，并撒少许生小麦粉，将面糊挤在烤盘上，并做成相应的形状；

⑤将烤盘放入已预热的烤箱中，以面火220℃、底火180℃烤至金黄色。在烘烤的过程中切记不要中途打开烤箱，否则产品容易收缩；

⑥先将鲜奶油打发好且装入裱花袋，用裱花袋挤入冷却后的泡芙外壳里，然后进行装饰，即得到泡芙成品。

（3）注意事项

①在高温条件下，快速加入过筛面粉，并急速搅拌煮至面糊不粘容器时离火，使面粉中淀粉充分糊化膨胀，蛋白质受热变性、凝固，该面团无弹性和韧性。

②将热面糊放入搅拌机内慢速搅拌使面糊降温至60℃，再改用中速慢慢加入加蛋并不断搅拌均匀。

③将搅均匀的面糊料装入裱花袋中，挤在刷油撒干粉的平盘上，喷水后马上进炉烘焙。

（六）实训操作评价

（1）准备工作　能发现并解决卫生问题；能进行原、辅料预处理；检查设备运行是否正常。

（2）面糊调制　能按产品配方计算出原辅料实际用量；能根据产品配方和工艺要求解决搅拌过程中出现的一般问题。

（3）加蛋　面糊温度降至60℃时，慢慢加入鸡蛋。

（4）挤糊　将搅匀的面糊料装入裱花袋中，挤在刷油撒干粉的烤盘上。

（5）烘烤　控制好面火和底火进炉烘烤，以面火220℃、底火210℃烘烤20min。

（6）夹馅　将鲜奶油打发，用裱花袋挤入到冷却的泡芙外壳里。

（7）装饰　将挤过糊的泡芙进行装饰得到泡芙成品。

（七）产品主要考核要点

泡芙的品质评定包括体积、表皮颜色、外表形状、香味、味道、组织结构等几个部分。现将各部分考核细则及要求说明如下。

（1）体积　做好的泡芙必须要膨胀至一定的程度。膨胀过大，会影响到内部组织，使面包多孔而过分松软；如膨胀不够，会使组织紧密，颗粒粗糙。

（2）表皮颜色　泡芙表皮颜色是由于适当的烤炉温度和配方内糖的使用而产生的，正常的表皮颜色应是金黄色。

（3）外表形状　泡芙成品形态要规范，厚薄都一致，无塌陷和隆起，不歪斜。

（4）表皮质地　良好的泡芙表皮应该薄而柔软。

（5）内部组织　组织细密，蜂窝均匀，无大气孔，无生粉，无糖粒，无疙瘩等，无生心，富有弹性，膨松柔软。

（6）口感　入口绵软甜香，松软可口，有纯正蛋香味，无异味。

（7）卫生　成品内外无杂质，无污染，无病菌。

（八）泡芙常见问题分析

1. 泡芙烘烤时体积膨胀不大

（1）加蛋时面糊温度超过65℃，因此部分蛋被烫熟影响面糊膨大；

（2）蛋从冰箱中取出或蛋不新鲜；

（3）面粉在油水中煮沸时间过长，使面粉变得过分糊化；

（4）面粉与油水煮沸时间太短或搅拌不均匀，油从面糊中渗出；

（5）加蛋时，面糊温度太低，乳化不好；

（6）炉温太低，炉温不应低于210℃；

（7）面糊太干。

2. 泡芙烘烤时面糊在炉中出小油泡

（1）面糊搅拌时间太久，形成面筋韧性太强，面糊中油脂无法融合很好；

（2）面糊调制过程中油水乳化不好或搅拌不均匀，因此未与面糊乳化的油在炉中从面糊内渗出。

3. 泡芙内部缺少空囊

（1）面糊太干，影响膨大；

（2）配方内油的用量太多，影响膨大，尤其使用固体油脂更加明显；

（3）炉温太低，炉温不应低于210℃；

（4）面糊太干。

【实训项目四】　蛋塔加工技能综合实训

（一）实训目的

（1）掌握蛋塔的工艺流程和制作方法。

（2）通过实验能初步对塔成品质量进行分析、鉴别。

（二）实训要求

4～5人为一小组，以小组为单位，从选择、购买原料及选用必要的加工机械设备开始，让学生掌握操作过程中的品质控制点，抓住关键操作步骤，利用各种原辅料的特性及加工中的各种反应，使最终的产品质量达到要求。

（三）材料与设备

（1）材料　水、白砂糖、鸡蛋、牛奶、黄油、糖粉等。

（2）设备　烤炉、搅拌机、案板、粉刷、刮刀、不锈钢盘、烤盘等。

（四）操作实例

（1）粉酥塔皮蛋塔配方见表5－39。

表5－39　粉酥塔皮蛋塔配方

原料	水	白砂糖	鸡蛋	牛奶	黄油	猪油	糖粉	低筋面粉	蛋乳香精	黄色水
配方	500g	250g	8个	120g	750g	500g	600g	2 500g	适量	适量

（2）粉酥塔皮蛋塔制作过程

①将牛油、猪油、糖粉混合，中速搅拌至发泡，然后将两个鸡蛋分次加入拌匀；

②将小麦粉用筛网过筛，加入混合物中拌匀，然后将其均匀地压入模具中待用；

③将水加热至沸腾，倒入搅拌器中，加砂糖搅拌至溶解，然后冷却；

④将剩余鸡蛋搅打均匀，并与牛奶、蛋乳香精、黄色水、糖水混合搅拌均匀，然后过滤除去泡沫；

⑤将蛋塔馅料注入到塔皮中，放入已预热的烤箱，以面火210℃、底火250℃烤至蛋塔水凝固即可。

（3）注意事项

①鸡蛋分两次加入塔皮料中拌匀；

②小麦粉后加入混合料液；

③控制好烘烤温度。

（五）实训操作评价

（1）准备工作　能发现并解决卫生问题；能进行原辅料预处理；检查设备运行是否正常。

（2）预调　将牛油猪油糖粉混合，中速搅至发泡，加蛋拌匀。

（3）调粉　将过筛后的小麦粉加入到混合物料中，压入模具待用。

（4）加水、糖　将水煮沸倒入容器，加白砂糖搅拌，然后冷却。

（5）加入剩余物料　将剩余鸡蛋拌匀，并加入其他物料混合拌匀。

（6）烘烤　将蛋塔馅料注入塔皮中，控制好面火和底火温度，开始烘烤。

（六）产品主要考核要点

蛋塔的品质评定包括体积、表皮颜色、外表形状、香味、味道、组织结构等几个部分。现将内外两部分各细则评分的办法说明如下，其各部分考核细则及要求都详细列出。

（1）外表形状　塔的成品形态要规范，厚薄都一致，无塌陷和隆起，不歪斜。

（2）表皮颜色　塔的正常的表皮颜色应是金黄色。

（3）表皮质地　良好的塔表皮应该挺实坚挺。

（4）味道　成熟的塔味道良好具有蛋奶香。

（5）口感　入口绵软甜香，松软可口，有纯正蛋香味，无异味。

（6）卫生　成品内外无杂质，无污染，无病菌。

（七）蛋塔常见问题分析

1. 粉酥塔皮较不易成型

塔皮加入蛋时，打发过度。外皮过于松散。

2. 层酥塔皮成品开裂或走样

油酥与水面团软硬不相同，导致层次不清，出现走油或漏油现象。

思考题

1. 试述油酥面团的调制机理与技术关键。
2. 试述油酥面团与酥性面团的异同。
3. 试述原料的添加顺序对水油面团调制的影响。
4. 试述影响发酵面团醒发的因素。
5. 试述糖浆质量对广式月饼回油回软的影响。
6. 试述派和塔加工工艺的异同。
7. 试述曲奇饼加工过程需要注意的问题。
8. 在膨松面团、水调面团、油酥面团、特殊面团四类制品中选一例，针对工艺过程说明其制作机理。
9. 试述填充料对馅心质量及产品质量的影响。

模块六　焙烤食品装饰料的制备

[**学习目标**]

介绍各类装饰料的作用、配料及制作方法、使用范围等。

项目一　装饰目的和原则

对糕点进行装饰，又称对糕点的美化，是糕点生产中重要的工序之一。

知识一　装 饰 目 的

（1）更加美化　适当地对糕点进行装饰，使其外表具有诱人的图案及色彩，增加人们的食欲，并具有促销效果。

（2）提高风味　使用的装饰原料大多具有特殊风味，赋予糕点独特的口味。

（3）延长保质期　使用的装饰原料因其覆盖于糕点表层，能防止糕点水分散失，从而延缓老化，提高保质期。

（4）装饰物使用得当，可成为产品精彩的一部分。使用不当，会成为产品的累赘，起到相反的作用。

知识二　装 饰 原 则

（1）装饰物在使用时，要有明确的主题，正面为主，侧面为辅。

（2）装饰物摆放一定要按构图设计，自然、流畅。

（3）边装饰，边看效果。装饰物勿过多，不要画蛇添足，既要丰富，又要简练。

（4）同一蛋糕中，一般使用不同材质及色泽的装饰物来体现创作意图。

（5）为区别蛋糕主题，装饰时手法应多样，不应将所有的蛋糕都用一两种方法来装饰。

（6）花饰不要过多过散，比例要适当，画龙点睛。

（7）使用的装饰物一般应具有可食性。

（8）构图要有紧有疏，画面才能有生气，避免使用平均量。

（9）画面要注意均衡关系，上下左右在视觉上要搭配合适。

（10）装饰应提高审美能力和艺术品位，并提高商品价值。

（11）正确书写文字，图案内容应与文字含义相同，图文并茂。

（12）裱花技巧需要反复练习，持之以恒，刻苦钻研，才能熟能生巧，形象逼真。

（13）提高自我美术、装潢设计的能力，增加想象力。

项目二 装饰方法

1. 色泽装饰

色泽是糕点中最重要的感官指标之一，色泽是否良好直接影响到人们的食欲。不同的色泽搭配，可在一定程度上提高不同人群的食欲。

（1）油炸着色法 油炸时，坯体内的糖分焦化及油脂中固有色素共同作用，会使制品产生棕黄色或深褐色。

（2）刷蛋着色法 制品在熟制前刷上蛋液，利用蛋黄中的蛋黄素使制品在加工中产生金黄光亮的色泽。

（3）重色装饰法 在糕点图案中，将某种色泽的装饰嵌叠在另一颜色的装饰物料内，以增加装饰的效果。

（4）粉染着色法 将色素粉末直接加入到液态物料中进行着色。

（5）液染着色法 将固体色素加入溶剂制成溶液，搅进物料中进行着色。

（6）喷印着色法 将液态色素装入压力容器中，靠压力将其喷射出来而着色。

（7）焦化着色法 利用糕点原料中的糖类焦化而产生棕黄、金黄等色彩。色彩的深浅度要依据火力大小和坯的多少变化。含糖量高，加工温度也高，色彩就深，反之则浅。

2. 表面装饰

对糕点表面进行装饰时，一般可将奶油膏、蛋白膏、黄酱膏等涂抹在蛋糕外部，用手或工具将酥皮捏成花式，用蛋糕屑铺撒在蛋糕表面，用各种子仁、果仁、白砂糖、糖粉、椰丝、椰蓉等装饰在成品上面，形成立体状等。

3. 夹心装饰

在糕点中间或几层糕点之间夹入装饰料，既可以美化，也可以提高营养及风味。可夹入果酱、果冻、巧克力浆、奶油、果料等。

4. 模具装饰

利用各种带花纹和文字图案的木制或塑料制成的模具进行装饰，如广式月饼等。

5. 裱花装饰

主要用于平面或立体造型艺术蛋糕的表面装饰，也可用于小干点制品的表面装饰。

项目三　配色原则

摆在橱窗里的一件件精致的糕点，能使人感到一种艺术和情趣的享受，这种享受主要来自精美的糕点造型与和谐的色彩处理对心理所产生的震撼。糕点的艺术色彩往往又是人们欣赏糕点的第一感觉，它能给人以强烈的印象，使人赏心悦目。

知识一　色彩学基础

1. 色彩性质

我们日常见到的颜色很多，赤、橙、黄、绿、青、蓝、紫，还有很多其他色泽。因为用红、黄、蓝这三种颜色可调配出任意所需的色彩，因此，在色彩学上把红、黄、蓝这三种颜色称为原色。所谓原色，就是无法用其他颜色调配出来的色。

通过三原色间的相互调配，我们可以得到其他颜色，如红 + 黄 = 橙，黄 + 蓝 = 绿，红 + 蓝 = 紫，这几种色称为间色，即用两种原色调配而得的颜色便是间色。

把两种间色相互调配而得出的色称为复色。

利用三原色之间不同用量的混合，便可调配出任意无穷的色彩来。但如果三原色等量混合，则得到的是灰黑色。

还有一个补色的概念，又称余色，即看颜色时视觉上的一种特殊反应。例如，当我们先看了一定时间的鲜红颜色后，再把视线移到别处，那么，在移开的一瞬间，视觉上似乎有出现绿色的感觉，那种感觉就是红色的余感，相反，先看绿色，也必定会出现红色的余感，二者即互为补色。补色在色轮上处于对角位置。

2. 色彩三要素

在色彩学上，把色相、纯度、明度称为色彩三要素。

（1）色相　是指颜色的相貌，颜色的称谓，如红、黄、蓝、白、黑等。

（2）纯度　又称色度，即色彩的饱和程度。每种颜色在未掺入其他颜色时，其色度必纯，或说纯度很高。如掺入其他颜色后，其色度就降低。若颜色混调过多，则色彩会变灰暗。

（3）明度　是指色彩的明暗程度，它说明了同一色彩在不同光照下呈现出来的明暗变化。把涂有一定颜色的横纸条，折两次成型，并将其放置于窗口处，受光最强的部位，便明度最强，成为明色；中间部分受光适中，成为正色；背光部位受光最弱，成为暗色。

3. 色彩的冷暖，象征意义及对食欲的影响

色彩不仅仅是美术范围的东西，而且和我们的日常生活有很大的联系。

首先，色彩会给我们暖和冷的感觉。例如，看到红、橙、黄三色时，就会有热烈、暖和的感觉，因此把这三色称为暖色。而当看到蓝、绿、紫三色时，给我们的感觉是寒冷、沉寂、柔和、轻松，所以把蓝、绿、紫三色称为冷色。黑、白两色，因兼备冷暖感觉，故称中间色。

其次，色彩有感情象征意义。红色，象征温暖、光明、热烈、幸福、光荣，同时也引出美好、娇艳的意思，还有危急、警戒的意思。但在蛋糕装饰中一般是取前两种含义，如祝寿蛋糕的“寿”字就用鲜红色，挤月季花、玫瑰花时用粉红色。

黄色，象征豪华、高贵、富丽、光辉、明亮等，同时还有神圣、美丽的含义。如一些蛋糕几乎全部用黄色，最后点缀一些巧克力做边和写字，显得雍容华贵。

绿色，是大自然的色彩，象征生命、青春、轻盈、温柔，同时也有平静、希望、安宁、和平等象征。在蛋糕装饰中常用作叶子、青草的颜色。

蓝色，海洋、天空的主色调，象征深远、平静、永恒、广阔。以前的蛋糕装饰中使用较少，近来在一些类似风景画面的蛋糕装饰中有应用，多用来表现蓝天、湖水、海面等背景。

紫色，优雅神秘、高贵的含义。

黑色，严肃、坚毅、稳重的意思。

白色，象征明亮、高尚、纯洁、神圣、光明。因是中间色，极易与其他颜色相配，故蛋糕装饰中经常是先抹了白色的奶油忌廉，再在其上面做艺术造型。

橙色，表示温和、欢喜、活泼、鲜明等意义。

第三，色彩还能影响人的食欲。近年来的研究表明，人的食欲与食物的颜色有关。

红色，能刺激和兴奋神经系统，增加肾上腺素的分泌，增强血液循环。

橙色，会产生活力，诱发食欲，有助于钙的吸收。

黄色，可刺激神经和消化系统。

其他的颜色则一般会抑制、阻止食欲。

知识二　色彩的配置

1. 色彩的对比与调和

（1）色彩对比　是指画面上两种色彩并列后所起的相互衬托作用，包括明暗对比与冷暖对比。色彩对比在蛋糕装饰中经常运用。例如，很多蛋糕装饰都是以中间色（白色）或稍暗色做底，上面再挤以绚丽明亮的暖色（红色）做花朵，再配以调成绿色的叶子作衬托，使得红色在整个画面中显得特别醒目，从而达到了较好的艺术效果。

（2）色彩调和　是指在画面上的色彩能互相呼应，不会造成因色彩孤立而出现画面分割的现象。这点在制作平面型风景画的蛋糕装饰时，尤其要注意。例如，在制作高山时，近的高山应装饰成青翠草绿色，而远的高山则为灰蒙蒙颜色，这样看起来才有真实感。如把所有的山都用青色装饰，那就没有层次，分不清远近了。

2. 色调和色彩配置

（1）色调　是指画面的色彩总和，即整个画面给人的总体的色彩感觉或色彩的效果。对蛋糕装饰来说也一样，色调对整个装饰面的主题有很大的烘托作用，对意境和情调也有很大的渲染作用。

每一个装饰后的蛋糕都有一个主调，即有一个主要颜色来支配其他颜色，这个颜色就是主调。有些巧克力的辅面的装饰则是冷色调的。

（2）色彩配置　在美术上是指两种或两种以上的色彩在画面上配置时，所产生的表现效果。配置得当，就能创造一种明晰、有特色的效果；配置不当，则给人以紊乱之感，或造成构图的不均衡之感。运用到蛋糕装饰中，就要求我们通过颜色的选择、每一颜色的使用面积以及它们之间的配置关系、对比关系，来达到美化蛋糕的目标。

如在饱和红色蛋糕装饰面上挤上饱和绿色的字，那么人看的时候感到费神，读起来吃力，多看一会儿就会觉得眼睛发困。其原因就是因为色彩配置不当。但如果把饱和绿色换成浅绿色、淡红色或者黄色、白色，则看起来就很顺眼，舒服多了。因此，蛋糕装饰图案上力戒大红大绿、不搞颜色堆砌就是这个道理。

蛋糕装饰时，还要根据食用蛋糕的对象年龄来配色。给少年儿童的生日蛋糕，为了体现出儿童的童真、童趣，可以适当多用几种明亮、绚丽的颜色来配置，使画面生动、活泼。祝中老年人生日的贺寿蛋糕，应体现出中老年人稳重、老成的风度，故一般用白色、浅粉红色等作背景，再以巧克力挤写上繁体的褐色寿字，使整个装饰显得严肃、庄重。至于送给情侣的蛋糕，则多用象征光明、丰收的黄色和象征纯洁、神圣的白色以及梦幻、诗意般的粉红色来作主调，再用鲜明的暖色如鲜红色、亮黄色等挤上一个心形图案和其他文字，即可表现出永恒的爱这类的主题思想。制作风景画之类的蛋糕装饰，则要求与大自然的色彩相符，如蓝天、白云、青山、绿水、红瓦、翠柳等，总的原则是写实。

知识三　色的美感

糕点的色彩丰富与否，体现了制作者的想象力。所以，掌握色彩美的规律，对提高制作者的技术、提高糕点的审美价值是很重要的。

理想的糕点色彩是最大限度地发挥原料所固有的色彩美。因为食品原料的本色就很完美，没有必要进行人工着色处理。另外，出于人们正常的饮食心态，凡是人工着色食品，都会给人以不安全的感觉，反而会降低食欲。

制作糕点或裱花时，组配工艺也是色彩美感的一个重要方面。利用食品原料本身的色彩美，通过调配，把它置于适当的位置、场合，就会获得赏心悦目的效果，如果处理不当会失去美感。在食品制作过程中，有时原料的色彩并不能满足制作者创作的需要，常需要借助人工合成色素。如选用这类色素要严格控制使用量，否则会适得其反。

知识四 糕点加工中的色彩形成

1. 利用食品原料的固有色

在糕点制作的过程中，许多原料自身具有各种美丽的色彩。如蛋黄的黄色，樱桃、草莓的鲜红色，糖浆的焦黄色，糖粉的雪白色和猕猴桃的翠绿色等。这些原料通过加工、切配、组合，将形成多种色调自然，既卫生又有营养的糕点。

2. 通过工艺手段着色

糕点加工过程中，通过熟制工艺使制品着色的常见方法有：刷鸡蛋液着色，利用烘烤、油炸使制品发生物理、化学变化而着色。

3. 利用食用色素着色

为满足食品色彩的需要，食品加工过程中，常用食用色素增加食品原料的色彩，如裱花奶油的色彩就需用食用色素调制。

掌握色彩的基本知识，对制作者来说十分必要。在常用的食品原料中，大部分都有其自身的特有色彩，有些动植物原料通过加热处理后，还会发生色彩变换的现象。正确地运用色彩学原理，在创作实践中充分发挥想象力和创造力，才能做出具有较高审美价值的糕点。

项目四 典型装饰料制备

知识一 装 饰 奶 油

装饰奶油，又称裱花奶油，广州话称奶油忌廉，它是蛋糕装饰中最常用的主要材料，一般由牛油、糖浆（也有用糖粉的）和鸡蛋打发而成，或单用鲜奶油打发。打好后的成品应为白色膨松状，软滑适宜，裱花操作容易。另外，也可根据不同需要，加入着色剂或色素，调成所需的颜色。下面讲述几个不同的配方及制作过程。

1. 奶油忌廉

（1）奶油忌廉配方一（见表6－1）

表 6－1　奶油忌廉配方一

原料	百分比/%		原料	百分比/%	
砂糖	100		全蛋或蛋清	30	C
水	40	A	香草水	少许	D
柠檬酸	少许		洋酒	少许	
奶油	105	B			

制作过程：A 共煮至 108℃，B 用浆状拌打器搅打至松发，C 用钢丝拌打器搅打成泡沫（即湿性发泡），然后将 A 趁热慢慢加入 B 中，同时运用较高速搅拌，直至成黏液状（即用手指挑起时能往下流），最后 C 和 D 加入 A 和 B 的混合物中继续拌匀即可。

（2）奶油忌廉配方二（见表 6－2）

表 6－2　奶油忌廉配方二

原料	百分比/%		原料	百分比/%	
黄油	250	A	蛋黄	35	C
砂糖	100	B	香草水	少许	D
水	50		洋酒	少许	

制作过程：A 先搅打至发，B 共煮成糖浆。C 先搅拌，后加入糖浆打至呈白色，然后逐步加入到 A 中，最后加 D 并拌匀即可。

（3）奶油忌廉配方三（见表 6－3）

表 6－3　奶油忌廉配方三

原料	百分比/%		原料	百分比/%	
黄油	185	A	水	50	B
砂糖	100	B	香草粉	少许	C

制作过程：A 先搅拌至发；B 共煮沸成糖浆，然后逐步加入 A 中拌匀；C 最后加入拌匀。

（4）奶油忌廉配方四（见表 6－4）

表 6－4　奶油忌廉配方四

原料	百分比/%		原料	百分比/%	
砂糖	80		全蛋	30	B
水	50	A	黄油	20	C
塔塔粉	2		白油	80	

制作过程：A 共煮沸，并稍凉；B 先搅至浓稠，再逐步把 A 慢慢加入，边加

边搅，继续搅至松发；C 搅至膨松，再把搅好的 A 和 B 的混合物慢慢加入并拌匀即可。

2. 奶油忌廉（用糖粉制作）

上面所说的配方是在没有糖粉的情况下，用糖浆代替来制作，如有糖粉，则可按如下配方来制作，更加方便，见表 6-5、表 6-6。

（1）奶油忌廉配方五（见表 6-5）

表 6-5 奶油忌廉配方五

原料	百分比/%		原料	百分比/%	
糖粉	100	A	盐	0.5	A
奶粉	10	A	香草水	少许	A
白油	80	A	乳化剂	少许	A
黄油	40	A	牛奶	70	B

制作过程：先将 A 中糖粉过筛，然后将 A 所有原料放入搅拌机内，用桨状搅打器或钢丝拌打器中速搅拌，再快速打至松发；B 慢慢加入已搅好的 A 中，并用慢速拌匀即可。

注意：若不是当天使用，牛奶不用加，而直接将已打好的 A 移至洁净容器中，上面用保鲜薄膜覆盖或加盖，放于冰箱内或冷地方备用，需用时取出并添加牛奶调至适当稠度即可。

（2）奶油忌廉配方六（见表 6-6）

表 6-6 奶油忌廉配方六

原料	百分比/%		原料	百分比/%	
蛋清	30	A	黄油	40	C
砂糖	60	B	乳化剂	30	C
糖粉	40	B	香草水	0.5	C
白油	60	C			

制作过程：A 稍加热后（勿超过 40℃），用钢丝拌打器搅拌至湿性发泡；B 过筛后慢慢加入 A 中，中速打至干性发泡；C 按顺序分批加入上述混合物中，并用中速或快速搅拌至所需稠度。

要制作好上述奶油忌廉（包括用糖浆制作和用糖粉制作的），首先要注意选用合适的原料。在选用油脂时，主要看油脂的融和性和可塑性。融和性好的油脂，可在搅拌过程中融入较多的空气，松发迅速，体积较大，且成品有较少的油腻感觉。可塑性好的油脂，则较好地保存搅拌过程中充入的空气，即能保持其发泡程度。奶油本身虽然味道纯正，但融和性和可塑性均较差，故可用部分乳化白油代替奶油，使制作出的忌廉松发度较好。在选择糖粉时，则主要看其细度。这是因为粒度较大的糖粉，会在制作好的奶油忌廉成品中留有结晶糖粒，影响装饰的外观与风味。

知识二　鲜奶油忌廉

鲜奶油忌廉是用专门做蛋糕装饰使用的鲜奶油（盒装，市场有售），再加上或不加糖而直接搅拌制得的忌廉。加糖量通常在10%～15%，超过15%则搅拌出来的忌廉稀软而不坚实。搅拌用的糖可选用细砂糖。其具体制作方法如下：先把要搅拌的鲜奶油放到搅拌缸或干净的不锈钢容器中，开始用慢速搅拌然后再逐渐加大速度，待搅拌中的鲜奶油开始有凝固现象时，便把配方内的细砂糖慢慢地加入，再继续搅拌到适当浓度即可。这样搅拌出来的忌廉体积最大，可增加到原来体积的3倍以上。如果把糖与鲜奶油一开始混合搅拌，则搅拌后的体积较小，成本增加。另外，制作鲜奶油忌廉还需注意以下四点。

（1）掌握好搅拌量　鲜奶油忌廉每次搅拌量要根据实际使用量的多少来定，稍多于实际用量即可。这是因为若一次搅拌量太多而又用不完的话，剩余的忌廉即使放入冰箱内冷藏，也会逐渐变稀软，比不上刚搅拌出来的好用。

（2）要注意制作时的温度　在夏秋季节，车间温度较高时，搅拌缸下必须用冰块来冷却，降低忌廉温度，否则成品不会坚硬。

（3）要注意搅拌程度　在搅拌的最后阶段，如发现忌廉的颜色由白色变为乳黄色，便要立即停机取出，不可再搅拌，即使硬度未达到理想要求，也要停止搅拌。因为再搅拌下去，鲜奶油中的水和油就会分离，使成品粗糙而不细腻，甚至导致制作失败。

（4）要注意未搅拌的鲜奶油的贮存　一般要求贮藏在－10℃，贮藏温度高易使其酸败。

知识三　琼脂冻胶、明胶冻胶与果酱

在平面浮雕形蛋糕的装饰中，往往需要用一些材料来填充人物或动物图形，此时，就要用到琼脂或明胶或果酱。

1. 琼脂冻胶

琼脂旧称洋菜。琼脂属多糖类，不溶于冷水，微溶于温水，完全溶于热水。琼脂使用量为1%时，其溶液经煮沸立即冷却到40℃，便形成很强的胶体，即使用量在0.5%以下，仍可形成胶体，其胶冻程度与琼脂的用量成正比。一般使用量为0.5%～2.0%，使用时要注意的是琼脂冻胶经放置一段时间后会收缩出水。另外，由于琼脂的来源及加工方法不同，其制得冻胶成品的胶体硬度、黏度、稳定性以及琼脂对糖的溶解度等性质均有所不同，在实际应用中应按需要调节。

（1）琼脂冻胶配方一（见表6－7）

表6－7 琼脂冻胶配方一

原料	百分比/%
琼脂	1
水	100
白糖	35

制作过程：先另外用干净清水把琼脂洗净并浸透（3～4h），滤过水分，然后与配方内的水一起以文火煮沸至溶。待琼脂溶后便加入糖，边加边搅，煮至糖溶后离火装起，待冷却后即可使用。

（2）琼脂冻胶配方二（见表6－8）

表6－8 琼脂冻胶配方二

原料	百分比/%	原料	百分比/%
琼脂	3.8	白糖	75
水	100	蛋清	50

制作过程：琼脂先洗净并浸透（约4h）后，滤干备用。水加热煮至沸后，加入琼脂煮至溶；白糖加入上述溶液中煮至溶解，然后用细眼网筛将溶液过滤；蛋清先搅拌至起泡，再把上述已过滤的混合物加入，拌匀即可。

（3）琼脂冻胶配方三（见表6－9）

表6－9 琼脂冻胶配方三

原料	百分比/%	原料	百分比/%
琼脂	5	水	100
白糖	100	蛋清	45

制作过程：水先放进锅内，后加白糖，边煮边搅拌，待糖溶后再加入琼脂（琼脂先用水浸泡开，后滤干）煮至稠；蛋清先搅拌至发泡（稍发硬），再把上述混合物加入拌匀即可。

2. 明胶冻胶

明胶是动物胶，又称结力，不溶于冷水，但加温后可缓慢吸水而膨胀软化。溶于热水，溶液经冷却凝固成胶体。此胶体在加热至30℃时，又会再度融解而重新变成溶液。但温度又降低时，则又会形成胶体。因此，可以用明胶的这种可逆性质，进行凝胶与溶胶的相互转化，以利于装饰工作。

（1）明胶冻胶配方一（见表6－10）

表 6-10　明胶冻胶配方一

原料	百分比/%	原料	百分比/%
明胶	1	白糖	125
水	100	蛋清	50

制作过程：明胶用水浸泡至软；白糖、水共煮至130～140℃，然后将明胶加入，煮成糖浆；蛋清先用钢丝拌打器拌至湿性发泡即膨松时，把沸腾的糖浆慢慢冲入，边冲边搅，至所形成的浆能凝住即可。

注：用时可把盛装此明胶冻胶的容器放于稍热的热水浴上，保持一定的温度，以防凝固。

（2）明胶冻胶配方二（见表6-11）

表 6-11　明胶冻胶配方二

原料	百分比/%	原料	百分比/%
明胶	2	水	33
热水	8	蛋清	33
砂糖	100	葡萄糖浆	20

制作过程：明胶先溶于热水中，再与砂糖、水共煮至115℃；蛋清先打至湿性发泡，然后把上述溶液趁热慢慢冲入，边冲边搅，最后把葡萄糖浆加入并用高速打至所需稠度。

知识四　糖冻霜饰

1. 糖冻霜饰配方一（见表6-12）

表 6-12　糖冻霜饰配方一

原料	百分比/%
糖粉	100
蛋清	25
柠檬汁或醋	少许

制作过程：先把糖粉过筛，然后放进不锈钢容器内，再把已打发的蛋清加入，并用手动打蛋器搅至黏稠状，最后加入柠檬汁或醋，搅匀即成。

注：若要调成其他颜色，可用少量水先溶解色素，再慢慢加入已搅好的糖霜中，拌匀。

2. 糖冻霜饰配方二（见表6－13）

表6－13 糖冻霜饰配方二

原料	百分比/%
糖粉	100
蛋清或水	13
香精	适量

制作过程：把所有的原料拌和均匀即可。

注：若要调成其他颜色，可把色素一齐加入或最后加入。

上述两种配方中所用的糖粉，均要求粒度细一些，使糖霜成品细腻具有力度。另外，所得到的糖霜成品稀稠度可按用途通过增减蛋清用量来调节。如需要稀一些的可加些蛋清，反之，要稠的就减少蛋清。

知识五 蛋白霜饰

蛋白霜饰与糖冻霜饰的不同之处在于蛋清用量较多，且要先行打泡，故比糖冻霜饰柔软，可入挤袋挤图形。

1. 蛋白霜饰配方一（见表6－14）

表6－14 蛋白霜饰配方一

原料	百分比/%	原料	百分比/%
蛋清	100	香草水	1
砂糖	100	糖粉	100

制作过程：蛋清用中速打至湿性发泡，加入砂糖打至干性发泡，加入香草水拌匀，糖粉过筛后加入，慢速拌匀。

2. 蛋白霜饰配方二（见表6－15）

表6－15 蛋白霜饰配方二

原料	百分比/%	原料	百分比/%
砂糖	100	水	33
葡萄糖浆	33	蛋清	66

制作过程：砂糖、葡萄糖浆、水一起放至不锈钢锅内煮至115℃，注意搅动，避免焦煳；蛋清先打至湿性发泡，慢慢把上述溶液加入，再打至干性发泡。

知识六　巧克力奶饰

有时在制作蛋糕装饰时，为了使夹层和面层的颜色有所变化而又不想用色素，并要求突出巧克力香味时，便可用褐色的巧克力奶饰。

1. 巧克力奶饰配方一（见表6－16）

表6－16　巧克力奶饰配方一

原料	百分比/%
鲜奶油	40～50
巧克力	100
朗姆酒	少许

制作过程：巧克力先切成核桃仁般大小，然后与鲜奶油一起放进不锈钢容器中，在不停的搅动下加火，至巧克力全部熔化后离火，并放在碎冰上冷却，同时用不锈钢刷子打至所需浓度，加入朗姆酒搅匀。

2. 巧克力奶饰配方二（见表6－17）

表6－17　巧克力奶饰配方二

原料	百分比/%	原料	百分比/%
砂糖	100	可可粉	8
水	45	橘子香精	少许
黄油	80		

制作过程：砂糖、水共放于不锈钢锅内，煮至糖全部溶化；黄油放在搅拌缸内搅打至发泡，然后把上述溶液分次加入，每加一次都要搅匀；可可粉过筛后加入上述混合物中，共搅匀；最后加入橘子香精并拌匀即可。

知识七　杏 仁 软 膏

杏仁软膏（又称马司板）是制作高级蛋糕和西点的主要装饰原料之一，它既可作为大蛋糕的包皮面料，又可按要求随意捏制成各种花草、水果、模型、字体等装饰品，摆放于蛋糕上面，使成品非常好看且具有特殊香味，口味佳。所以使用杏仁软膏，能使装饰后的蛋糕增添不少美色。

1. 杏仁软膏配方一（见表6－18）

表6－18　杏仁软膏配方一

原料	百分比/%
杏仁	100
砂糖	100

制作过程：杏仁放进沸水内泡5min，捞出，去皮，并洗净待用；砂糖与处理后的杏仁一起拌匀，用机器绞碎成蓉泥状，再用夹层气锅加温至糖溶化即成。成品为乳白色，可塑性好。

2. 杏仁软膏配方二（见表6－19）

表6－19 杏仁软膏配方二

原料	百分比/%	原料	百分比/%
糖粉	100	玉米淀粉	5
杏仁霜	100	樱桃酒	少许
温水	10		

制作过程：先把糖粉围成圈，内放杏仁霜，中间放玉米淀粉，最后加入温水，然后拌匀；如果上述混合物硬些可加入樱桃酒，否则不用加。然后将其揉成膏状，用毛巾包着，放在冰箱内冷藏一夜便可使用。

注：上述两种杏仁软膏也可用色素调成所需颜色。

知识八　糖粉面团

当制作较大型的立体蛋糕或多层蛋糕时，通常都用直立于蛋糕平面的人物雕像、植物、动物、房屋或其他东西来装饰，以显示其艺术造型美，此时就要用到糖粉面团了。

（1）糖粉面团配方（见表6－20）

表6－20 糖粉面团配方

原料	百分比/%
明胶	4
糖粉	100

（2）制作过程

①明胶先用水浸泡至软（约0.5h），取出放于容器内（水要倒净），再把容器置于开水上，隔水浸至明胶全部溶化；

②糖粉过筛后倒在不锈钢案台上开窝，趁热加入溶化了的明胶，并把糖粉搅拌均匀，用力搓擦至所需软硬程度（必要时可加些水），即成糖粉面团。

注：制成后的糖粉面团，若不立即使用，要装入塑料袋内，密封保存，防止表皮干燥。

思考题

1. 烘焙产品进行装饰的目的是什么？

2. 烘焙产品进行装饰应遵循哪些原则?
3. 色彩的象征意义有哪些?
4. 糕点加工中的色彩形成有哪些方法?
5. 举例说明典型装饰料制备方法。

模块七　烘焙企业管理

［**学习目标**］

通过本章的学习，主要了解烘焙企业的管理模式，理解烘焙企业产品质量控制、成本控制方法，掌握烘焙产品毛利润的计算方法。

项目一　岗位工作规范

介绍烘焙企业中的生产部门（面包房、中心工厂、面包厂等）的组织情况。

知识一　岗 位 分 工

小规模的面包店没有分工或分工不细，有一定规模的面包房、饼食工厂都有分工，越正规的企业分工越细、越明确，这样才能职责分明、提高工效。

1. 依工种分

（1）称量工　掌握原料配方，负责从仓库领料，按生产任务把原料准确过磅分派下去。

（2）和面工　负责搅拌、发酵、压面等整个面团（面糊）制作工作。

（3）成型工　负责面团分割、搓团、成型、送入醒发室。

（4）烘烤工　负责从醒发室取出面团至烘烤出炉。

（5）裱花工　负责蛋糕裱花。

（6）制馅工　负责煮制豆沙、奶黄等馅料。

（7）包装工　负责包装、成品点数。

（8）电工　负责电路、电器、机械维修。

（9）清洁工　负责清洗面包箱、场地。

2. 依职务分

（1）主管　掌管面包房（饼房）的全面工作。负责组织原材采购；负责产品供应；负责产品质量，承担食品卫生监督责任；对部属考勤、考绩、执行奖惩制度；对部属传道授业，提高他们的工作意识、工作能力、烘焙技能。

担任主管的人必须精通焙烤技术，既懂理论又懂实际，能不断根据市场变化开发新产品。要了解各种原材料的产地、特点、价格，懂得成本核算。要懂得《食品卫生法》，要有较强的管理意识和管理经验，有较强的组织策划能力。要作风正派，能成为部属的表率。主管素质的高低对企业兴旺与否有极其重要的作用。

（2）班长　负责本班的全部工作。直接参加劳动，以自己纯熟的技能带动全班人员努力完成生产任务；对本班工作人员考勤、考绩，根据工人表现向主管提出奖惩意见；负责与其他工种协调工作。

班长是焙烤生产中的高级技工，要有丰富的生产经验，不但精通岗位工艺，还要熟悉烘焙生产的全过程。要有良好的组织能力和管理能力。要善于学习，不要故步自封。

（3）生产工人　生产工人要做到努力工作，按时上下班，完成本职生产任务；讲究个人卫生，注意生产过程卫生，下班时做好清洁工作；懂得安全生产知识，防止生产事故；尊重师傅，虚心向师傅学艺；与工友团结友爱。

知识二　管理层次的确定

小规模的生产部门实行二级管理，即主管下辖生产班组。大规模的生产部门班组数较多，管理幅度较大，就要实现三级管理，即主管下辖车间，车间设车间主任，车间下辖班组。

通常每个生产班组 3～12 人为宜，人数太多班组长不好管理。但如果班长管理能力强，或者工种比较单一，操作指挥比较集中，这时班组人数可以多一点。车间比班组的管理幅度要窄一些，主管对车间的管理幅度更要窄一些。管理层次及对应的管理幅度成一个三角形，见图 7－1。

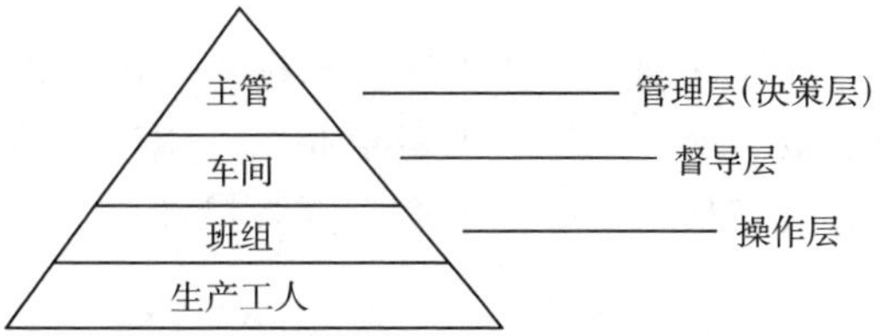

图 7－1　企业三级管理层次图

管理幅度适当、管理层次分明，是实施有效管理的重要条件。

知识三　岗位责任制

岗位责任制是企业中按照工作岗位所规定的人员岗位职责、作业标准（操作要求）、权限、工作量、协作要求等制定的责任制度，是岗位工作规范的具体体现。

企业岗位责任制，是一个完整的体系，它包括企业领导人的岗位责任制、各部门主管和技术人员的岗位责任制及各生产、服务人员的岗位责任制。

岗位责任制是企业组织管理的基础工作之一。

建立岗位责任制，就是把生产任务和管理工作的有关规定要求具体落实到每个职工，使每个职工都明确自己所担负的工作任务、应负的责任以及拥有的相应权利。建立岗位责任制就是要有职、有权、有责，并对所有人完成任务、履行职责的情况进行认真的考核，做到事事有人管、人人有专责、办事有标准、工作有检查。岗位责任制一般应有下述内容。

①岗位名称，上下级领导关系。

②本岗位的责任任务和职责范围。

③本岗位的工作量（工作数量和工作时间）。

④本岗位的服务质量标准和工作质量标准。

⑤交接班的内容、程序和制度。

⑥对设备的使用、维护和保养。

⑦对物资的保管和使用。

⑧安全生产的要求和制度。

岗位责任制的检查考核要与经济责任制的检查考核结合起来，而重点在于对每个人的考核，既要能反映每个员工的情况，还要反映各岗位连续运转的情况。

企业建立和健全岗位责任制，必须实事求是，从企业本身的实际情况出发。岗位责任制要力求简明扼要、准确易懂、便于执行、便于考核。

项目二　生 产 计 划

生产计划是企业组织和指挥生产活动的依据。企业通过编制生产计划对生产任务做出统筹安排，拟定企业在计划期内应当完成的产品品种、产量、产值、生产能力的利用程度和生产进度等指标。

知识一　生产计划的编制

确定生产任务后，编制生产计划一般按如下步骤进行。

（1）调查研究，收集资料　收集企业外部和内部的各种信息，确实做好对市场需求、各类资源和企业本身的生产能力与销售能力的综合分析，为编制生产计划提供坚实可靠的依据。

（2）综合平衡，拟订方案　生产计划方案主要是指各种产品生产指标的方案。在同样条件下会有各种不同的生产计划方案。编制生产计划时要制定出多种不同的生产计划方案，并做好生产任务与设备生产能力、物资、劳动力、成本的综合平衡，然后从多种不同的方案中选取一个最满意的。

（3）讨论修正，批准实施　综合平衡后选取的生产计划方案必须经有关科室、车间讨论，做出必要的修正而形成正式的生产计划，经厂长或上级主管部门批准，就可组织实施。

知识二　生产计划的执行

计划是生产管理工作的开始。要使计划变为现实，更重要、更大量的工作还在于积极组织计划的贯彻执行。工业企业在计划执行阶段，主要应做好以下几方面的计划管理工作。

1. 计划指标层层分解落实

企业在计划的贯彻实行中要同经济责任制结合起来，将企业的计划指标分解成若干指标，再把这些指标层层下达落实到车间、班组以至每道工序、每个工人，使每项计划指标都有专门机构、专人负责。这样，任务的完成和超额完成就有了坚实的基础。在落实计划过程中，要把责、权、利结合起来，充分调动每个部门、每个人的积极性和主动性，使计划的贯彻执行成为职工的自觉行为。

2. 实行考核制度

为了衡量企业内部各部门及每个职工完成计划任务的情况，必须进行严格的考核，把每个部门及个人的工作实绩与责任进行比较，测定其任务完成程度。为此，要建立严格的考核制度、全面经济核算制度和计算工作制度，做好计划执行中原始记录和统计报表等项工作，以便科学、客观、全面地对企业计划执行情况进行检查、衡量，如实际完成的占计划的百分比，本期实绩与上期实绩进行分析比较，及时总结经验，及早发现问题，纠正偏差，采取措施，确保企业生产任务的全面完成。

3. 做好控制工作

企业要对计划执行情况进行严格控制。在企业管理中，控制工作一般包括事前控制、事中控制和事后控制。

事前控制就是采用一系列科学手段和方案进行科学、正确的决策，制定切实可行的计划，把损失浪费消灭在计划执行之前。

事中控制就是计划执行中的控制。要求严格按计划规定的技术标准、质量标准、各种定额标准以及各岗位计划指标标准等来从事生产经营活动，避免出现偏差和事故而造成损失浪费。如计划执行过程中的现实指导、检查就属于事中控制。

事后控制就是对计划的执行结果经常进行检验，以便发现问题，进行分析、纠正偏差，追究责任，及时处理。事后控制往往比较被动，因为这时损失浪费已经造成，采用补救办法进行调整，力求把损失浪费降到最低程度。

为了把控制工作做好，企业应建立健全管理信息系统，这是控制计划执行的关键。现在大型的企业普遍运用微型电子计算机建立满足本企业需要的管理信息系统，以便收集、记录、汇总和处理各种信息，更好地为计划管理服务，全面提高企业的管理水平。

4. 生产计划检查与总结

检查计划和总结计划是管理工作链中的重要一环，也是周而复始的计划管理过程另一循环的开始。

计划检查的形式多种多样，有日常检查和定期检查，全面检查和专题检查，还有管理系统专业人员的检查和职工群众的自查。在通常情况下，这些检查要交替结合起来进行。通过检查对计划进行全面、实事求是的评价，以推动计划的完成。检查的结果要有书面总结，其中既要有数据报表，又要有经验教训，以便认识客观经济规律，提高计划管理水平，为下一期管理计划的制定与执行打好基础。

知识三 工作进程表

进程表表示具体落实生产计划的措施。进程表的横栏表示时间（日期或钟点），纵栏表示项目（或环节）。它清晰地表明什么时间在进行什么项目，有什么要求，对于执行和检查计划十分方便。××厂月饼季生产进程见表7－1，××面包厂筹办工作进程见表7－2。

表7－1 ××厂月饼季生产进程表

项目	生产日期																													
	1	2	3	4	5	6	7	8	9	10	11	12	13	14	15	16	17	18	19	20	21	22	23	24	25	26	27	28	29	30
设备进场																														
设备调试																														
人员集中																														
试产																														
日产1 300盘																														
日产1 800盘																														
日产2 300盘																														
场地清洁																														
设备退场																														

表 7－2　× ×面包厂筹办工作进程表

部门								
	10.03 ~ 10.09	10.10 ~ 11.19	11.20 ~ 12.20	12.03 ~ 12.07	12.08	12.09 ~ 12.15	12.16 ~ 12.17	12.18
办公室	送批方案		招工	办理执照和登记税务		验收及送检产品	准备开张	开张
工程组		土建及装修 设备安装		场地清理		验收		
经营组				清理	试产	送检产品	试业	开张

项目三　生产流程安排

生产计划在烘焙车间的具体执行是生产流程安排。

生产流程安排是生产管理的重要内容。所谓流程安排就是编排好各个面点品种每一个工序的生产时间计划。生产流程安排得好，就可以有条不紊地进行工作，工人不会误工，设备不会休闲，劳动效率得以提高。

生产流程的安排要求编排者熟悉生产任务、设备性能、员工工效、工艺条件，还要求考虑到不同品种、主辅工序之间的配合。

知识一　单一品种的生产流程安排

例如，现有生产任务——生产豆沙馅小圆面包 2 000 个，每个面团重 40g，馅料重 10g，要求下午 5 时前完成烘烤。现有烘炉两台——一台 3 层炉每层 3 盘，一台 2 层炉每层 2 盘。

生产流程安排如下。

1. 编制工艺流程图

采用的生产工艺：二次发酵法，工艺流程见图 7－2。

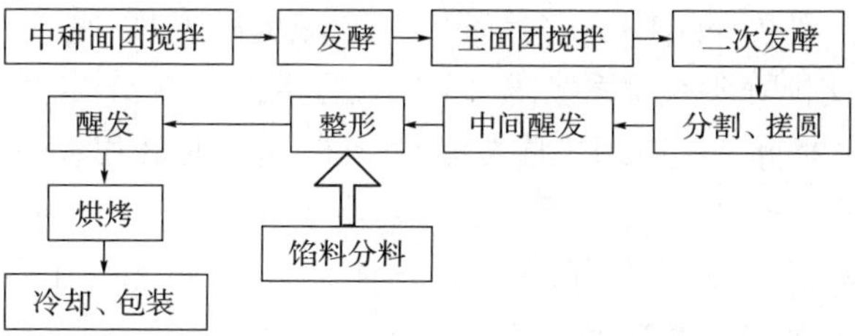

图 7－2　二次发酵法工艺流程图

→ 表示主要工序流程　⇨ 表示辅助工序流程

2. 确定各工序的生产时间

（1）确定瓶颈工序　在整个工艺流程中生产速度慢且调节弹性差的工序成为瓶颈工序，瓶颈工序必须连续作业才能使整个生产过程时间最短。烘焙生产最需要安排连续作业，这样可以使烘炉耗电最省。其他工序如果生产速度不快可以通过增加设备或人力来调整，一般不会成为“瓶颈”。

（2）确定各个工序的工艺时间　每个工序的工艺时间是由设备的生产能力、工人的生产能力、工艺要求而确定的。例如，中种面团发酵的工艺时间可根据二次发酵的工艺要求定为2.5h；醒发的工艺时间设定为1h；烘烤的工艺时间为每炉15min；整形属于手工操作，可以通过调节人力生产速度与烘焙速度同步，定为每批15min。

（3）计算每个工序的生产时间　从生产任务要求PM5：00完成烘烤算起，用“倒计时”方法递推各个工序的开始时间和完成时间。

烘烤时间的计算要根据烘炉的生产能力来确定，两个烘炉每次共可烘烤13盘面包，每盘24个，即每次可烤312个。2 000个面包需烤7次，每次15min，共耗时105min。所以该工序应在PM3：15开始至PM5：00结束。

逆推至醒发工序：

醒发的开始时间＝烘烤的开始时间－醒发的工艺时间
＝PM3：15－60min＝PM2：15

醒发的最后完成时间＝烘烤的完成时间－烘烤的工艺时间
＝PM5：00－15min＝PM4：45

再逆推至整形工序：

第一批整形开始时间＝醒发的开始时间－整形的工艺时间＝PM2：15－15min＝PM2：00

如此类推，求出各个工序的生产开始时间和完成时间。

知识二　多品种的生产流程安排

前面介绍了面包厂生产单一品种时怎样安排生产流程，而实际上面包厂总是生产很多品种的。现在介绍一下多品种的生产流程的安排。

（1）首先要安排好各个品种在瓶颈工序的生产顺序，尽量使瓶颈工序能连续生产而又不会“撞车”。瓶颈工序如烘烤，在同一时间里，各个品种都要烘烤且数量超过烤炉的生产能力，这就是烘烤发生了撞车。

（2）按照单一品种生产流程安排的方法，分别编排每个品种的生产流程。编排好后要检查瓶颈工序外其他工序有无撞车，尤其是搅拌、醒发等工序。如发现问题要合理调整生产时间或生产设备。

（3）将以上编排结果填入“生产流程安排总表”中（见表7－3）。表中除出炉一栏外，其他各栏的时间都是该工序的开始时间，工序的完成时间可省略，一般不标明。

（4）分解“生产流程安排总表”为各个主要工序的生产流程表。例如搅拌生产流程表、整形生产流程表、醒发生产流程表、烘烤生产流程表等。这类生产流程表有5个纵栏标题，分别是顺序号、生产名称、开始时间、完成时间、工作量（见表7-4和表7-5）。顺序号要按照生产的次序排列而不是按照总表中的品种的次序排列，这样才便于生产操作。表7-5的编排就比较简单，因为烘烤的生产次序与总表中的品种的次序是一致的。

工序生产流程表是各班组的实质性生产计划。各班组只要按照表中的指令执行计划，整个生产任务就能有条不紊地完成。

表7-3 **面包生产流程安排总表** 日期：2005-05-03

品种	准备时间	搅拌时间	基本发酵	主面团搅拌	主面团发酵	分割	整形	醒发进炉		出炉产量	
白吐司	06：00	06：20	06：25	09：25	09：40	09：50		10：15	11：30	11：30	48条
葡萄干吐司	06：40	06：55	07：00	09：45	10：00	10：10		10：40	11：35	12：05	48条
全麦包	07：15	07：30	07：35	10：35	10：50	11：00		11：20	12：10	12：35	72条
硬餐包	09：50	10：05	10：25			10：55	11：25	11：35	12：40	13：05	120条
软餐包（奶油）								12：25	13：15	13：35	300个
软餐包（羊角）	08：00	08：20	08：25	11：55		12：00		12：45	13：35	13：50	200个

表7-4 **搅拌工序生产流程表** 日期：2005-05-03

顺序	生产名称	开始时间	完成时间	用量/kg
1	白吐司中种面团	06：20	06：25	11：50
2	葡萄干吐司中种面团	06：55	07：00	
3	全麦包中种面团	07：30	07：35	
4	软餐包中种面团	08：20	08：25	
5	白吐司主面团	09：25	09：40	
6	葡萄干吐司主面团	09：45	10：00	
7	硬餐包主面团	10：05	10：25	
8	全麦包主面团	10：35	10：50	
9	软餐包主面团	11：55	12：10	

表7-5 **烘烤工序生产流程表** 日期：2005-05-03

顺序	生产名称	开始时间	完成时间	数量
1	白吐司	11：00	11：30	48条
2	葡萄干吐司	11：35	12：05	48条
3	全麦包	12：10	12：35	72条

续表

顺序	生产名称	开始时间	完成时间	数量
4	硬餐包	12：40	13：05	120 条
5	奶油餐包	13：15	13：35	300 个
6	羊角餐包	13：35	13：50	200 个

项目四　烘焙产品成本控制

成本是指企业在生产经营中所支持的各项费用之和。

成本在企业管理中有重要的作用：成本是制定商品价格的依据，成本控制是市场竞争的重要手段，成本高低是企业管理水平的综合反映，另外，成本是经营决策所要参考的重要数据。

要改善经营管理必须重视成本核算。成本核算的意义还在于它能全面反映生产状态，能保证各项经济预测值的准确，有利于正确执行物价政策。

成本核算的任务是计算单位产品的成本，用以确定产品销售价格；调整成本的结构，促进技术和服务水平提高，加强企业管理；指出成本变化的原因，提高经济效益。要科学准确地实行成本核算，必须具有以下的基本条件：

（1）有面包、点心用料的定额标准；

（2）有面包、点心生产的原始记录；

（3）执行符合国家标准的计量体系。

成本核算通常每月一次，普遍采用“以存计耗”法。即：

本月耗用原材料成本 = 月初成本结存额 + 本月领用（入库）额 − 月末原材料盘存额

烘焙企业的生产成本由两方面构成：费用和原材料成本。

费用是指原材料加工、产品销售过程中劳动力、物料方面的开支。

1. 费用的分类

（1）按用途分类

①经营费用：包括运输费、水电费、广告宣传费、差旅费、物料消耗、低值易耗品摊销、折旧费、修理费、铺租、生产和销售人员工资及福利、工作餐等。

②管理费用：包括工会劳动保险、排污费、房产税、土地使用税、车船使用税、印花税，开办费摊销、交际应酬费、坏账损失、存货盘亏、办公室人员工资和福利等。

③财务费用：包括银行利息、集资费等。

烘焙企业发生数额较大的必需开支费用有：人员工资和福利、电费、铺租、设备费（折旧费和低值易耗品摊销）、运输费等。可酌量开支的费用有办公费、广告宣传费等。

（2）依费用与经营量的依赖程度分

①变动费用：与经营量大小成正比例关系的费用，如人工费、运输费、水电费等。

②固定费用：与经营量大小关系不大的费用，如铺租、设备费、办公费等。经营量对固定费用总额影响不大，但经营量越大，相对固定费用越低；经营量越小，相对固定费用越高。在生产经营能力许可的范围内，企业总是尽可能扩大产量，这样产品的单位固定费用可以下降，总成本的平均水平也会下降。

2. 主要费用项目的控制

（1）铺租　租赁的厂店铺租占费用总额的比例很大。一般来说旺铺租贵，淡铺租平。铺租占营业额的4%～5%为宜。很旺的地方，铺租也不要高于10%，超过10%（即3d的营业收入）的话，即使每天营业额很高仍然不会获得好的利润。

（2）电费　现在供电部门提高了电费标准，电费对烘焙企业成本的影响已越来越大。烘焙企业生产用电包括照明用电、通风用电、动力用电、冷柜用电、电热用电。电热用电又分醒发室用电和烘烤用电，其中烘烤用电占的比重很大。烘烤用电可再分解为预热用电和烘烤中用电。把烘烤用电的电费看成是变动费用，其他用电的电费看成是固定费用。

用电量的计算公式是：

$$\text{用电量}=\frac{\text{用电器功率（kW）}}{\text{生产效率（件/h）}}\times\text{产量（件）}$$

例如，用11kW的双层烘炉烤小面包，每次烘烤时间14min（包括间歇时间），每层放两个烤盘，每盘放24个面包，每度电1.000元。则每个面包的直接电费为：

$$\frac{\dfrac{1.000\times11\times14}{60}}{24\times2\times2}=0.027\text{ 元}$$

烤西饼时直接电费比较大。例如，用上述烘炉烤曲奇饼，每盘成品重为250g，每次烘烤时间为17min，则每千克曲奇饼的直接电费为：

$$\frac{\dfrac{1.000\times11\times17}{60}}{\dfrac{2\times2\times250}{1\,000}}=3.12\text{ 元}$$

此外，冷柜（冰箱）因全天通电，耗电量也相当大。

综合用电水平可以用耗电量（度）÷生产用粉量（包）来衡量。据了解现在生产面包综合耗电平均为22度/包左右，电费占营业额的5%左右。

降低电耗的途径

①电路设计安装合理：如果电线截面积太小就会增加线路损耗，并且造成电

线发热，安全隐患大。

②选用优质电器：如烘炉要选用热效率高、加热均匀的，不要贪图便宜购买劣质设备。

③安排好生产流程：尽量减少生产间歇。

④节约用电：人离开要随手关灯，风扇、烘炉、醒发室停止使用后要拉断电闸。

（3）设备费　设备费包括固定资产折旧费和低值易耗品摊销两项。固定资产是指使用期可达一年以上且有一定价值的设备，如厂房、生产机械、不锈钢案台、车辆等。低值易耗品是指使用期不足一年或价值较低的设备、用具，如烤盘、面包箱、蛋糕杯等。

固定资产应逐月提留折旧费，以抵偿它的损耗，维持生产的延续。

月折旧率通常为：	机械设备（使用期限 5～10 年）	0.8%～1.7%
	车辆（使用期限 5～10 年）	0.7%～1.49%
	生产用房（使用期限 30～40 年）	0.2%～0.3%
	非生产用房（使用期限 35～45 年）	0.18%～0.28%

月折旧率计算方法是：

$$月折旧率 = \frac{固定资产折旧总额}{使用年限 \times 12 \times 固定资产原值} \times 100\%$$

低值易耗品通常平均摊销进入成本，也就是把低值易耗品的原值在一年之内平均分为若干次摊销。

例：有一小型面包店，设备如下。房屋月折旧率按 0.2% 计算，其他固定资产月折旧率按 1.2% 计算，求月折旧额。所有低值易耗品分 12 次平均摊销，求每次的摊销额。

压面机	1 台	6 500 元
双层烘炉	1 台	4 600 元
搅拌机	1 台	5 000 元
案台	1 张	2 200 元
醒发室	1 间	2 000 元
冰箱	1 台	3 000 元
铝合金货架	1 个	6 000 元
房屋	$30m^2$	60 000 元
面包箱	20 个	600 元
烤盘	21 个	560 元
三文治盒	20 个	120 元
蛋糕杯	60 个	120 元
其他		1 000 元

解：

压面机、双层烘炉、搅拌机、案台、醒发室、冰箱、铝合金货架为固定资产，合计29 300元，月折旧额 = 29 300 × 1.2% = 351.60元。

房屋为固定资产，月折旧额 = 60 000 × 0.2% = 120元

故：　月折旧额合计 = 351.60 + 120 = 471.60元

面包箱、烤盘、三文治盒、蛋糕杯、其他为低值易耗品，合计2 400元

故：
$$每次摊销额 = \frac{2\ 400}{12} = 200\ 元$$

因此面包店每月在设备费方面的开支为：　471.60 + 200 = 671.60元

降低设备费用的途径是合理购置设备。设备的配置除要考虑它的性能、质量外，还应考虑设备资金的回收期，即使用这台设备使企业增加了经济效益，经过多少年可以回收设备的投资。

①设备回收期（y）= 设备费（元）÷ 新增效益（元/y）

其中设备费包括购置费、运输费、安装费等项。

②健全保养和维修制度：重要的设备每日清洗干净，加润滑剂，称为日保。定期进行更全面的保养，分别称为一保、二保、三保。设备有损毁要及时维修，不能带病运行。每台重要的设备都应有登记卡，登记使用、保养、维修的情况。

③闲置设备要及时处理：出让或出租闲置设备，不要积压资金。

（4）人员工资和福利

①员工的工资收入由以下4部分构成：

a. 基本工资；

b. 加班费（《劳动法》规定凡标准工时以外工作要给予加班费）；

c. 奖金；

d. 补贴（补贴标准由政府规定，也有些企业不发补贴）。

②员工应享受的福利：

a. 工作餐；

b. 社会保险；

c. 工伤医疗。

烘焙企业工资福利开支一般占营业额的7% ~10%，较高的占15%。

例如，一间饼屋日营业额为3 000元，则月营业额为90 000元。按10%计算人工费用为9 000元。设工人平均基本工资600元，工作餐补助150元，其他工资福利100元，合计850元，故饼屋聘用员工在10人以下为宜。

烘焙企业经营好坏与师傅关系很大。精通业务，能全面掌握工艺和设备的师傅与其他人的收入要拉开几倍的差距。不要只图低工资雇用没有专业技能又没有培养前途的人，这类人不但要消耗企业的费用还会影响企业的

运作。

3. 费用率

衡量费用水平高低不能用费用总额去反映，而应把费用总额与经营量的大小作比较，通常用费用率这个指标来表示。

$$费用率=\frac{费用总额}{营业收入总额}\times 100\%$$

个体户的费用率较低，一般为20%左右。面包厂或连锁店因管理环节较多，费用率也较高，通常在30%以上。同类型的企业在相同条件下的费用率应该比较接近。如果费用率太高说明经营管理存在问题，应及时分析原因，采取整改措施，降低费用率。

费用中的几个主要项目与营业收入总额比较：铺租占5%，电费占5%，人员工资占7%，三项合计已达到17%，这仅是一个较低水平的估计。所以控制费用水平必须对每个费用项目都予以严格管理，处处精打细算，才能做到微中取利，才能保持企业的竞争力。

项目五　原材料成本的核算

原材料成本是核定目标成本、销售价格、计划利润的基础，所有烘焙企业都要做好原材料的成本核算。原材料成本核算通常有两种方法。

1. 批量单一产品的成本

$$批量单一产品的成本=\frac{原材料总成本}{产品数量}$$

即先生产后核算。这样计算出来的成本是实际成本，是会计核算的依据。

2. 单件产品的成本

单件产品的成本 = 单件产品的主料成本 + 配料成本 + 调味品成本

单件产品成本的核算是依据烘焙配方计算出来的，不必经过实际生产，又称“先算后做”。这种核算方法是进行成本预算。

例1. 计算甜餐包的成本

甜餐包的配方见表7－6，原料成本核算见表7－7。

表7－6　甜餐包的配方

原料	烘焙百分比/%	原料	烘焙百分比/%
小麦粉	100	酵母	1
盐	1.5	奶油	7
糖	20	改良剂	0.3
蛋	6	水	52

表 7－7　　甜餐包原料成本核算表

产品名称：甜餐包　　核算日期：2005－01－01

原料	烘焙百分比/%	单价/（元/kg）	金额/元	原料	烘焙百分比/%	单价/（元/kg）	金额/元
小麦粉	100	3. 40	340	奶油	7	13. 20	92. 4
酵母	1	42. 00	42	蛋	6	7. 00	42
盐	1. 5	1. 40	2. 1	改良剂	0. 3	53. 00	15. 9
水	52	—	0	合计	187. 8	—	634. 4
糖	20	5. 00	100				

每千克面团成本：$\frac{634.4}{187.8}=3.378$ 元

单位产品面团重：70g

单位产品原材料成本：$\frac{3.378\times70}{1\,000}=0.236$ 元

按这个方法可计算各种面包类、蛋糕类的成本。

例 2. 计算曲奇饼的成本

曲奇饼的配方见表 7－8。

表 7－8　　曲奇饼的配方

原料	烘焙百分比/%	原料	烘焙百分比/%
黄油	45	盐	1
白奶油	15	低筋小麦粉	100
糖	45	牛奶	15
蛋	30		

曲奇饼以及其他小松饼、饼干的成本以 kg 为单位计算。另外，这类产品烘烤过程中水分损失大，面糊粘连，成品破碎损失也较大，这些影响在计算时要考虑到。曲奇饼原料成本核算见表 7－9。

表 7－9　　曲奇饼原料成本核算表

产品名称：曲奇饼　　核算日期：2005－03－01

原料	烘烤百分比/%	单价/（元/kg）	金额/元	原料	烘烤百分比/%	单价/（元/kg）	金额/元
黄油	45	13. 20	594	盐	1	2. 00	2
白奶油	15	14. 20	213	牛奶	15	3. 00	45
糖	45	4. 80	216	低筋小麦粉	100	3. 60	360
蛋	30	7. 60	228	合计	251	—	1 658

每千克面糊成本：　$\frac{1\,658}{251}=6.61$ 元

曲奇饼生产损耗为24%，故每千克成品成本为：　$\frac{6.61}{1-24\%}=8.70$ 元

生产损耗中，粘连损耗和成品破碎损耗根据生产工艺不同而不同，而烘焙损耗（水分的损失）是可以直接计算的。

例如，上例的曲奇饼，查原料成分资料可知黄油含水15%，白奶油不含水，蛋含水74%，牛奶含水100%，低筋小麦粉含水13%，因而可知251kg原料中含水分：

$$45\times15\%+30\times(74\%+10\%)+15\times100\%+100\times13\%=59.95\text{kg}$$

（其中蛋除水分损失外还有10%的蛋壳要除去）

含水率：　$\frac{59.95}{251}\times100\%=23.88\%$

曲奇本身含水量2%，故烘焙损耗为：

$$23.88\%-2\%=21.88\%$$

计算水分损失的意义在于确定生产损耗的最低限度。生产损耗越来越接近水分损失，说明因工艺造成的损耗越低。

项目六　毛利率控制

毛利率是每个经营者必须关心的一项指标。毛利率太高，产品在市场上缺乏竞争力，太低则经济效益不好。

1. 毛利率表示方法

（1）财务毛利率　平时所说的毛利率是指财务毛利率。

$$\text{毛利率}=\frac{\text{毛利}}{\text{销售收入}}\times100\%$$

$$=\frac{\text{销售收入}-\text{原材料成本}}{\text{销售收入}}\times100\%$$

对于单个产品而言，销售收入等于销售单价。原材料成本是指原料成本和材料成本。材料包括包装材料（塑料包装袋、饭盒、铝箔烤盘、纸杯等）和装饰材料（塑料饰物、彩带等）。

财务毛利率以销售收入作为基数，与利润率、费用率等指标口径一致。

毛利率确定后推算销售单价的公式是：　$\text{销售单价}=\frac{\text{原材料成本}}{1-\text{毛利率}}$

推算原材料成本的公式是：　原材料成本 = 销售单价 ×（1 − 毛利率）

（2）烘焙毛利率　烘焙行业常用的毛利率是以原材料为基数的。

$$\text{烘焙毛利率}=\frac{\text{毛利}}{\text{原材料成本}}\times100\%$$

$$= \frac{销售收入 - 原材料成本}{原材料成本} \times 100\%$$

烘焙毛利率换算为财务毛利率的公式是：

$$毛利率 = \frac{烘焙毛利率}{1 + 烘焙毛利率} \times 100\%$$

烘焙产品常见的毛利率见表 7－10。

表 7－10　烘焙产品常见的毛利率

品名	烘焙毛利率/%	毛利率/%	品名	烘焙毛利率/%	毛利率/%
主食面包	30	23	花色蛋糕	100～200	50～67
花色面包	60～100	40～50	生日蛋糕	300～400	75～80
酥皮类面包	150	60	结婚蛋糕	500	83

2. 毛利率控制

原材料成本、销售价格、毛利率三者之间的关系是相辅相成的。

实际销售价格由市场的供求关系所决定。市场兴旺，价格可以升高；市场低迷，价格要降低。所谓高低不是看价格的绝对数，而是毛利率。毛利率应该维持在正常的水平。从盈利的角度看希望毛利率高，但毛利率太高，损害了顾客利益，归根到底损害了企业的信用；毛利率太低，企业不能获得正常利润，甚至不能维持正常费用支出，企业就没有发展。所以销售价格一方面受市场影响，一方面要靠毛利率监控。

维持毛利率不变又要降低销售价，往往可以通过调整烘焙配方，改变原材料成本来调整销售价格。

例如，本模块项目五的甜餐包，如果要维持毛利率 50%，销售价 0.45 元/个，那么每个面包的原料成本应为 0.45 ×（1－50%）＝0.225 元，比原来的 0.236 元/个要降低 0.011 元。甜餐包调整后的配方见表 7－11。

表 7－11　甜餐包调整后的配方

原料	烘焙百分比/%	调整后的烘焙百分比/%	单价/（元/kg）	金额/元	调整后的金额/元
小麦粉	100	100	3.40	340	340
酵母	1	1	42.00	42	42
盐	1.5	1.5	1.40	2.1	2.1
水	52	52	—	0	0
糖	20	16	5.00	100	80
奶油	7	7	13.20	92.4	92.4
蛋	6	0	7.00	42	0
改良剂	0.3	0.3	53.00	15.9	15.9
合计	187.8	177.8	—	634.4	572.4

每个面包的原料成本是：

$$\frac{\frac{572.4}{177.8}\times 70}{1\ 000}=0.225\ 元$$

思考题

1. 烘焙企业的机构设置主要有哪几种？各有什么特点？
2. 简述岗位责任制一般应包括的内容。
3. 简述烘焙企业的生产成本构成内容。
4. 简述原材料成本的核算。
5. 举例说明烘焙产品毛利率计算方法。

模块八　其他相关知识

[**学习目标**]

了解常用焙烤设备的使用、日常维护及安全生产知识。

项目一　工作前准备

知识一　生产车间的卫生要求

1. 车间卫生的基本要求

生产车间必须设有通风设施，以便保持空气新鲜、流通；车间内保持整洁、干净、干燥、地面无杂物；明沟保持清洁、畅通；无苍蝇、老鼠、异味；无污水及各种腐败变质食物；各类物品应归类放置。工作前、后应全面清洗案板、门窗、用具和地面等。

2. 车间墙面卫生要求

要求墙面粘贴白色瓷砖，保持平整、光滑、完整、洁净。由于操作间经常进行烘烤、油炸、蒸煮等，墙面容易产生水汽、油污或瓷砖脱落等现象。为保持其卫生，要经常洗刷墙面，对于油污严重的地方，还要用洗涤剂加热水按一定比例稀释后擦拭。对于瓷砖脱落部位要及时修补，以保持墙面完整洁净。

3. 货架要求

保持货架干净、整齐，码放的物品要分门别类，货架应尽量放在墙边或不影响操作的地方。

（1）使用专用货架来存放食品，体大质重的放在下层。要求食品排列整齐，标签向外，以便查找。

（2）用具要集中存放在固定货架上，较大用具和较小用具要分类存放，以便寻找，提高工作效率。

知识二　用具的卫生要求

1. 用具的清洗程序

（1）操作台要用刷子或铲刀去污。先用洗涤液擦洗，后用清水清洗。

（2）所用设备、用具如和面机、打蛋机、压片机、各类模具等，应在班前、班后清洗干净，用具应放在专用柜子中。

（3）上岗前要用紫外灯对生产车间消毒 0.5h 左右。生产工人进入车间需两次更衣；将用具、设备、操作台用消毒液进行消毒后方可使用，必须有一洗、二过、三消毒的过程。

（4）工作结束后应彻底清扫场地。

2. 用具的消毒

（1）煮沸消毒法　通过沸水达到消毒作用。对不锈钢器具、模具、抹布、耐高温塑料制品等可采用煮沸方法消毒。

（2）电子消毒柜法　通过高温加热达到消毒作用。主要对易生锈的金属器具和裱花用具等消毒。

（3）化学消毒法　通过使用化学药剂达到消毒作用。常用洗必泰、漂白粉、新洁尔灭等。使用消毒剂时应保证水池内无油污，防止其失效。消毒水必须定时更换，以保证消毒效果。

知识三　生产人员的卫生要求

1. 四不制度

从原料到成品实行采购员不购买腐败变质的原料；检验员不收腐败变质的原料；加工人员不使用腐败变质的原料；销售员不出售腐败变质的食品，不用手拿食品，不用非食品包装纸包装食品。

2. 四隔离

成品实行生、熟隔离；成品、半成品隔离；食品、杂物（药物）隔离；食品、天然冰隔离。

3. 四过关

用具实行洗过关，刷过关，冲过关，消毒过关。

4. 四定

环境卫生采用定人，定物，定时间，定质量。划片分工，包干负责。

5. 四勤

个人卫生做到勤洗手、剪指甲，勤洗澡、理发，勤洗衣服、被褥，勤换工作服。

知识四　其他准备

1. 备料

将经过筛选的完好原料检验计量后，放在清洁卫生的容器中，加罩、加盖，以防污染。

2. 预备工作

使用的各种果料，必须通过人工挑选除去杂质以及去除腐烂、变质、虫蚀的果料；肉类原料要求洗净，去骨、去皮、切丁（搅馅）等；将选好的原料加工成要求的大小，备用。同时还应检查机械设备是否完好、运转是否正常、电源接触是否良好，做好交接班记录等。

项目二　常用设备及用具的使用与保养

焙烤食品用设备和用具是制作产品的重要条件，了解常用设备和用具的使用性能，对于掌握焙烤食品生产的基本技能、生产技巧，提高产品质量和劳动生产率都有着重要的意义。制作焙烤食品的机电设备很多，即便是同一类设备由于厂家和生产时间不同，在外观、构造和工艺性能上也是不一样的。本章只对最常用的设备和用具做简单的介绍。

知识一　常用设备的使用与保养

1. 烘烤设备

烘烤设备主要是指烤箱，它是焙烤食品生产的关键设备。坯料成型后即可送入烤箱加热，使制品成熟、定型，并具有一定的色泽，能充分显示各种糕点的风味。

（1）烤箱的种类　烤箱的种类和式样很多，没有统一的规格和型号，按热源可分为电烤箱和煤气烤箱，按传动方式可分为炉底固定式烤箱和炉底转动式烤箱两种，按外形可分为柜式烤箱和通道式烤箱，此外，从烤箱的层次上又可分为单层、双层、三层烤箱等。

①电烤箱：电烤箱是以电能发热的一类烤箱的总称。一般电烤箱的构造比较简单，是由外壳、电炉丝（或红外线管）、热能控制开关、炉膛温度指示器等构件组成。高级的电烤箱可对上、下火分别进行调节，具有喷蒸汽、定时、警报等特殊功能。它的工作原理主要是通过电能转换的红外线辐射热、炉膛内热空气的对流热以及炉膛内金属板热传导的方式，使制品上色成熟。电烤箱使用非常方便，适应性强，而且在使用中不产生废气和有毒物质，产品干净卫生。

②煤气烤箱：煤气烤箱是以煤气为热源的烤箱，一般为单层结构，底部和两侧有燃烧装置，有自动点火和温度调节功能，炉温可达300℃。它的工作原理是用煤气燃烧的辐射热、炉膛内空气的对流热和炉内金属传导热的方式，使制品上色成熟。这种煤气烤箱具有预热快、温度容易控制、生产成本低等优点，但这种烤箱的卫生清扫工作较难。

（2）烤箱的使用　烘烤是一项技术性较强的工作，操作者必须认真了解和掌握所使用烤箱的特点和性能。尽管制作中西点的烤箱种类较多，但基本操作大致相同。

①新烤箱在使用前应详读使用说明书，以免使用不当出现事故。

②食品烘烤前烤箱必须预热，待温度达到工艺要求后方可进行烘烤。

③温度确定后，要根据某种食品的工艺要求合理选择烘烤时间。

④在烘烤过程中，要随时检查温度情况和制品的外表变化，及时进行温度调整。

⑤烤箱使用后应立即关掉电源，温度下降后要将残留在烤箱内的污物清理干净。

（3）烘烤设备的保养　注意对设备的保养，不但可以延长设备的使用寿命，保证设备的正常运行，而且对产品质量的稳定具有重要意义。烘烤设备的保养主要有以下三点。

①经常保持烤箱的清洁，清洗时不宜用水，以防触电，最好用厨具清洗剂擦洗。但对里衬是铝制材料的烤箱不能用清洗剂擦洗，更不能用利器铲刮污物。

②保持烤具的清洁卫生，清洗过的烤具要擦干，不可将潮湿的烤具直接放入烤箱内。

③长期停用的烤箱，应将内、外擦洗干净后，用塑料罩罩好放在通风干燥处存放。

2. 机械设备

机械是中西点生产的重要设备，它不仅能降低生产者的劳动强度，稳定产品质量，而且还有利于提高劳动生产率，便于大规模生产。

（1）常用机械的种类

①专用搅拌机：专用搅拌机主要由机架、电机、变速箱、升降启动装置、不锈钢桶、搅拌器等部件组成。在机架上部的油浸式齿轮变速箱内有三对相互吻合的齿轮，它们的中心距相等，但各对齿轮的速比不同，扳动调节手柄时，可得到三种不同的旋转速度。它的用途主要是搅动鸡蛋、奶油和制面团等。

②强力万能搅拌机：强力万能搅拌机具有切片、粉碎、揉制、搅打等功能，是揉制面团、制作面包的主要设备之一。其构造与专用搅拌机基本相同，只是在机身上部设有用来装接各种加工笼头的空槽。它的特点是功能多，使用范围广。大桶的容量可达 20L 以上，具有三段变速功能。

③压面机：压面机由机身架、电动机、传送带、轴距调节器等部件构成。压面机的功能是将揉制好的面团通过压辊之间的间隙，压成所需厚度的面片以便进一步加工。

④分割机：分割机构造比较复杂，有各种类型，主要用途是把初步发酵的面团均匀地进行分割，并制成一定的形状。分割机的特点是分割速度快，分量准确，成型规范。

⑤冰淇淋机：冰淇淋机是由机身框架、电动机、制冷装置、搅拌桶和定时器等部件组成。冰淇淋机型号很多，一般搅拌桶一次能制作 3～5L 冰淇淋。

（2）机械设备的使用与保养

①设备使用前要了解设备的机械性能、工作原理和操作规程，严格按规程操作。一般情况下都要进行试机，检查运转是否正常。

②机械设备不能超负荷使用，应尽量避免长时间不停的运转。

③有变速箱的设备应及时补充润滑油，保持一定的油量，以减少摩擦，避免齿轮磨损。

④设备运转过程中不可强行搬动变速手柄，改变转速，否则会损坏变速装置或传动部件。

⑤要定期对主要部件、易损部件、电动机传动装置进行维修检查。

⑥经常保持机械设备清洁，对机械外部的清洁可用弱碱性温水进行擦洗，清洗时要断开电源和防止电动机受潮。

⑦设备运转过程中发现或听到异常声音时应立即停机检查，排除故障后再继续操作。

⑧设备上不要乱放杂物，以免异物掉入机械内损坏设备。

3. 恒温设备

恒温设备是制作中西点、面包不可缺少的设备，主要用于原料和食品的发酵、冷藏和冷冻，常用的有发酵箱、电冰箱、电冰柜等。

（1）常见的种类

①发酵箱：发酵箱型号很多，大小也不尽相同。发酵箱的箱体大都是不锈钢制成的，由密封的外框、活动门、不锈钢管托架、电源控制开关、水槽和温度、湿度调节器等部件组成。发酵箱的工作原理是电热丝将水槽内的水加热蒸发，使面团在一定的温度和湿度下充分地发酵、膨胀。发酵面团时，一般要先将发酵箱调节到理想温湿度后方可进行发酵。发酵箱在使用时水槽内不可无水干烧，否则设备会遭到严重的损坏。发酵箱要经常保持内外清洁，水槽要经常用除垢剂进行清洗。

②电冰箱：电冰箱是现代中西点制作的主要设备。按构造分有直冷式冰箱和风冷式冰箱两种，按用途分还有保鲜冰箱和低温冷冻冰箱。无论哪种冰箱都是由制冷机、密封保温外壳、门、橡胶密封条、可移动货架和温度调节器等部件构成。风冷式冰箱有不结霜、易清理等优点，冰箱内的温度比直冷式要低。保鲜冰箱通常用来存放成熟食品和食物原料，低温冷冻冰箱一般用来存放需要冷冻的原料和成熟食品。

（2）电冰箱的使用与保养　电冰箱应放置在空气流通处，箱体四周至少留有 10～15cm 的间隙，以便通风降温。冰箱内存放的东西不宜过多，存放时要生熟分开，堆放的食品要留有空隙，以保持冷气畅通。食品放凉后方可放入冰箱，要尽量减少冰箱门的开关次数。关门时必须关紧，以使内外隔绝，保持箱内的低温状态。除此之外电冰箱在使用过程中，还应做好日常保养工作。

①要及时清除蒸发器上的结霜，结霜厚度达到 4～6mm 时就要除霜。除霜时要断开电源，把存放在冰箱内的食品拿出来，使结霜自动融化。

②冰箱制冷系统管道很长，有些细管外径只有 1.2mm。拆装或搬运时不慎

碰撞，都能造成管道破损、开裂，使制冷剂泄漏或使电气系统出现故障。冰箱制冷达不到要求大多是由制冷剂泄漏引起的，因此要经常对冰箱管道进行检查，如发现问题请专业人员进行维修检查。

③冰箱在运行中不得频繁切断电源，这样会使压缩机严重超载，造成压缩泵机械的损坏与驱动电机损坏。

④电冰箱停用时要切断电源，取出冰箱内食品，融化霜层，并将冰箱内外擦洗干净，风干后将箱门微开，用塑料罩罩好，放在通风干燥处。

4. 各式案台

案台又称案板，它是制作点心、面包的工作台。目前常见的有木质案台、大理石案台、不锈钢案台和塑料案台。

木质案台质地软，发酵面类制品多用此种案台。

大理石案台表面平整、光滑，散热性能好，抗腐蚀性强，是做糖活儿的上好案台。

不锈钢案台美观大方、清洁卫生、平滑光亮、传热性能好，是目前各大饭店采用较多的工作台。

塑料案台质地较软、抗腐蚀性强、不易损坏，加工制作各种制品都较适宜，其质量优于木质案板。

此外各种炉灶等也是中西点制作的常用设备。

知识二　常用用具的使用与保养

制作焙烤食品的用具很多，每种都具有特殊的功能，人们借助于这些用具可以制作出造型美观、各具特色的焙烤食品。

1. 刀具

刀具是西点生产工艺中经常使用的，一般用薄钢板或不锈钢板制成。按形状和用途可分为分刀、抹刀、锯刀、刮刀、花滚刀等。

（1）分刀　由不锈钢薄板制成，有大小之分，多用于蛋糕和原料的分割。

（2）抹刀　它是用弹性较好的不锈钢薄板制成，无锋刃，是制作奶油蛋糕时抹面或进行其他装饰的专用用具。

（3）锯刀　是用来对酥、软的制品进行分割的用具，可保证被分割的制品形态完整。

（4）刮刀　是无刃刀具，主要用于手工调制少量面团和清理案板，制作面包时切面团用。

（5）花滚刀　制作清酥类点心、混酥类点心时切面片、面条用。

2. 模具

西点模具的种类很多，常见的有烤盘、蛋糕模具、面包模具、小型糕点模具、专用糕点模具、裱花袋、各种花嘴、花戳等。

（1）烤盘　烤盘是烘烤制品的主要模具，由白铁皮、不锈钢板等材料制成，有高边和低边之分。烤盘的大小是由炉膛的规格决定的。

（2）蛋糕模具　蛋糕模具是由不锈钢、马口铁制成的，主要用于蛋糕坯的成型。

（3）面包模具　面包模具一般是用薄铁皮制成的，有带盖和无盖之分，规格大小不一。一般无盖的面包模具上口长 28cm、宽 8cm，底长 25cm、宽 7cm，总高 7cm，为空心梯形模具。主要用于制作主食大面包，还可以作为黄油蛋糕、巧克力蛋糕的模具。有盖的面包模具一般为长方体空心形，尺寸为 28cm × 7cm × 8cm，是制作吐司面包的专用模具。

（4）小型点心模具　由薄铁皮制成，一般有船形、椭圆菊花边形、圆形、圆菊花边形等。常用来制作水果塔或油料、果料蛋糕，也可用于制作冷冻食品。

（5）专用烤制模具　萨瓦兰蛋糕模具用于制作朗姆酒蛋糕，摩格洛夫蛋糕模具是用于布丁的制作。它们一般采用白铁皮制成，是制作具有特殊风味的西点模具。

（6）裱花嘴　多用不锈钢片、黄铜片制成，形状很多，大小规格不一。常用的有扁形、圆形、锯齿形等，是制作奶油蛋糕、裱制奶油花、挤各种图案、花纹和填馅不可缺少的用具之一。

（7）裱花布袋　是用细布缝制或粘制而成的圆锥形口袋，在锥形尖处剪去一小块用来放置裱花嘴，常用来裱花、挤泡芙料、挤饼干等，是与裱花嘴配套的用具。

（8）压制模具　由不锈钢片制成，有圆边和菊花边之分，形状有圆形、椭圆形，一般分为成套盒装，规格从直径 2 ~ 10cm 不等。其用途是对擀制好的各种坯料进行初步加工，使其成为特定的形状。

3. 其他用具

（1）擀面用具　各种擀面用具多是木质材料制成的圆而光滑的制品，常见的有通心槌、长短擀面杖等。主要用于清酥、混酥、饼干等面坯的擀制及各种花色点心、面包的制作。

（2）各种衡器　常见的衡器有台秤、电子秤等，主要用于称量原料、成品的重量。

（3）搅板　又称木勺，用木质材料制成。用于搅拌各种较稀或较软的物料，如泡芙糊、翻砂糖等。搅板有大、中、小三种，形状上细窄下扁宽。

（4）各种抽子　它是用多条钢丝捆扎在一起制成的，大小规格不同，有木把铁把之分，是抽打蛋糊、奶油和搅拌物料的常用用具。

（5）调料盆　有平底和圆底之分，用不锈钢制成。主要用于调拌各种面点配料，搅打鸡蛋、奶油，盛装各种原料等。

（6）平底铜锅　是烫面糊、制点心馅、酱和熬糖等半制品的理想用具。它以厚铜板冲压而成，有大、中、小之分。铜锅具有传热均匀、不宜煳底的优点。

（7）漏斗　一般为圆锥形，多由不锈钢制成，其用途主要是过滤各种沙司及液体配料。

（8）撒粉罐　用薄铁皮制成，一般规格高 12cm、直径 6.5cm，上有可活动并且带眼的盖，主要用来撒糖粉、可可粉、小麦粉等干粉。

（9）戳眼器　用圆木和钢钉组合而成，有可活动的把。主要用于西点制作时的戳孔，目的是使制品在烘烤时能均匀起发。

此外，箩、剪刀、蛋糕托、蛋糕分割器、塑料刮板、各种刷子、挖心器、挖球器、冰淇淋勺等也是西点制作常用的用具。

4. 用具的保养

（1）常用用具不能乱用、乱堆、乱放，用具用过后，应根据不同类型分别定点存放，不可混乱放在一起。如擀面杖、网筛、布口袋与刀剪等利器存放在一起，不小心会使擀面棍受损，网筛、布口袋被扎破。

（2）铁制、钢制用具存放时，应保持干燥清洁，以免生锈。

（3）用具使用后，对附在用具上的油脂、糖膏、蛋糊、奶油等原料，应用热水立即冲洗并擦干。特别是直接接触熟制品的用具，要经常保持清洁和清毒，生熟食品的用具必须分开保存和使用，否则会造成食品污染。

项目三　安全生产及防护知识

安全生产是企业管理的重要组成部分，它是经营工作能顺利运转的基本保证，只有实现了安全才能达到生产的目的。安全生产包括厨房设备的合理布置、合理使用及注意事项等内容。

知识一　设备的合理布局

常用设备主要包括烘烤设备、机械设备和冷藏设备等，这些设备的布置要本着使用方便、提高工作效率、确保安全的原则。

1. 烘烤设备的合理布置

烘烤设备是大型设备，摆放时应放置在显著位置上。这种设备的周围应留有一定空间，以便对设备进行清理维修和保养。烤箱门前必须留有便于操作者送取制品的距离，即能保证成熟制品顺利地取出，保持制品形态完整，又能避免操作人员烫伤。此外，烘烤设备通气孔的上方不应有电线通过，否则通气孔长期排放的热气会使电线老化漏电，造成事故。

2. 机械设备的合理布置

厨房的机械设备常用的有：搅拌机、冰淇淋机等。它们应摆放在离工作台较近的位置上，目的是便于操作。如搅拌机，主要是用来搅打蛋糊，搅拌各种面团，如果距工作台较远则制品不能及时进行成型与烘烤，这样不仅会造成时间的浪费，还会影响有些产品的质量。

机械设备安装时应尽量减少外露的电线，以防使用时电机元器件受潮而引起漏电。

3. 冰箱的合理布置

冰箱是厨房常用设备，这类设备应摆放在水汽和油烟少的干燥环境中。因为潮湿的环境会使电冰箱生锈，电气部分绝缘性能下降，严重时会导致电器线路短路。这样不但影响冰箱的正常使用，而且容易造成人身的伤害和冰箱的损坏。

冰箱应远离烤箱和煤气灶，避免阳光直射。如果电冰箱长期处于高温状态，就会影响冷凝器散热，降低冰箱的制冷性能。

4. 煤气灶具的合理布置

煤气灶具是加热和制作点心、沙司的常用设备。煤气灶具的使用除了严格执行煤气公司的有关规定外，煤气灶具的上方不能有电线通过，还要安装通风设备和管道。其目的是预防火灾事故的发生，防止煤气燃烧不充分而给人体带来的损害。

总之，在中西点生产中烤箱、煤气灶具、机械设备的使用，除合理布置、安全生产外，还要注意定期的检查和保养，这也是安全生产和防护的措施之一。

知识二　安全生产中的各项规章

1. 机械设备的安全使用

（1）设备使用前应检查易损零部件是否完好，如发现异常应及时拆换和修理。

（2）开机前要检查电器开关和保险装置，若有损坏和短缺时，要采取相应措施。如发现电器受潮或沾水时，应切断电源，擦净干燥后再使用，否则会因漏电而发生危险。

（3）开机前应检查和清理场地，避免其他杂物卷入机内造成事故。

（4）操作机器时操作人员必须戴好工作帽，束紧工作服，以防头发和工作服卷入机器而造成人身事故。

（5）设备运行时，操作人员必须集中精力，不能离开岗位，发现有异常声音时要停机检查分析原因，排除故障后再进行操作。

（6）设备不能有漏水、漏气和漏油现象。

（7）严格按照设备的操作规程正确使用设备，定期维修和保养设备。

2. 电器的安全使用

（1）防止电器受潮。擦洗机器时要切断电源，不能带电作业，更不能将水泼洒在机器上，否则电器受潮，降低绝缘性能，导致触电。

（2）及时检查和修理损坏的电器元件。性能不好的元件不要勉强使用，发现电器元件有故障时，应立即关机修理，不得强行操作。

（3）爱护电器设备，避免超负荷运转。不要乱拉导线，更不要在电线上晾晒物品，设备的接地线要保持完好。

（4）注意电器设备的事故处理。若发现电器设备冒烟或着火要立即切断电源，用黄砂或二氧化碳、四氧化碳和干粉灭火器灭火，不能用水或普通灭火器救火。

3. 煤气的安全使用

（1）要定期检查煤气管线，查看管线有无漏气现象。如果出现漏气现象应关掉总阀门，更换新管线后方可使用。

（2）使用罐装煤气时，煤气罐与灶具应保持一定的距离，以免煤气罐受热发生爆炸。

（3）点燃灶具时应先点火后开气，以火等气，否则气体扩散，易发生意外火灾。

（4）经常保持灶具清洁，尤其要保持火眼畅通。灶具点燃后应有人看管，防止火焰被溢出的汤水浇熄，引起煤气中毒和失火。

（5）每天下班后要立即关掉气源的总阀门。

思考题

1. 焙烤食品生产车间有哪些卫生要求？
2. 如何对用具进行消毒？
3. 对生产人员有哪些卫生要求？
4. 如何对焙烤设备进行正确的使用？
5. 如何对焙烤设备进行正确的保养？
6. 如何对常用用具进行正确的使用？
7. 如何对常用用具进行正确的保养？
8. 如何安全使用机械设备？

知 识 链 接

链接一　常用焙烤术语

为了使操作者能准确理解常用术语含义，提高制作技能，现将常用术语解释列举如下。

1. 产品名词

慕斯：是英文 MOUSSE 的译音，又译成木司、莫司、毛士等；是将鸡蛋、奶油分别打发充气后，与其他调味品调和而成或将打发的奶油拌入馅料和明胶水制成的松软型甜食。

泡芙：是英文 PUFF 的译音，也称空心饼、气鼓等；是以水或牛奶加黄油煮沸后烫制面粉，再搅入鸡蛋，通过挤糊、烘烤、填馅料等工艺而制成的一类点心。

曲奇：是英文 COOKITS 的译音；是以黄油、面粉加糖等主料经搅拌、挤制、烘烤而成的一种酥松的饼干。

布丁：是英文 PUDDING 的译音；是以黄油、鸡蛋、白糖、牛奶等为主要原料，配以各种辅料，通过蒸或烤制而成的一类柔软的点心。

派：是英文 PIE 的译音，又译成排、批等；是一种油酥面饼，内含水果或馅料，常用圆形模具做坯模。按口味分为甜咸两种，按外形分为单层皮派和双层皮派。

塔：是英文 TART 的译音，又译成挞；是以油酥面团为坯料，借助模具，通过制坯、烘烤、装饰等工艺而制成的内盛水果或馅料的一类较小型的点心，其形状可因模具的变化而变化。

舒芙里：是英文 SOUFFLE 的译音，又译成苏夫力、沙勿来、梳乎厘等。有冷食和热食两种。热的以蛋清为主要原料，冷的以蛋黄和奶油为主要原料，是一种充气量大、口感松软的点心。

巴菲：是英文 PARFAIR 的译音；是一种以鸡蛋和奶油为主要原料的冷冻甜食。

果冻：是用糖、水和啫喱粉，按一定的比例调制而成的冷冻甜食。

2. 半成品或原料名词

汤种：在日语中意为温热的面种或稀的面种。“汤”的意思有开水、热水、泡温泉之意，“种”为种子、品种、材料、面肥（种）之意。用在烘焙术语的解释是将面粉加水在煤气炉上加热，使淀粉产生糊化。此糊化的面糊称为汤种。汤种再加上面包用的其他材料经过搅拌、发酵、整形、烤焙后而成的面包称为汤种面包。汤种面包与其他面包最大的差别在于淀粉糊化使吸水量增多，因此面包的组织柔软，具有弹性、可延缓老化，迎合现代人的口味。

吉力丁：是英文 JELATINE 或 JELLY 的译音，又译成啫喱、介力、吉力，也称明胶或鱼胶等。分植物型和动物型两种，植物型是由天然海藻抽提胶复合而成的一种无色无味的食用胶粉；动物型的是由动物皮骨熬制成的有机化合物，呈无色或淡黄色的半透明颗粒、薄片或粉末状。多用于鲜果点心的保鲜、装饰及胶冻类的甜食制品。

卡士达：又称黄酱子、黄少司、黄酱、克司得、牛奶酱等；是用牛奶、蛋黄、淀粉、糖及少量的黄油制成的糊状物体。它是西点中用途较广泛的一种半制品，多用于做馅，如气鼓馅等。

糖霜皮：又称糖粉膏、搅糖粉等；是用糖粉加鸡蛋清搅拌而成的质地洁白、细腻的制品。它是制作白点心、立体大蛋糕和展品的主要原料，其制品具有形象逼真、坚硬结实，摆放时间长的特点。

膨松奶油：是用鲜奶油或人造奶油加糖搅打制成的，在西点中用途非常广泛。

黄油酱：又称黄油膏、糖水黄油膏、布代根等；是黄油搅拌加入糖水而制成的半制品，多为奶油蛋糕等制品的配料。

蛋白糖：又称蛋白膏、蛋白糖膏、烫蛋白等；是用沸腾的糖浆烫制打起的膨松蛋白而成的，洁白、细腻、可塑性好。例如，制作装饰用的假糖山。

杏仁膏：又称马司板、杏仁面、杏仁泥；是用杏仁、砂糖加适量的朗姆酒或白兰地制成的。它柔软细腻、气味香醇，是制作西点的高级原料，可制馅、制皮，捏制花鸟鱼虫及植物、动物等装饰品。

札干：是用明胶片、水和糖粉调制而成的制品；是制作大型点心模型、展品的主要原料。札干细腻、洁白、可塑性好，其制品不走形、不塌架，既可食用，又能欣赏。

风糖：又称翻砂糖，是以砂糖为主要原料，用适量水加少许醋精或柠檬酸熬制经反复搓叠而成的。它是挂糖皮点心的基础配料。

3. 专业术语

打发：打发这个动作几乎在所有的西点烘焙中都要用到，是指将材料以打蛋器用力搅拌，使大量空气进入材料中，在加热过程当中使成品膨胀，口感更为绵软。例如，打发蛋清、全蛋、黄油、鲜奶油等。在打发蛋清、鲜奶油中，我们常常还会看到湿性发泡或干性发泡这样的词，它是指我们要将材料打到什么样的程度。

（1）湿性发泡　蛋清或鲜奶油打起粗泡后加糖搅打至有纹路且雪白光滑，

拉起打蛋器时有弹性挺立但尾端稍弯曲。

（2）干性发泡　蛋清或鲜奶油打起粗泡后加糖搅打至纹路明显且雪白光滑，拉起打蛋器时有弹性而尾端挺直。

清打法：又称分蛋法，是指蛋清与蛋黄分别抽打，待打发后，再合为一体的方法。

混打法：又称全蛋法，是指蛋清、蛋黄与砂糖一起抽打起发的方法。

过筛：以筛网过滤面粉、糖粉、可可粉等粉类，以免粉类有结块现象。但要注意的是，过筛只能用在很细的粉类材料中，像全麦面粉这种比较粗的粉类不需要过筛。

隔水溶化：将材料放在小一点的器皿中，再将器皿放在一个大一点的盛了热水的器皿中，隔水加热，以使小器皿中的材料溶化。这种方法一般用在不能直接放在火中加热溶化的材料中，如巧克力、鱼胶粉等材料。

隔水打发：全蛋打发时，因为蛋黄热后可减低其稠性，增加其乳化液的形成，加速与蛋清、空气拌和，使其更容易起泡而膨胀，所以要隔热水打发。而动物性鲜奶油在打发时，在下面放一盆冰隔水打发，则更容易打发。

隔水烘焙或水浴：一般用在奶酪蛋糕的烘烤过程中，将奶酪蛋糕放在烤箱中烘烤时，要在烤盘中加入热水，再将蛋糕模具放在加了热水的烤盘中隔水烘烤。

室温软化：黄油因熔点低，一般冷藏保存，使用时需取出，于常温放置软化，若急于软化，可将黄油切成小块或微波加热，黄油软化至手指可轻压陷即可，且不可全部溶化。

烤箱预热：在烘烤前，要提前10分钟把烤箱调至烘烤温度空烧，这样做是为了让烤箱提前达到所需要的烘烤温度。

面团松弛：蛋塔皮、油皮、油酥、面团因搓揉过后有筋性产生，经静置松弛后再擀卷更易操作，不会收缩。

倒扣脱模：一般用在戚风蛋糕中，烤好的戚风蛋糕从烤箱中取出，应马上倒扣在烤网上放凉后脱模，因戚风蛋糕容易回缩，所以倒扣放凉后再脱模，可以有效地减轻回缩。

烤模刷油撒粉：在模型中均匀地刷上黄油或再撒上面粉，可以使烤好的蛋糕更容易脱模，但要注意，戚风蛋糕不可以刷油撒粉。

化学起泡：是以化学膨松剂为原料，使制品体积膨大的一种方法。常用的化学膨松剂有碳酸氢铵、碳酸氢钠和泡打粉。

生物起泡：是利用酵母等微生物的作用，使制品体积膨大的方法。

机械起泡：是利用机械的快速搅拌，使制品充气而达到体积膨大的方法。

跑油：多发生在清酥面坯的制作中，是指面坯中的油脂从水面皮层溢出。

氢团：硫氢键转化为双硫键，从而使面粉色泽变白，物理性能得到改善的变化。

链接二　糕点术语（GB/T 12140—2007）

1　范围

本标准确立了糕点的通用术语。

本标准适用于糕点的生产、销售、科研、教学及其他相关领域。

2　术语和定义

2.1　糕点 pastry

以粮、油、糖、蛋等为主料，添加（或不添加）适量辅料，经调制、成型、熟制等工序制成的食品。

2.2　中式糕点 Chinese pastry

具有中国传统风味和特色的糕点。

2.2.1　糕点帮式 local pastry

因原辅料、配方、制作工艺不同而形成的具有地方特色和地方风味的糕点流派。

2.2.2　京式糕点 Beijing pastry

以北京地区为代表，具有重油、轻糖，酥松绵软，口味纯甜、纯咸等特点的糕点。

注：代表品种有京八件、自来红、自来白和提浆饼等。

2.2.3　苏式糕点 Suzhou pastry

以苏州地区为代表，馅料多用果仁、猪板油丁，具有常用桂花、玫瑰花调香，糕柔糯、饼酥松，口味清甜等特点的糕点。

注：代表品种有苏式月饼、苏州麻饼和猪油年糕等。

2.2.4　广式糕点 Cuangdong pastry

以广州地区为代表，造型美观、用料重油轻糖，馅料多用果仁、椰丝、莲蓉、蛋黄、糖渍肥膘等，具有馅饼皮薄馅多，米饼硬脆清甜、酥饼分层飞酥等特点的糕点。

注：代表品种有广式月饼、炒米饼、白绫酥饼等。

2.2.5　扬式糕点 Yangzhou pastry

以扬州和镇江地区为代表，馅料以黑芝麻、蜜饯、芝麻油为主，具有麻香风味突出等特点的糕点。

注：代表品种有淮扬八件和黑麻椒盐月饼等。

2.2.6　闽式糕点 Fujian pastry

以福州地区为代表，馅料多用虾干、紫菜、桂圆、香菇、糖腌肉丁等。具有口味甜酥油润，海鲜风味突出等特点的糕点。

注：代表品种有福建礼饼和猪油糕等。

2.2.7 潮式糕点 Chaozhou pastry

以潮州地区为代表，馅料以豆沙、糖冬瓜、糖肥膘为主，具有葱香风味突出等特点的糕点。

注：代表品种有老婆饼和春饼。

2.2.8 宁绍式糕点 Ningbo and Shaoxing pastry

以宁波、绍兴地区为代表，辅料多用苔菜、植物油，具有海藻风味突出等特点的糕点。

注：代表品种有苔菜饼和绍兴香糕等。

2.2.9 川式糕点 Sichuan pastry

以成渝地区为代表，糯米制品较多，馅料多用花生、芝麻、核桃、蜜饯、猪板油丁，具有重糖、重油、软糯油润酥脆等特点的糕点。

注：代表品种有桃片和米花糖等。

2.2.10 高桥式糕点 Gaoqiao pastry

沪式糕点

以上海高桥镇为代表，米制品居多，馅料以红豆、玫瑰花为主，具有轻糖、轻油、口味清香酥脆、油而不腻、香甜爽口、糯而不黏等特点的糕点。

注：代表品种有松饼、松糕、薄脆、一捏酥等。

2.2.11 滇式糕点 Yunnan pastry

云南糕点

以昆明地区为代表，以云南特产宣威火腿、鸡坳入料，具有产品重油重糖，油重而不腻，味甜而爽口等特点的糕点。

注：代表品种有鸡坳白砂糖酥饼、云腿月饼、重油荞串饼等。

2.2.12 秦式糕点 Shanxi pastry

陕西糕点

以西安地区为代表，以小麦粉、糯米、红枣、糖板油丁等为原料，具有酥香适口、糕黏甜味美、枣香浓郁等特点的糕点。

注：代表品种有水晶饼、陕西甄饼等。

2.2.13 热加工糕点 heat - proeessing pastry

以烘烤、油炸、水蒸、炒制等加热熟制为最终工艺的一类糕点。

2.2.14 冷加工糕点 reproeessing pastry at room or low temperature after heated

在各种加热熟制工艺后，在常温或低温条件下再进行二次加工的一类糕点。

2.2.15 烘烤糕点 baked pastry

烘烤熟制的一类糕点。

2.2.16 酥类 short pastry

用较多的油脂和糖，调制成塑性面团，经成型、烘烤而成的组织不分层次，口感酥松的制品。

2.2.17　松酥类 crisp pastry

用较少的油脂，较多的糖（包括砂糖、绵白糖或饴糖），辅以蛋品、乳品等，并加入化学膨松剂，调制成具有一定韧性，良好可塑性的面团，经成型、熟制而成的制品。

2.2.18　松脆类 light and crisp pastry

用较少的油脂，较多的糖浆或糖调制成糖浆面团，经成型、烘烤而成的口感松脆的制品。

2.2.19　酥层类 puff pastry

用水油面团包入油酥面团或固体油，经反复压片、折叠、成型后，熟制而成的具有多层次的制品。

2.2.20　酥皮类 short and layer crust pastry with filling

用水油面团包油酥面团制成酥皮，经包馅、成型后，熟制而成的饼皮分层次的制品。

2.2.21　水油皮类 water - oiled crust pastry with filling

用水油面团剥皮，然后包馅，经熟制而成的制品。

2.2.22　糖浆皮类 syrup crust pastry with filling

用糖浆面团制皮，然后包馅，经烘烤而成的柔软或韧酥的制品。

2.2.23　松酥皮类 crisp crust pastry with filling

用较少的油脂，较多的糖，辅以蛋品、乳品等并加入化学膨松剂，调制成具有一定韧性，良好可塑性的面团，经制皮、包馅、成型、烘烤而成的口感松酥的制品。

2.2.24　硬皮类 hard and short crust pastry with filling

用较少的糖和饴糖，较多的油脂和其他辅料制皮，经包馅、烘烤而成的外皮硬酥的制品。

2.2.25　发酵类 fermentated pastry

用发酵面团，经成型或包馅成型后，熟制而成的口感柔软或松脆的制品。

2.2.26　烘糕类 baked pudding

以糕粉为主要原料，经搅拌、装模、炖粉、成型、烘烤而成的外皮硬酥的制品。

2.2.27　烤蛋糕类 cake

以鸡蛋、面粉、糖为主要原料，经打蛋、注模、烘烤而成的组织松软的制品。

2.2.28　油炸糕点 deep fried pastry

油炸熟制的一类糕点。

2.2.29　水调类 light and crisp pastry with elastic dough

以面粉和水为主要原料制成韧性面团，经成型、油炸而成的口感松脆的制品。

2.2.30　糯糍类 pastry made of glutinous rice flour

以糯米粉为主要原料，经包馅成型、油炸而成的口感松脆或酥软的制品。

2.2.31　水蒸糕点 steamed pastry

水蒸熟制的一类糕点。

2.2.32　蒸蛋糕类 steamed cake

以鸡蛋为主要原料，经打蛋、调糊、注模、蒸制而成的组织松软的制品。

2.2.33　印模糕类 moulding pudding

以熟或生的原辅料，经拌和、印模成型、熟制或不熟制而成的口感松软的糕类制品。

2.2.34　韧糕类 pastry made of glutinous rice flour and sugar

以糯米粉、糖为主要原料，经蒸制、成型而成的韧性糕类制品。

2.2.35　发糕类 fermentated pudding

以小麦粉或米粉为主要原料调制成面团，经发酵、蒸制、成型而成的带有蜂窝状组织的松软糕类制品。

2.2.36　松糕类 light pudding

以粳米粉、糯米粉为主要原料调制成面团，经成型、蒸制而成的口感松软的糕类制品。

2.2.37　熟粉糕类 steamed or fried flour pastry

将米粉、豆粉或面粉预先熟制，然后与其他原辅料混合而成的一类糕点。

2.2.38　热调软糕类 soft pudding made of cooked rice flour，sugar and hot water

用糕粉、糖和沸水调制成有较强韧性的软质糕团，经成型制成的柔软糕类制品。

2.2.39　切片糕类 flake pudding

以米粉为主要原料，经搅拌、装模、蒸制或炖糕、切片而成的口感绵软的糕类制品。

2.2.40　冷调韧糕类 pliable but strong pudding made of cooked rice flour，syrup and cold water

用糕粉、糖浆和冷开水调制成有较强韧性的软质糕团，经包馅（或不包馅）、成型而成的冷作糕类制品。

2.2.41　冷调松糕类 light pudding made of cooked rice flour，sugar or syrup

用糕粉、潮糖或糖浆拌和成松散性的糕团，经成型而成的松软糕类制品。

2.2.42　上糖浆类 coating syrup pastry

先制成生坯，经油炸后再拌（浇、浸）入糖浆的口感松酥或酥脆的制品。

2.2.43　萨其马类 Sa Qi Ma pastry

以面粉、鸡蛋为主要原料，经调制面团、静置、压片、切条、过筛、油炸、拌糖浆、成型、装饰、切块而制成。

2.2.44 月饼 Chinese moon cake

使用面粉等谷物粉，加油、糖或不加糖调制成饼皮，包裹各种馅料，经加工而成，以中秋节食用为主的传统节日食品。

2.3 西式糕点 foreign pastry

从外国传入我国的糕点的统称，具有西方民族风格和特色的糕点。

2.3.1 干点心 dry light refreshments

将面粉、奶油、糖、蛋等调成不同性质的面糊或面团，经成型、烘烤而成的口感松脆的制品。

2.3.2 小干点 small cookies

用面粉、奶油、糖、蛋等为原料，经挤糊、烘烤而成的小巧别致，香酥、松脆的制品。

2.3.3 裱花蛋糕 decorative cake

由蛋糕坯和装饰料组成，制品装饰精巧，图案美观的制品。

2.3.4 清蛋糕 non – fat cake

以蛋、糖、面粉为主要原料，采用蛋糖搅打工艺，经调制面糊、注模、烘烤而成的组织松软的制品。

2.3.5 油蛋糕 butter cakes

以面粉、蛋、糖和油脂为主要原料，采用糖油搅打工艺，经调制面糊、注模、烘烤而成的组织细腻的制品。

2.3.6 海绵蛋糕 sponge cake

以蛋、面粉、糖为主要原料，添加适量油脂，经打蛋、注模、烘烤而成的组织松软的制品。

2.3.7 戚风蛋糕 chiffion cake

分别搅打面糊和蛋清，再将面糊和蛋清混合在一起，经注模成型、烘烤而成的制品。

2.3.8 慕斯蛋糕 mousse cake

起源于法国，以牛奶、糖、蛋黄、食用胶为主要原料，以搅打奶油为主要填充材料而成的装饰蛋糕或夹心蛋糕。

2.3.9 奶酪蛋糕 cheese cake

奶酪蛋糕以海绵蛋糕、派皮等为底坯，将加工后的奶酪混合物倒入上面，经过（或不经过）烘烤、装饰而成的制品。

2.3.10 蛋清点心 meringue pastry

以蛋清、糖和面粉为主要原料，经烘烤而成的制品。

2.3.11 奶油起酥糕点 puff pastry

面团包入奶油，经反复压片、折叠、冷藏、烘烤而成的层次清晰、口感酥松的制品。

2.3.12 奶油混酥糕点 short butter pastry

将奶油、糖等和入面团中，经成型、烘烤而成的没有层次、口感酥松的制品。

2.3.13 泡芙糕点 cream puff

气鼓、哈斗（拒用）。

以面粉、油脂、蛋为主要原料，加热调制成糊，经挤注、烘烤成空心坯，冷却后加馅、装饰而成的制品。

2.3.14 派 pie

以小麦粉、鸡蛋、糖等为主要原料，添加油脂、乳化剂等辅料，经搅打充气（或不充气）、挤浆（或注模）等工序加工而成的蛋类芯饼（蛋黄派），俗称派。

2.3.15 蛋塔 tart

以油酥面团为坯料，借助模具，通过制坯、烘烤、装饰等工艺而成的内盛水果或馅料的一类小型点心。

2.4 主要原辅料

2.4.1 预混粉 premixed flour

预拌粉

按配方将某种焙烤食品所用的原辅料（除液体原辅料外）预先混合好的制品。

注：有面包预混粉、糕点预混粉、蛋糕预混粉、冰皮月饼预混粉。

2.4.2 谷朊粉 vital gluten

小麦活性面筋

由小麦经水洗得生面筋，再经酸、碱液化，喷雾干燥后而制成的未变性的小麦蛋白粉末制品。

2.4.3 植脂奶油 nondairy whipping cream

植物忌廉（被取代）

以植物脂肪为原料，糖、玉米糖浆、水和盐为辅料，添加乳化剂、增稠剂、品质改良剂、酪蛋白酸钠、香精等经搅打制成的乳白色膏状物。主要用于裱花蛋糕表面装饰或制作慕斯。

2.4.4 奶油 butter

以经发酵或不发酵的稀奶油为原料，加工制成的固态产品。

2.4.5 无水奶油 anhydrous butter

以熔融了的奶油或稀奶油（经发酵或不发酵）为原料，经加工制成的水分含量较低的固态产品。

2.4.6 食用氢化油 hydrogenated fat

用食用植物油，经氢化和精炼处理后制得的食品工业用原料。

2.4.7 人造奶油 margarine

以氢化后的精炼食用植物油为主要原料，添加水和其他辅料，经乳化、急冷而制成的具有天然奶油特色的可塑性制品。

2.4.8 起酥油 shortening

指动、植物油脂的食用氢化油、高级精制油或上述油脂的混合物，经过速冷捏和制造的固状油脂，或不经速冷捏和制造的固状、半固体状或流动状的具有良好起酥性能的油脂制品。

2.4.9 乳化油 emulsified shortening

乳化剂添加量较多的人造奶油或起酥油，具有良好的加工性、乳化性和起酥性。

2.4.10 麦芽糖饴（饴糖）maltose syrup

以 α－淀粉酶、麦芽（或 β－淀粉酶）分解淀粉质原料所制得的以麦芽糖和糊精为主要成分的糖浆。

2.4.11 液体葡萄糖 maltose syrup

葡萄糖浆

淀粉经过酸法、酶法或酸酶法水解、净化而制成的糖浆。

2.4.12 转化糖浆 inverting syrup

蔗糖加水，经水解转化成葡萄糖和果糖为主要成分的糖浆。

2.4.13 果葡糖浆 high fructose corn syrup

高果糖浆

淀粉质原料，用酶法或酸酶法水解制得高 DE 值的糖液，再经葡萄糖异构酶转化而得的糖浆。

2.4.14 蛋糕乳化剂 cake emulsifier

蛋糕油（被取代）

以分子蒸馏单甘酯、蔗糖酯、司盘 60 等多种乳化剂为主要原料而制成的膏状产品。

2.4.15 奶酪粉 cheese powder

芝士粉（被取代）

牛奶在凝乳酶的作用下，使酪蛋白凝固，经过自然发酵过程加工而成的制品。

2.4.16 吉士粉 custard powder

由鸡蛋、乳制品、变性淀粉、糖、植物油、食用色素和香料等组成的浅柠檬黄色粉状物质。

2.4.17 慕斯粉 Mousse powder

用水果或酸奶、咖啡、坚果的浓缩粉和颗粒、增稠剂、乳化剂、香料等制成的粉状或带有颗粒的制品。

2.4.18　果冻粉 jelly powder

用粉状动物胶或植物胶、水果汁、糖等，以一定比例调和浓缩成干燥的即溶粉末。

2.4.19　果膏 autpiping jelly

果占

用增稠剂、蔗糖、葡萄糖、柠檬酸、食用色素、食用水果香精和水加工而成的制品。

2.4.20　布丁粉 pudding powder

以增稠剂（玉米淀粉、明胶等）、糖粉、蛋黄、奶粉为主要原料，根据不同的口味添加巧克力、咖啡、奶油、香草等而制成的粉状混合物。

2.4.21　塔塔粉 cream of tartar

以酒石酸氢钾为主要成分，淀粉作为填充剂而制成的粉状物质。

2.4.22　复合膨松剂 baking powder

泡打粉（被取代）

由碳酸氢钠、酸性物质和填充剂构成的膨松剂。

2.5　半成品

2.5.1　面团 dough

面粉和其他原辅料经调制而成的团块状物质。

2.5.2　水调面团 elastic dough

筋性面团

韧性面团

面粉和水调制而成的具有较强筋性的面团。

2.5.3　水油面团 water - oiled dough

水、油脂和面粉调制而成的面团。

2.5.4　油酥面团 oil - mixed dough

油脂和面粉调制而成的面团。

2.5.5　糖浆皮面团 syrup - mixed dough

糖浆和面粉等原辅料调制而成的面团。

2.5.6　酥类面团 short pastry dough

油脂和面粉等原辅料调制而成的面团。

2.5.7　松酥面团 crisp pastry dough

混糖面团

面粉、糖、蛋品、油脂等调制而成的面团。

2.5.8　发酵面团 fermented dough

面团或米粉、酵母、糖等原辅料经调制、发酵而成的面团。

2.5.9　米粉面团 rice flour dough

米粉和水等原辅料调制而成的面团。

2.5.10 淀粉面团 starch dough

淀粉和水等原辅料调制而成的面团。

2.5.11 面糊 batter

面浆

面粉和其他原辅料经调制而成的流体或半流体。

2.5.12 蛋糕糊 cake batter

蛋糖经搅打后，加入其他辅料和面粉调制而成的糊状物。

2.5.13 蛋白膏 egg white icing

蛋清、糖和其他辅料经搅打而成的膏状物。

2.5.14 奶油膏 cream icing

奶油、糖和其他辅料经搅打而成的膏状物。

2.5.15 杏仁膏 almond pastry

用杏仁、砂糖加少许朗姆酒或白兰地酒制成，形同面团状，质地柔软细腻、气味香醇，有浓郁的杏仁香气，可塑性强。可用于制作西式干点、馅料、挂面和捏制各种装饰物用于蛋糕的装饰。

2.5.16 黄琪淋 pudding filling

黄酱

面粉或淀粉、鸡蛋、牛奶和糖等调制而成的膏状物。

2.5.17 白马糖 semi – inverted sugar

糖、水煮沸后加入转化剂再煮沸、冷却、搅拌成乳白色的半转化糖。

2.5.18 亮浆 bright invert syrup

明浆（被取代）

挂在制品上黄亮透明的糖浆。

2.5.19 砂浆 opaque syrup

挂在制品上返砂不透明的糖浆。

2.5.20 糕粉 frying polished glutinous rice flour

潮州粉

炒糯米粉

糯米经熟制、粉碎而成的粉。

2.5.21 擦馅 mixing filling

不经加热拌和而成的馅料，如五仁、椒盐馅等。

2.6 生产工艺

2.6.1 烘焙比 baker′s percent

烘焙百分比

以一种主要原料的添加量为基准，各种原辅料的添加量与该基准的配比，用百分率表示。

2.6.2 实际百分比 true percent

以所有原辅料的添加量之和为基准，各种原辅料的添加量与该基准的配比，用百分率表示。

2.6.3 蛋糖搅打法 egg – sugar whipping method

在打蛋机内首先搅打蛋和糖，使蛋液充分充气起泡，然后加入面粉等其他原辅料的蛋糕面糊制作方法。

2.6.4 糖油搅打法 creaming method

在打蛋机内首先搅打糖和油使之充分乳化，然后加入面粉等其他原辅料的蛋糕面糊制作方法。

2.6.5 粉油搅打法 blending method

在打蛋机内首先搅打面粉和油使之充分混合，然后加入其他原辅料的蛋糕面糊制作方法。

2.6.6 乳化 emulsification

用搅拌的方法将蛋、油、糖等原辅料充分混合均匀的过程。

2.6.7 面团筋力 dough strength

面团筋性

面团中面筋的弹性、韧性、延伸性和可塑性等物理属性的统称。

2.6.8 面团弹性 dough elasticity

面团被拉长或压缩后，能够恢复到原来状况的特性。

2.6.9 面团延伸性 dough extensibility

面团拉伸性

面团被拉长到一定程度而不致断裂的特性。

2.6.10 面团韧性 dough resistance

面团被拉长时所表现的低抗力。

2.6.11 面团可塑性 dough plasticity

面团被拉长或压缩后不能恢复至原来状态的特征。

2.6.12 发面 fermentation

发酵

面团在一定温度、湿度条件下，让酵母充分繁殖产气，促使面团膨胀的过程。

2.6.13 擦酥 mixed up flour and oil

在调制油酥面团时，反复搓擦使油脂和面粉混合均匀的过程。

2.6.14 擦粉 mixed up flour and syrup

在调制米粉面团时，反复搓擦使糕粉和糖浆混合均匀的过程。

2.6.15 包酥 making dough of short crust pastry

用水油面团包油酥面团制成酥皮的过程。

2.6.16 混酥 leaked oil mixed dough out

在包酥过程中，由于皮酥硬度不同或操作不当等原因，造成皮酥混合，层次不清的现象。

2.6.17 包油嵌面 rolling and folding

用面皮包入油脂，反复压片、折叠、冷藏而形成酥层的方法。

2.6.18 增筋 strengthening

加入面团改良剂或采取其他工艺措施，以促进面筋的形成。

2.6.19 降筋 softening

加入面团改良剂或采取其他工艺措施，以限制面筋的形成。

2.6.20 坯子 pieces of shaped dough

经成型后具有一定形状，而未经熟制工序的坯子。

2.6.21 裱花 mounting patterns

用膏状装饰料，在蛋糕坯或其他制品上挤注不同花纹和图案的过程。

2.6.22 装饰 decorating

在生坯或制品表面上点缀不同的辅料或打上各种标记的过程。

2.6.23 糕点上彩妆 the color predends on pastry

在糕点表面或内部组织（含馅芯）应用食品添加剂或其他辅料着色的过程。

2.6.24 挂糖粉 coating or icing

拌糖粉

将糖粉撒在制品表面上的过程。

2.6.25 炝脸 baking the shaped dough faced down

烫饼面

将成型后的生坯先表面朝下摆在烤盘上烘烤，使制品表面平整，烙制成饼面具有独特色泽的过程。

2.6.26 烘烤 baking

糕点生坯在烤炉（箱）内加热，使其由生变熟的过程。

2.6.27 上色 colouring

在熟制过程中，生坯表面受热生成有色物质的现象。

2.6.28 跑糖 sugar pimple

糕点馅料在熟制过程中流淌出来的现象。

2.6.29 走油 leaked oil out

糕点或半成品在放置过程中，油脂向外渗透的现象。

2.6.30 拌浆 mixed invert syrup with deep fried pastry

将炸制的半成品放入糖浆内进行拌和的过程。

2.6.31 上浆 sprinking invert syrup on products

将糖浆浇到制品上的过程。

2.6.32 透浆 soaking pastry in invert syrup

将半成品放入糖浆内浸泡的过程。

2.6.33 熬浆 making invert syrup

将糖和水按一定比例混合，经加热、加酸后，制成转化糖浆的过程。

2.6.34 提浆 purifying syrup

用蛋清或豆浆去除转化糖浆中的杂质的方法。

2.6.35 塌斜 side tallness low

月饼一边高一边低的现象。

2.6.36 摊塌 superficies small bottom big

月饼面小底大的变形现象。

2.6.37 露酥 outcrop layer

月饼油酥外露，表面呈毛糙感的现象。

2.6.38 凹缩 concave astringe

月饼饼面和侧面凹陷现象。

2.6.39 青墙 celadon wall

月饼未烤透而产生的腰部呈青色的现象。

2.6.40 拔腰 protrude peplum

月饼烘烤过度而产生的腰部过分凸出的变形现象。

链接三 裱花蛋糕（SB/T 10329—2000）

1 范围

本标准规定了裱花蛋糕的产品分类、技术要求、试验方法、检验规则和标志、标签、包装、运输、贮存等要求。

本标准适用于在蛋糕表面裱花的各类蛋糕。

2 引用标准

下列标准所包含的条文，通过在本标准中引用而构成为本标准的条文。本标准出版时，所示版本均为有效。所有标准都会被修订，使用本标准的各方应探讨使用下列标准最新版本的可能性。

GB 317—1998《白砂糖》

GB 1445.1—1991《绵白糖》

GB 2760—2011《食品添加剂使用标准》

GB 4789.2—1994《食品卫生微生物学检验 菌落总数测定》

GB 4789.15—1994《食品卫生微生物学检验 霉菌和酵母计数》

GB 4789.24—1994《食品卫生微生物学检验 糖果、糕点、果脯检验》

GB/T 5009.22—1996《食品中黄曲霉毒素 B_1 的测定方法》

GB/T 5009.56—1996《糕点卫生标准的分析方法》

GB/T 5415—1985《奶油》

GB 7099—1998《糕点、面包卫生标准》

GB 7718—1994《食品标签通用标准》

GB/T 8885—1988《食用玉米淀粉》

GB/T 14769—1993《食品中水分的测定方法》

GB/T 14771—1993《食品中蛋白质的测定方法》

GB/T 14772—1993《食品中粗脂肪的测定方法》

GB 15196—1994《人造奶油卫生标准》

SB/T 10142—1993《蛋糕用小麦粉》

国家技术监督局令第 43 号（1995）《定量包装商品计量监督规定》

3 定义

本标准采用下列定义。

3.1 裱花蛋糕 decorating cake

在清蛋糕、混合蛋糕或油蛋糕坯表面进行裱花装饰的蛋糕。

3.2 蛋白装饰料 egg white icing；蛋白膏；蛋白裱酱。

以鸡蛋清、白糖和水为原料，增稠剂为辅料，经搅打、糖水熬制、冲浆等工艺制成的白色膏状物。

3.3 奶油装饰料 butter cream；奶油膏；奶油裱酱

以奶油、白糖和水（蛋）等为原料，经搅打、糖水熬制、冲浆等工艺制成的乳黄色膏状物。

3.4 人造奶油装饰料 margaring cream；麦淇淋裱酱

以人造奶油、白砂糖（绵白糖）和水等为原料，经搅打、糖水熬制、冲浆等工艺制成的乳白色膏状物。

3.5 植脂奶油装饰料 minarine icing；密纳林裱酱；人造掼奶油

以植物脂肪为原料，糖、玉米糖浆、水和盐为辅料，添加乳化剂、增稠剂、品质改良剂、酪蛋白酸钠、香精等经搅打制成的乳白色膏状物。

3.6 清蛋糕 foam type cake

以小麦粉、蛋和糖等为原料，经搅打、制糊、入模、烘烤等工艺制成的内部密布气孔的蛋糕。

3.7 油蛋糕 butter type cake

以小麦粉、鸡蛋、食糖、油脂为主要原料，经搅打、制糊、烘烤而制成的内部组织均匀、细腻、松软、油润的蛋糕。

3.8 混合蛋糕 chiffon cake；戚风蛋糕

以小麦粉、蛋、糖、精炼油为主要原料，采用分蛋搅打法制成的内部气孔细密膨松、滋润、绵软的蛋糕。

3.9 装饰料 icing；裱酱

蛋糕表面涂裱的膏状物或其他可食部分。

4 产品分类

按不同的装饰料、蛋糕坯分为5类。

4.1 蛋清裱花蛋糕

以清蛋糕为坯，用蛋清装饰料加工制成的裱花蛋糕。

4.2 奶油裱花蛋糕

以清蛋糕为坯，用奶油装饰料加工制成的裱花蛋糕。

4.3 人造奶油裱花蛋糕

以清蛋糕为坯，用人造奶油装饰料加工制成的裱花蛋糕。

4.4 植脂奶油蛋糕

以含少量油脂的蛋糕为坯，用植脂奶油装饰料加工制成的裱花蛋糕。

4.5 其他类裱花蛋糕

以清蛋糕、油蛋糕或混合型蛋糕为坯，用其他装饰料制成的裱花蛋糕。

5 技术要求

5.1 主要原料和辅料

5.1.1 白砂糖：应符合 GB 317—1998 的规定。

5.1.2 绵白糖：应符合 GB 1445.1—1991 的规定。

5.1.3 奶油：应符合 GB/T 5415—1985 的规定。

5.1.4 食用玉米淀粉：应符合 GB/T 8885—1988 的规定。

5.1.5 蛋糕用小麦粉：应符合 SB/T 10142—1993 的规定。

5.1.6 人造奶油：应符合 GB 15196—1994 的规定。

5.1.7 食品添加剂：应选用 GB 2760—2011 中允许使用的食品添加剂；还应符合相应的食品添加剂产品标准。

5.2 外观、感官特性

5.2.1 蛋白裱花蛋糕外观、感官特性应符合表1的规定。

表1

项目	要求
色泽	顶面色泽鲜明，裱酱洁白，细腻有光泽，无斑点；蛋糕侧壁具有装饰料色泽
形态	完整，不变形，不缺损，不塌陷；抹面平整，不露糕坯；饰料饱满、匀称，图案端庄，文字清晰，表面无结皮现象
组织	气孔分布均匀，无粉块，无糖粒
口感及口味	糕坯松软，饰料微酸、爽口；无异味
杂质	无可见杂质

5.2.2　奶油裱花蛋糕外观、感官特性应符合表2的规定。

表2

项目	要求
色泽	顶面色泽淡雅；裱酱乳黄，有奶油光泽，色泽均匀，无斑点；蛋糕侧壁具有装饰料色泽
形态	完整，不变形，不缺损，不收缩，不塌陷，不析水，抹面平整、细腻，不露糕坯，饰料饱满、匀称，图案美观，裱花造型逼真，文字清晰，表面无裂纹
组织	糕坯内气孔分布均匀；无粉块，无糖粒；夹层饰料厚薄基本均匀
口感及口味	糕坯绵而软，裱酱细腻，口感油润，有奶油香味及品种应有的风味，滋味纯正；无异味
杂质	无可见杂质

5.2.3　人造奶油裱花蛋糕外观、感官特性应符合表3的规定。

表3

项目	要求
色泽	顶面色泽淡雅；裱酱浅黄色，色泽均匀，无斑点；蛋糕侧壁具有装饰料色泽
形态	完整，不变形，不缺损，不收缩，不塌陷，不析水，抹面平整、细腻，不露糕坯，饰料饱满、匀称；图案端庄，裱花造型逼真，文字清晰，表面无裂纹
组织	糕坯内气孔均匀，无粉块，无糖粒
口感及口味	糕坯松软；裱酱细腻，口感油润及有品种应有的风味，无异味
杂质	无可见杂质

5.2.4　植脂奶油裱花蛋糕外观、感官特性应符合表4的规定。

表4

项目	要求
色泽	色泽淡雅；裱酱呈乳白色，微有光泽，色泽均匀，无色素斑点，无灰点；蛋糕侧壁呈装饰料色泽
形态	完整，不变形，不缺损，不收缩，不塌陷，不析水，抹面平整、细腻，无粗糙感，不露糕坯，饰料饱满，匀称；图案端庄，表面无裂纹
组织	夹层厚薄均匀，糕坯内气孔均匀，无粉块，无糖粒；夹层饰料厚薄均匀
口感及口味	糕坯滋润绵软爽滑；裱酱油润不腻，有品种应有的风味，甜度适中；无异味
杂质	无可见杂质

5.2.5　其他类裱花蛋糕外观、感官特性应符合表5的规定。

表5

项目	要求
色泽	具有品种应有的色泽，无斑点；糕坯侧壁具有该品种应有的色泽
形态	形态完整，不变形，不缺损，不收缩，不塌陷，抹面平整，不露糕坯；图案端庄，文字清晰
组织	具有品种应有的特征；气孔分布均匀；无糖粒，无粉块；糕坯夹层饰料厚薄均匀
口感及口味	滋气味纯正，甜度适中；糕坯松软，具有品种应有的风味，无异味
杂质	无可见杂质

5.3　理化指标

5.3.1　净含量

净含量负偏差应符合《定量包装商品计量监督规定》的规定。

5.3.2　水分、脂肪、蛋白质、装饰料占蛋糕总质量的比率应符合表6的规定。

表6

项目	指标			
	蛋清裱花蛋糕	奶油裱花蛋糕	人造奶油裱花蛋糕	植脂奶油裱花蛋糕
水分/%	20～30			42～52
脂肪/% ≥	5	25		15
蛋白质/% ≥	6	5		4
装饰料占蛋糕总质量的比率/% ≥	30	40		45

注：装饰料不包括非可食部分。

5.4　卫生指标

砷、铅、黄曲霉毒素B_1、酸价、过氧化值、菌落总数、大肠菌群、致病菌和霉菌计数的限量应符合GB 7099—2003的规定。

5.5　食品添加剂的允许使用限量

产品中食品添加剂的允许使用限量，应符合GB 2760—2011的规定。

6　试验方法

6.1　感官检验

取样品一份，在光线充足的室内检验形态、色泽。按对角线四等份切开蛋糕观察内部组织，是否有杂质，品尝各部位的滋味，闻其气味是否新鲜，与标准对照做出评价。

6.2　理化指标的检验

6.2.1　净含量

取样品 1 份，以感量为 1g 的秤称量。

6.2.2　装饰料占蛋糕总质量的百分比

取样品 1 份，剔除装饰料和非可食部分，用感量为 1g 的秤称量。取剩余糕坯用力将夹馅料与糕坯分开，分别称取馅料和糕坯后，按式（1）计算。

$$X = \frac{m_1 + m_2}{m} \times 100\% \quad (1)$$

式中　X——装饰料占蛋糕总质量的百分比，%

m——蛋糕总质量，g

m_1——装饰料的质量，g

m_2——夹馅料的质量，g

6.3　水分：按 GB/T 14769—1993 第 3 章测定。

6.4　蛋白质：按 GB/T 14771—1993 测定。

6.5　脂肪：按 GB/T 14772—1993 测定。

6.6　酸价、过氧化值、砷、铅、食品添加剂：按 GB/T 5009.56—1996 测定。

6.7　黄曲霉毒素 B_1：按 GB/T 5009.22—1996 测定。

6.8　菌落总数、大肠菌群、致病菌：按 GB 4789.24—1994 检验。

6.9　霉菌计数：按 GB 4789.15—1994 检验。

7　检验规划

7.1　每批产品由生产企业检验部门按本标准规定进行检验合格后，附合格证方能销售。前店后厂裱制的裱花蛋糕，由消费者现场验收。

7.2　检验分类

7.2.1　出厂（场）检验

外观和感官特性、净含量为每批产品出厂（场）必检项目；卫生指标每季度抽检一次。

7.2.2　型式检验

7.2.2.1　遇有下列情况之一时，应进行型式检验。

a. 常年连续生产的每年至少一次；

b. 新产品试制鉴定；

c. 长期停产后，恢复生产；

d. 正式生产后，如原料、工艺有较大改变可能影响到产品的质量；

e. 出厂检验的结果与上次型式检验有较大差异时；

f. 国家质量监督机构提出要求时。

7.2.2.2　型式检验项目包括技术要求中除原、辅料外的全部项目。

7.3　组批

同一天、同一班次、同一品种为一批。

7.4 抽样数量

外观和感官特性、理化检验随机抽取 1 个蛋糕。卫生检验等加大 1 倍。

7.5 取样方法和要求

微生物检样取样方法按 GB 4789.2—2010 操作。其中植脂奶油蛋糕检样离开冷链后应在 1h 内检测。

7.6 出厂检验和型式检验判定规则

7.6.1 产品中发现异味、污染、有害杂质或微生物有一项不符合本标准，则判该批产品不合格，不得复验。

7.6.2 除本标准 7.6.1 规定外，其他项目不合格，可在同批产品中对不合格项目进行复验，复验后如仍不符合本标准判为不合格品。

8 标签

8.1 应按 GB 7718—2011 的规定在包装盒上标明：产品名称、配料表、净含量、制造者的名称和地址、生产日期、保质期、贮藏条件和产品标准号。在标明蛋糕直径的同时，应标明净含量。色素、甜味剂、防腐剂等应标明具体名称。采用两种（含）以上装饰料制作的裱花蛋糕，以装饰料比例大的命名产品，但应标明各种裱酱的比例。

8.2 应采用表明食品真实属性的裱花蛋糕准确名称；使用“新创名称”、“奇特名称”、“牌号名称”或“商标名称”时，应同时标明裱花蛋糕真实属性的名称。

9 包装

9.1 包装车间应配备紫外线灭菌灯，以及洗手、消毒、二次更衣设施。

9.2 包装材料应符合有关国家卫生标准的规定。

9.3 裱花蛋糕应采用盒装。包装容器应有足够的支撑强度，能防止包装盒受挤压。

10 运输

10.1 运输车辆应符合食品卫生要求。

10.2 不得与有毒、有异味的物品混装、混运。运输时应防止挤压、暴晒、雨淋，装卸时轻搬轻放，不得倾斜。

11 贮存

11.1 植脂奶油裱花蛋糕应冷藏。贮藏温度（3±2)℃。

11.2 蛋白裱花蛋糕、奶油裱花蛋糕、人造奶油裱花蛋糕贮存温度不得超过 20℃。

11.3 保质期：最低保质期不低于 1d。生产企业应按本地区气候特点，承诺不低于 1d 的保质期。

链接四　月饼（GB 19855—2005）

本标准的第5.1条、第5.4条、第5.5条、第8.1条、第8.2条、第8.4条、第9.3.1条、第9.3.2条、第9.3.3条为强制性；其余条文为推荐性。

1　范围

本标准规定了月饼的范围、规范性引用文件、术语和定义、产品分类、技术要求、试验方法、检验规则、标签标志、包装、运输和贮存要求。

本标准适用于符合本标准3.1规定的产品。

2　规范性引用文件

下列文件中的条款通过本标准的引用而成为本标准的条款。凡是注日期的引用文件，其随后所有的修改单（不包括勘误的内容）或修订版均不适用于本标准，但鼓励根据本标准达成协议的各方研究使用这些文件的最新版本。凡是不注日期的引用文件，其最新版本适用于本标准。

GB/T 191—2008《包装储运图示标志》

GB 317—2006《白砂糖》

GB 1355—2005《小麦粉》

GB 2716—2005《食用植物油卫生标准》

GB 2748—2003《鲜蛋卫生标准》

GB 2749—2003《蛋制品卫生标准》

GB 2760—2014《食品添加剂使用标准》

GB/T 3865—1983《中式糕点质量检验方法》

GB/T 4789.24—1994《食品卫生微生物学检验　糖果、糕点、果脯检验》

GB/T 5009.3—2003《食品中水分的测定》

GB/T 5009.5—2010《食品中蛋白质的测定》

GB/T 5009.6—2003《食品中脂肪的测定》

GB/T 5737—1985《食品塑料周转箱》

GB/T 6388—1986《运输包装收发货标志》

GB 7099—2003《糕点、面包卫生标准》

GB 7718—2011《预包装食品标签通则》

GB/T 11761—1989《芝麻》

GB 13432—2004《预包装特殊膳食用食品标签通则》

GB 14884—2003《蜜饯卫生标准》

GB 16325—2005《干果食品卫生标准》

QB/T 2347—1980《麦芽糖饴（饴糖）》

国家质量监督检验检疫总局令第75号（2005）《定量包装商品计量监督规定》

3 术语和定义

下列术语和定义适用于本标准。

3.1 月饼 moon cake

使用面粉等谷物粉、油、糖或不加糖调制成饼皮，包裹各种馅料，经加工而成在中秋节食用为主的传统节日食品。

3.2 塌斜 side tallness low

月饼高低不平整，不周正的现象。

3.3 摊塌 superficies small bottom big

月饼面小底大的变形现象。

3.4 露酥 outcrop layer

月饼油酥外露、表面呈粗糙感的现象。

3.5 凹缩 concave astringe

月饼饼面和侧面凹陷的现象。

3.6 跑糖 sugar pimple

月饼馅心中糖融化渗透至饼皮，造成饼皮破损并形成糖疙瘩的现象。

3.7 青墙 celadon wall

月饼未烤透而产生的腰部呈青色的现象。

3.8 拔腰 protrude peplum

月饼烘烤过度而产生的腰部过分凸出的变形现象。

4 产品分类

月饼按加工工艺、地方风味特色和馅料进行分类。

4.1 按加工工艺分类

4.1.1 烘烤类月饼：以烘烤为最后熟制工序的月饼。

4.1.2 熟粉成型类月饼：将米粉或面粉等预先熟制，然后制皮、包馅、成型的月饼。

4.1.3 其他类月饼：应用其他工艺制作的月饼。

4.2 按地方风味特色分类

4.2.1 广式月饼：以广东地区制作工艺和风味特色为代表的，使用小麦粉、转化糖浆、植物油、碱水等制成饼皮，经包馅、成型、刷蛋、烘烤等工艺加工而成的口感柔软的月饼。

4.2.2 京式月饼：以北京地区制作工艺和风味特色为代表的，配料上重油、轻糖，使用提浆工艺制作糖浆皮面团，或糖、水、油、面粉制成松酥皮面团，经包馅、成型、烘烤等工艺加工而成的口味纯甜、纯咸，口感松酥或绵软，香味浓郁的月饼。

4.2.3 苏式月饼：以苏州地区制作工艺和风味特色为代表的，使用小麦粉、饴糖、油、水等制皮，小麦粉、油制酥，经制酥皮、包馅、成型、烘烤等工艺加工而成的口感松酥的月饼。

4.2.4 其他：以其他地区制作工艺和风味特色为代表的月饼。

4.3 以馅料分类

4.3.1 蓉沙类

4.3.1.1 莲蓉类：包裹以莲子为主要原料加工成馅的月饼。除油、糖外的馅料原料中，莲子含量应不低于60%。

4.3.1.2 豆蓉（沙）类：包裹以各种豆类为主要原料加工成馅的月饼。

4.3.1.3 栗蓉类：包裹以板栗为主要原料加工成馅的月饼。除油、糖外的馅料原料中，板栗含量应不低于60%。

4.3.1.4 杂蓉类：包裹以其他含淀粉的原料加工成馅的月饼。

4.3.2 果仁类：包裹以核桃仁、杏仁、橄榄仁、瓜子仁等果仁和糖等为主要原料加工成馅的月饼。馅料中果仁含量应不低于20%。

4.3.3 果蔬类

4.3.3.1 枣蓉（泥）类：包裹以枣为主要原料加工成馅的月饼。

4.3.3.2 水果类：包裹以水果及其制品为主要原料加工成馅的月饼。馅料中水果及其制品的用量应不低于25%。

4.3.3.3 蔬菜类：包裹以蔬菜及其制品为主要原料加工成馅的月饼。

4.3.4 肉与肉制品类：包裹馅料中添加了火腿、叉烧、香肠等肉与肉制品的月饼。

4.3.5 水产制品类：包裹馅料中添加了虾米、鱼翅（水发）、鲍鱼等水产制品的月饼。

4.3.6 蛋黄类：包裹馅料中添加了咸蛋黄的月饼。

4.3.7 其他类：包裹馅料中添加了其他产品的月饼。

5 技术要求

5.1 主要原料和辅料

5.1.1 小麦粉：应符合 GB 1355—2005 的规定。

5.1.2 白砂糖：应符合 GB 317—2006 的规定。麦芽糖饴（饴糖）应符合 QB/T 2347—1980 的规定。

5.1.3 食用植物油：应符合 GB 2716—2005 的规定。

5.1.4 鸡蛋：应符合 GB 2748—2003 的规定。

5.1.5 咸蛋黄

5.1.5.1 感官要求：色泽橘红或黄色，球形凝胶体，有咸蛋正常气味，无异味。

5.1.5.2 卫生要求应符合 GB 2749—2003 的规定。

5.1.6 蜜饯：应符合 GB 14884—2003 的规定。

5.1.7　干果：应符合 GB 16325—2005 的规定。

5.1.8　芝麻：应符合 GB/T 11761—1989 的规定。

5.1.9　食品添加剂：应符合 GB 2760—2014 的规定。

5.1.10　月饼馅料：具有该品种应有的色泽、气味、滋味及组织状态，无异味，无杂质。不应使用回收馅料。

5.1.11　其他原辅料：应符合相关标准的规定。

5.2　感官要求

5.2.1　广式月饼见表1。

表1　广式月饼感官要求

项目		要求
形态		外形饱满，表面微凸，轮廓分明，品名花纹清晰，无明显凹缩、爆裂、塌斜、摊塌和露馅现象
色泽		饼面棕黄或棕红，色泽均匀，腰部呈乳黄或黄色，底部棕黄不焦，无污染
组织	蓉沙类	饼皮厚薄均匀，馅料细腻无僵粒，无夹生，椰蓉类馅心色泽淡黄、油润
	果仁类	饼皮厚薄均匀，果仁大小适中，拌和均匀，无夹生
	水果类	饼皮厚薄均匀，馅心有该品种应有的色泽，拌和均匀，无夹生
	蔬菜类	饼皮厚薄均匀，馅心有该品种应有的色泽，无色素斑点，拌和均匀，无夹生
	肉与肉制品类	饼皮厚薄均匀，肉与肉制品大小适中，拌和均匀，无夹生
	水产制品类	饼皮厚薄均匀，水产制品大小适中，拌和均匀，无夹生
	蛋黄类	饼皮厚薄均匀，蛋黄居中，无夹生
	其他类	饼皮厚薄均匀，无夹生
滋味与口感		饼皮松软，具有该品种应有的风味，无异味
杂质		正常视力无可见杂质

5.2.2　京式月饼见表2。

5.2.3　苏式月饼见表3。

5.3　理化指标

5.3.1　广式月饼见表4。

5.3.2　京式月饼见表5。

表2　京式月饼感官要求

项目	要求
形态	外形整齐，花纹清晰，无破裂、露馅、凹缩、塌斜现象，有该品种应有的形态
色泽	表面光润，有该品种应有的色泽且颜色均匀，无杂色

续表

项目	要求
组织	皮馅厚薄均匀，无脱壳，无大空隙，无夹生，有该品种应有的组织
滋味与口感	有该品种应有的风味，无异味
杂质	正常视力无可见杂质

表 3　苏式月饼感官要求

项目		要求
形态		外形圆整，面底平整，略呈扁鼓形；底部收口居中不漏底，无僵缩、漏酥、塌陷、跑糖、露馅现象，无大片碎皮；品名戳记清晰
色泽		饼面浅黄或浅棕黄，腰部乳黄泛白，饼底棕黄不焦，不沾染杂色，无污染现象
组织	蓉沙类	酥层分明，皮馅厚薄均匀，馅软油润，无夹生、僵粒
	果仁类	酥层分明，皮馅厚薄均匀，馅松不韧，果仁粒形分明、分布均匀，无夹生、大空隙
	肉与肉制品类	酥层分明，皮馅厚薄均匀，肉与肉制品分布均匀，无夹生、大空隙
	其他类	酥层分明，皮馅厚薄均匀，无空心，无夹生
滋味与口感		酥皮爽口，具有该品种应有的风味，无异味
杂质		正常视力无可见杂质

表 4　广式月饼理化指标

项目	蓉沙类	果仁类	果蔬类	肉与肉制品类	水产制品类	蛋黄类	其他类
干燥失重/%　≤	25.0	19.0	25.0	22.0	22.0	23.0	企业自定
蛋白质/%　≥	—	5.5	—	5.5	5.0	—	—
脂肪/%　≤	24.0	28.0	18.0	25.0	24.0	30.0	企业自定
总糖/%　≤	45.0	38.0	46.0	38.0	36.0	42.0	企业自定
馅料含量/%　≥				70			

5.3.3　苏式月饼见表 6。

5.4　卫生指标

按 GB 7099—2003 规定执行。

5.5　净含量

净含量负偏差应符合《定量包装商品计量监督规定》的规定。

表 5　　京式月饼理化指标

项目		要求
干燥失重/%	≤	17.0
脂肪/%	≤	20.0
总糖/%	≤	40.0
馅料含量/%	≥	35

表 6　　苏式月饼理化指标

项目		蓉沙类	果仁类	肉与肉制品类	其他类
干燥失重/%	≤	19.0	12.0	30.0	企业自定
蛋白质/%	≥	—	6.0	7.0	—
脂肪/%	≤	24.0	30.0	33.0	企业自定
总糖/%	≤	38.0	27.0	28.0	企业自定
馅料含量/%	≥	60			

6　试验方法

6.1　感官检查

取样品一份，去除包装，置于清洁的白瓷盘中，目测形态、色泽，然后取两块用刀按四分法切开，观察内部组织、品味并与标准规定对照，做出评价。

6.2　理化指标的检验

6.2.1　馅料含量

取样品三块，分别以最小分度值为 0.1g 感量的天平称净重后，分离饼皮与馅心，称取饼皮质量，按式（1）计算：

$$X = \frac{m}{M} \times 100\% \tag{1}$$

式中　X——馅料含量，%；

m——饼馅质量，g；

M——饼总质量，g。

并以三块样品算术平均值计。

6.2.2　干燥失重的检验

按 GB/T 5009.3—2003 中直接干燥法测定。

6.2.3　蛋白质的检验

按 GB/T 5009.5—2010 测定。

6.2.4　脂肪的检验

按 GB/T 5009.6—2003 中酸水解法测定。

6.2.5 总糖的检验

按 GB/T 3865—1983 规定的方法测定。

6.3 卫生指标的检验

按 GB 7099—2003 规定的方法测定。

7 检验规则

7.1 出厂检验

7.1.1 产品出厂须经工厂检验部门逐批检验，并签发合格证。

7.1.2 出厂检验项目包括：感官要求、净含量、馅料含量、菌落总数、大肠菌群。

7.2 型式检验

按本标准第 5 章规定的全部项目进行检验。

7.2.1 季节性生产时应于生产前进行型式检验，常年生产时每六个月应进行型式检验。

7.2.2 有下列情况之一时应进行型式检验。

a. 新产品试制鉴定；

b. 正式投产后，如原料、生产工艺有较大改变，影响产品质量时；

c. 产品停产半年以上，恢复生产时；

d. 出厂检验结果与上次型式检验有较大差异时；

e. 国家质量监督部门提出要求时。

7.3 抽样方法和数量

同一天同一班次生产的同一品种为一批。在市场上或者企业成品仓库内的待销产品中随机抽取。抽样件数见表 7。

表 7 抽样件数

每批生产包装件数（以基本包装单位计）	抽样件数（以基本包装单位计）
200（含 200）以下	3
201～800	4
801～1800	5
1801～3200	6
3200 以上	7

7.3.1 出厂检验时，在抽样件数中随机抽取三件，每件取出大于等于 100g 的单件包装商品，以满足感官要求检验、净含量检验、卫生指标检验的需要。

7.3.2 型式检验时，在抽样件数中随机抽取三件，每件取出大于等于 300g 的单件包装商品，以满足感官要求检验，净含量、干燥失重、总糖、脂肪和卫生指标检验的需要。

7.3.3 微生物抽样检验方法：按照 GB 4789.24—1994 的规定执行。

7.3.4 理化检验样品制备：检样粉碎混合均匀后放置广口瓶内保存在冰箱中。

7.4 判定规则

7.4.1 出厂检验判定和复检

7.4.1.1 出厂检验项目全部符合本标准，判为合格品。

7.4.1.2 感官要求检验中如有异味、污染、霉变、外来杂质或微生物指标有一项不合格时，则判为该批产品不合格，并不得复检。其余指标不合格，可在同批产品中对不合格项目进行复检，复检后如仍有一项不合格，则判为该批产品不合格。

7.4.2 型式检验判定和复检

7.4.2.1 型式检验项目全部符合本标准，判为合格品。

7.4.2.2 型式检验项目不超过两项不符合本标准，可以加倍抽样复检。复检后仍有一项不符合本标准，则判定该批产品为不合格品。超过两项或微生物检验有一项不符合本标准，则判定该批产品为不合格品。

7.4.2.3 在检验和判定食品中食品添加剂指标时，应结合配料表各成分中允许使用的食品添加剂范围和使用量综合判定。

8 标签标志

应符合 GB 7718—2011 和 GB 13432—2004 的规定。

8.1 月饼名称

8.1.1 应符合本标准第 4 章的要求。使用“新创名称”、“奇特名称”、“商标名称”、“牌号名称”等时，应同时注明表明产品真实属性的准确名称。不得只标注代号名称、汉语拼音或外文缩写名称。

8.1.2 莲蓉类月饼应标示“纯莲蓉月饼”或“莲蓉月饼”，以示区别。

注：纯莲蓉月饼是指包裹以莲子为主要原料加工成馅的月饼。除油、糖外的馅料原料中，莲子含量为 100%。

8.1.3 蔬菜类月饼应选择标示含量超过馅料总量 25% 或含量最高的蔬菜名称。

8.1.4 当几种月饼混装一盒时，在标明“新创名称”、“奇特名称”、“牌号名称”或“商标名称”之后，还应注明盒内月饼的具体名称。

8.2 配料清单

8.2.1 豆蓉（沙）类月饼应标示是何种豆制作的豆蓉（沙）。

8.2.2 果仁类月饼应标示所用每一种果仁的名称。

8.2.3 水果类月饼应标示使用的水果名称。

8.2.4 使用着色剂、防腐剂、甜味剂，应按 GB 7718—2011 的规定标注。

8.2.5 当多种月饼产品混装一盒时，可以用一个包括所有产品的总配料清单，也可使用每个产品各自的配料清单。

8.3 配料的定量标示

以某种配料作为月饼名称时，应标示其含量。

8.4　盒装月饼日期标示

当多种月饼产品混装一盒时，生产日期以最早生产的月饼的生产日期为准。

8.5　运输包装标志

应符合 GB/T 191—2008 和 GB/T 6388—1986 的规定。

9　包装

9.1　月饼包装应符合国家相关法律法规的规定，应选择可降解或易回收，符合安全、卫生、环保要求的包装材料。

9.2　月饼宜采用单粒包装。

注：单粒包装是指直接与月饼接触的封闭包装。

9.3　包装可有箱装、盒装等形式。包装应对月饼的品质提供有效保护。

9.3.1　包装成本应不超过月饼出厂价格的 25%。

9.3.2　每千克月饼的销售包装容积应不超过 $9.00 \times 10^3 cm^3$；包装材质应符合环保要求及食品卫生要求。

9.3.3　脱氧剂、保鲜剂不应直接接触月饼。

9.4　周转专用箱应使用食品专用箱，内填衬纸。食品专用箱应符合GB/T 5737—1995 要求。

10　运输和贮存

10.1　运输

10.1.1　运输车辆应符合卫生要求。

10.1.2　不得与有毒、有污染的物品混装、混运。应防止暴晒、雨淋。

10.1.3　装卸时应轻搬、轻放，不得重压。

10.2　贮存

10.2.1　应贮存在清洁卫生、凉爽、干燥的仓库中。仓库内有防尘、防蝇、防鼠等设施。

10.2.2　不得接触墙面或地面，间隔应在 20cm 以上，堆放高度应以提取方便为宜。

10.2.3　应勤进勤出，先进先出，不符合要求的产品不得入库。

链接五　西式糕点的质量检验方法（GB 3866—1983）

本标准适用于以面粉、奶油、糖、蛋为原料，以可可、果料、果酱为辅料，经挤糊、成型、烘烤，再挤花或美化后而成的西式糕点。

1. 取样方法

在成品库中抽取样品 250g，单位重量超过 250g 的样品取 1 块或 1 袋，每块取 1/4 ~ 1/3，在乳钵中研碎，硬馅类可先用刀切碎再研磨，混匀后置广口瓶内备用。

2. 粗脂肪含量的测定（索氏抽提法）

按 GB 3865—1983《中式糕点质量检验方法》进行测定，抽取时间为 4 ~ 5h，烘干温度为 85 ~ 95℃。

3. 粗蛋白含量的测定（凯氏定氮法）

精确称取样品 1 ~ 1.5g，按 GB 3865—1983 进行测定。

4. 总糖含量的测定（斐林氏容量法）

在工业天平上准确称取样品 2 ~ 4g，用 60℃左右蒸馏水浸泡、冲洗样渣和烧杯；按 GB 3865—1983 进行测定。

5. 水分含量的测定

按 GB 3865—1983 进行测定；在 85 ~ 90℃烘干、恒重。

6. 总灰分含量的测定

（1）原理　样品经高温灼烧，除去有机物，称量遗留下来的无机物。

（2）仪器　马福炉、瓷坩埚。

（3）操作方法

①将用 3mol/L 盐酸煮过 2h 的瓷坩埚洗净，置马福炉中，于 550 ~ 660℃灼烧 2h，稍冷后取出置干燥器内冷却，称重，再灼烧半小时，再称重，如此重复操作直至恒重（前后两次称重相差不超过 0.0002g）。

②用坩埚在分析天平上精确称取样品 3 ~ 4g，加硫酸 2mL，在电炉上烧至无烟后，移入 550 ~ 600℃马福炉中灼烧 2 ~ 3h，稍冷后取出置干燥器内冷却，称重，反复操作直至恒重。

（4）计算　总灰分含量 X_5（%）按下式计算：

$$X_5 = S \times \frac{100}{W}$$

式中　S——总灰分重量，g；

W——样品重量，g；

平行测定两个结果间的差数不得大于 0.05%。

链接六　中式糕点的质量检验方法（GB 3865—1983）

本标准适用于以面粉为主，以油、糖、蛋、果仁等原料为辅料，经烘烤、蒸制或油炸而成的中式糕点。

1. 取样方法

在成品库中抽取样品 250g，单位重量超过 250g 的样品取 1 块或 1 袋，每块取 1/4 ~ 1/3，在乳钵中研碎，硬馅类可先用刀切碎再研磨，混匀后置广口瓶内备用。

2. 粗脂肪含量的测度（索氏抽提法）

（1）原理　将样品浸于无水乙醚中，借助索氏抽提器进行循环抽取，所得的粗脂肪烘干称重。

（2）试剂 无水乙醚（分析纯）。

（3）仪器 索氏抽提器。

分析天平：感量 0.0001g，最大称量 200g。

电热恒温水浴锅：六孔或四孔。

电热恒温干燥箱：最高温度 250℃。

（4）操作方法

①将接受瓶放入干燥箱内于 98～100℃烘烤 2～3h，取出放入干燥器中，晾凉至室温后称重。再烘干半小时，再称重，如此重复操作直至恒重（前后两次称重相差不超过 0.0004g）。

②用滤纸在分析天平上精确称取样品 2～3g，包好烘干后（或用测水分后的样品）用线捆紧，放入抽提器内。将抽提器与接受瓶连接好，沿抽提器管壁倒入无水乙醚至超过虹吸管上部弯曲处。利用抽提器回收无水乙醚后，将接受瓶取下擦净，放入干燥箱内于 98～100℃烘烤 2～3h，取出放入干燥器中，冷至室温后称重，反复操作直至恒重。

（5）计算 粗脂肪含量 X_1（%）按下式计算：

$$X_1 = G \times \frac{100}{W}$$

式中 G——粗脂肪重量，g；

W——样品重量，g；

平行测定两个结果间的差数不得大于 0.5%。

3. 粗蛋白含量的测定（凯氏定氮法）

（1）原理 样品与硫酸共热时有机物被破坏，其中氮转变为硫酸铵。加入过量的氢氧化钠溶液使生成氨。将氨蒸馏入硼酸溶液中，用盐酸标准溶液滴定，从而计算出总氮量，再乘以 6.25 即为粗蛋白含量。

（2）试剂

①硫酸：化学纯。

②30% 氢氧化钠溶液。

③3% 硼酸。

④0.1mol/L 盐酸标准溶液。

⑤混合指示剂：0.2% 溴甲苯酚氯乙醇 100mL 与 0.2% 甲基红乙醇溶液 2mL 混合。

⑥硫酸铜－硫酸钾混合物：6 份硫酸铜与 100 份硫酸钾混合，用乳钵研匀，备用。

⑦锌粒：化学纯。

（3）仪器

①凯氏烧瓶：500mL。

②三角烧瓶：250mL。

③酸滴管：25mL。

④电炉：800W 或 1000W。

⑤定氮球。

⑥冷凝管。

（4）操作方法

①在分析天平上精确称取样品 0.8～1.2g，放入干燥的凯氏烧瓶中，加硫酸铜－硫酸钾混合物 3～5g 及硫酸 100mL，缓慢加热，待泡沫消失后加大火力，消化至溶液澄清并呈绿色。冷却，加入 120mL 蒸馏水，接入蒸馏系统。

②取 250mL 三角烧瓶，加 35mL 3% 硼酸和 3 滴混合指示剂，将冷凝管口浸于硼酸吸收液中。在盛消化液的凯氏烧瓶中添加防暴沸的锌粒 2～3 粒和 30% 氢氧化钠溶液 40mL，立即与定氮球连接好，蒸馏到瓶内体积减少约 2/3 时，将冷凝管口移出吸收液，切断电源，冲洗冷凝管，用 0.1mol/L 盐酸标准溶液滴定至灰红色为终点。同时做一试剂空白。

粗蛋白含量 X_2（%）按下式计算：

$$X_2 = N \times (V - V_0) \times 0.014 \times 6.25 \times \frac{100}{W}$$

式中 N——盐酸标准溶液的浓度；

V——样品消耗盐酸标准溶液的体积，mL；

V_0——空白试验消耗盐酸标准溶液的体积，mL；

W——样品重量，g；

0.014——氮的毫克当量；

6.25——氮换算为蛋白质的系数；

平行测定两个结果间的差数不得大于 0.3%。

4. 总糖含量的测定（斐林氏容量法）

（1）原理　斐林溶液甲、乙混合时，生成的酒石酸钾钠铜被还原性的单糖还原，生成红色的氧化亚铜沉淀。到达终点时，稍微过量的还原性单糖将蓝色的次甲基蓝染色体还原为无色的隐色体而显出氧化亚铜的鲜红色。

（2）试剂

①斐林溶液甲液：称取 69.3g 化学纯硫酸铜，加蒸馏水溶解，配成 1 000mL。

②斐林溶液乙液：称取 346g 化学纯酒石酸钾钠和 100g 氢氧化钠，加蒸馏水溶解，配成 1 000mL。

③1% 次甲基蓝指示剂。

④20% 氢氧化钠溶液。

⑤6mol/L 盐酸。

斐林溶液的标定：在分析天平上精确称取经烘干冷却的分析纯葡萄糖0.4g，

用蒸馏水溶解并转入250mL容量瓶中，加水至刻度，摇匀备用。

准确取斐林溶液甲、乙液各2.5mL，放入150mL三角烧瓶中，加蒸馏水20mL，置电炉上加热至沸，用配好的葡萄糖溶液滴定至溶液变红色，加入次甲基蓝指示剂1瓶，继续滴定至蓝色消失显鲜红色为终点。正式滴定时，先加入比预试时少0.5～1.0mL的葡萄糖溶液，置电炉上煮沸2min，加次甲基蓝指示剂1滴继续用葡萄糖溶液滴定至终点。按下式计算：

$$A = W \times \frac{V}{250}$$

式中 A——5mL斐林溶液甲、乙液相当于葡萄糖的重量，g；

W——葡萄糖的重量，g；

V——滴定时消耗葡萄糖溶液的体积，mL。

（3）仪器

①三角烧瓶：150mL，50mL。

②容量瓶：250mL。

③糖滴管：25mL。

④烧杯：100mL。

⑤离心机：0～4 000r/min。

⑥工业天平：感量0.0001g，最大称量200g。

⑦电炉：300W。

（4）操作方法

①在工业天平上准确称取样品1.5～2.5g放入100mL烧杯中，用50mL水浸泡30min时多次搅拌，转入离心试管，用20mL蒸馏水冲洗烧杯，洗液一并转入离心试管中。置离心机上以3 000r/min离心100min清液经快速滤纸滤入250mL烧瓶，用30mL蒸馏水分2～3次冲洗原烧杯，再转入离心试管搅洗样渣。再以3 000r/min离心10min上层清液经滤纸滤入25mL三角烧瓶。浸泡后的试样溶液也可直接用快速滤纸过滤。在滤液中加6mol/L盐酸100mL，置70℃水浴中水解10min。取出迅速冷却后加酚酞指示剂1瓶，用20%氢氧化钠溶液中和至溶液呈微红色，转入250mL容量瓶，加水至刻度，摇匀备用。

②用标定斐林溶液甲、乙液的方法，测定样品中总糖。

（5）计算　总糖量X_3（以转化糖计,%）按下式计算

$$X_3 = A \times \frac{100}{W \times V \times 250}$$

式中 A——5mL斐林溶液甲、乙液相当于葡萄糖的重量，g；

W——样品的重量，g；

V——滴定时消化样品溶液的体积，mL；

平行测定两个结果间的差数不得大于0.4%。

5. 水分含量的测定（常压干燥法）

（1）仪器

①称量瓶：直径60mm，高30mm。

②工业天平：感量0.001g，最大称量200g。

（2）操作方法

①将称重瓶置干燥箱中于98～100℃烘2h，放干燥器中冷却、称重，再烘0.5h，再称重，如此重复操作直至恒重（前后两次称重相差不超过0.0004g）。

②用恒重的称重瓶在工业天平上准确称取样品4～5g，置干燥箱中于98～100℃烘2～3h，放干燥器中冷至室温后称量，反复操作直至恒重。

（3）计算　水分含量X_4（%）按下式计算

$$X_4 = G \times \frac{100}{W}$$

式中　G——样品干燥后失重，g；

W——样品重量，g；

平行测定两个结果间的差数不得大于0.3%。

链接七　烘烤类糕点通用技术条件（SB/T 10222—1994）

1. 主题内容与适用范围

本标准规定了烘烤制品的分类、原料要求、技术要求、检验规则、标志、包装、运输和贮存。

本标准适用于以烘烤为最后熟制工序的各种烘烤制品。

2. 引用标准

GB 317—2006《白砂糖》

GB 1355—2005《小麦粉》

SB/T 10142《蛋糕用小麦粉》

SB/T 10143《糕点用小麦粉》

GB 1455—2000《绵白糖》

GB 2716—2005《食用植物油卫生标准》

GB 2748—2003《鲜鸡蛋卫生标准》

GB 2754—1996《鸡全蛋粉卫生标准》

GB 2755—1981《鸡蛋黄粉卫生标准》

GB 2760—2014《食品添加剂使用标准》

GB 5410—2008《全脂乳粉》

GB 5411—1985《脱脂乳粉》

GB 5415—2008《奶油》

GB 7100—2003《糕点、饼干、面包卫生标准》

GB 7118—2011《预包装食品标签通则》

GB 8883—1988《食用小麦淀粉》

GB 8884—2007《食用马铃薯淀粉》

GB 8885—1988《食用玉米淀粉》

GB 10146—2005《猪油卫生标准》

ZBX 31005—1989《麦芽糖饴》

GB 3865—1983《中式糕点质量检验方法》

GB 5009.56—2003《糕点卫生标准的分析方法》

GB 4789.24《糕点卫生微生物检验　糖果、糕点、果脯检验》

GB 4789.15《食品卫生微生物学检验　霉菌和酵母计数》

3. 产品分类

烘烤制品按其加工工艺的不同，可分为 12 类。

（1）酥类糕点　使用较多的油脂和糖，调制成塑性面团，经成型、烘烤而制成的组织不分层次、口感酥松的制品。

（2）松酥类糕点　使用较少的油脂、较多的糖（包括砂糖、绵白糖或饴糖），辅以蛋品或乳品等，并加入化学膨松剂，调制成具有一定韧性、良好可塑性的面团，经成型、烘烤而制成的膨松的制品。

（3）松脆类糕点　使用较少的油脂、较多的糖浆或糖调制成糖浆面团，经成型、烘烤而制成的口感松脆的制品。

（4）酥层类糕点　用水油面团包入油酥面团或固体油，经反复压片、折叠、成型、烘烤而制成的具有多层次、口感酥松的制品。

（5）酥皮类糕点　用水油面团包入油酥面团制成酥皮，经包馅、成型、烘烤而制成的饼皮分层次的制品。

（6）水油皮类糕点　用水油面团制皮，然后包馅，经烘烤而制成的皮薄馅饱的制品。

（7）糖浆皮类糕点　用糖浆面团制皮，然后包馅，经烘烤而制成的口感柔软或韧酥的制品。

（8）松酥皮类糕点　用松酥面团制皮，经包馅、成型、烘烤而制成的口感松酥的制品。

（9）硬酥皮类糕点　使用较少的糖和饴糖、较多的油脂和其他辅料制皮，然后包馅，经烘烤而制成的外皮硬酥的制品。

（10）发酵类糕点　采用发酵面团，经成型或包馅成型、烘烤而制成的口感柔软或松脆的制品。

（11）烘糕类糕点　以糕粉为主要原料，经拌粉、装模、炖粉、成型、烘烤而制成的口感松脆的糕点制品。

（12）蛋糕　以鸡蛋为主要原料，经打蛋、注模、烘烤而制成的组织松软的制品。

4. 原料要求

（1）白砂糖应符合 GB 317—2006 的规定。

（2）小麦粉应符合 GB 1355—2005 的规定。专用小麦粉应符合 SB/T 10143、SB/T 10142 的规定。

（3）绵白糖应符合 GB 1455—2000 的规定。

（4）食用植物油应符合 GB 2716—2005 的规定。

（5）鲜鸡蛋应符合 GB 2748—2003 的规定。

（6）鸡全蛋粉应符合 GB 2754—1996 的规定。

（7）鸡蛋黄粉应符合 GB 2755—1981 的规定。

（8）食品添加剂的使用应符合 GB 2760—2011 的规定。

（9）全脂乳粉应符合 GB 5410—2008 的规定。

（10）脱脂乳粉应符合 GB 5411—1985 的规定。

（11）奶油应符合 GB 5415—2008 的规定。

（12）小麦淀粉应符合 GB 8883—1988 的规定。

（13）马铃薯淀粉应符合 GB 8884—2007 的规定。

（14）玉米淀粉应符合 GB 8885—1988 的规定。

（15）猪油应符合 GB 10146—2005 的规定。

（16）麦芽糖饴应符合 ZBX 31005—1989 的规定。

5. 技术要求

（1）感官要求　见表 1。

表 1　感官要求

项　目	要　　求
形　态	外形整齐，不变形，无塌陷，无收缩，无缺损，不露馅，薄厚一致，底部平整，花纹清晰
色　泽	具有该品种应有的色泽，色泽均匀，有光泽
组　织	气孔分布均匀，大小一致，无不规则大空洞；无糖粒、无粉块，带馅类的馅料分布均匀，皮、馅比例适当，组织细腻，具有该品种应有的组织特征
滋味气味	味纯正，甜咸适度，具有该品种应有风味，不粘牙，无异味
杂　质	外表和内部均无肉眼可见的杂质

（2）理化要求　见表 2。

表 2 理化要求

项　目	要　　求
水分/%	按企业标准执行
总糖/%	大于或等于 10
脂肪/%	大于或等于 10 或按企业标准执行

注：脂肪指标不包括蛋糕类。

（3）卫生要求　应符合 GB 7100—2003 的规定，指标见表 3。

表 3 卫生要求

项目	指标		项目	指标	
	不含奶油	含奶油		不含奶油	含奶油
酸价（以脂肪计）	≤5		细菌总数（销售）/（个/g）	≤1 000	≤2 000
过氧化值（以脂肪计）/%	≤0.25		大肠菌群/（个/100g）	≤30	≤40
砷（以 As 计）/(mg/kg)	≤0.5		致病菌（指肠道致病菌及致病性球菌）	不得检出	
铅（以 Pb 计）/(mg/kg)	≤0.5		霉菌计数（出厂）/(个/g)	≤50	
黄曲霉毒素 B_1/(μg/kg)	≤5		霉菌计数（销售）/(个/g)	≤100	
食品添加剂	按 GB 2760—2014 规定执行				
细菌总数（出厂）/(个/g)	≤750	≤1500			

6. 检验规则和检验方法

（1）检验类别

①自检：生产企业应建立健全检验机构，负责监督、指导本企业食品卫生工作和产品的质量检验，生产车间、班组应配备专职的质量检验人员，加强生产各环节的质量检验工作，每批产品须经检验合格，附产品检验合格证方可出厂。

②抽检：上级质量监督部门应对企业的产品进行定期或不定期的抽样检验。

③复检：产品经检验后，符合标准规定的产品为合格产品。如不符合标准规定，可复检 1 ~2 次。采用随机取样方法抽取样品，按技术要求进行检验，一次不合格时，应加倍抽取样品复检，复检仍不合格时，产品按不合格品处理。检验结果卫生指标不符合的产品，应及时报请企业产品质量、卫生主管部门研究处理。不得自行销售或处理。对卫生指标合格、其他指标不符合的产品，可按质论价处理。

（2）检验项目：以同一班次生产的同品种、同规格的产品为一批，产品规格和感官指标为每批产品的必检项目，其他项目应定期检验。

（3）取样方法

①检样的抽取：以随机取样法于成品仓库抽取样品，每批抽取 10 块作为检

样。检样一式三份，供检验、复检和备查用。

②检样的处理：检样应贴上标有品名、生产单位、生产日期及批号、抽样日期及抽样人姓名的封签。

（4）检验方法

①重量检验：以感量0.1g的天平称量后，与标准规定对照，做出评价。

②感官检验：将样品置于清洁的白瓷盘中，目测包装、形态、色泽及表面杂质、口味、内部组织，以餐刀剖开后，进行目测、鼻嗅和口尝。

③理化检验：按 GB 3865—1983 执行。

④卫生检验：按 GB 5009.56—2003、GB/T 4789.24—2003、GB 4789.15—2010 执行。

7. 验收、包装、标志、运输及贮存

（1）验收

①每批产品均有生产企业的质检部门按照产品质量要求验收。

②销售部门提货时可按标准对产品进行验收。

（2）包装

①包装形式分为箱包装、纸包装、袋（纸袋、塑料袋）包装及盒（纸盒、塑料盒、铁盒）包装。

②包装材料应符合卫生要求。

③大包装产品应使用清洁、干燥、无异味的糕点专用箱，产品不得外露，箱内应垫以包装纸，装箱高度应低于箱边2cm以上。

（3）标志　包装上的标志应符合 GB 7718—2011 的要求。

（4）运输

①运输时要用专用车船，车船内应保持清洁、干燥，不得与其他物品混运。

②装卸时应小心，严禁重压。

（5）贮存

①仓库内应保持清洁卫生，有防尘、防蝇、防鼠等设施。

②产品不得接触墙面或地面，间隔应在20cm以上，堆放高度应以提取方便为宜。

③产品应勤进勤出，先进先出，不符合技术要求的产品不得入库。

④产品仓库应通风干燥，夏季库温应控制在27℃以下，相对湿度不得超过75%。

⑤最低保质期（d）参见企业标准。

参考文献

1. 李里特，江正强，卢山．焙烤食品工艺学．北京：中国轻工业出版社，2000
2. 陆启玉，王显伦，卢艳杰，陈复生．食品工艺学．郑州：河南科学技术出版社，1998
3. 贡汉坤．焙烤食品生产技术．北京：科学出版社，2004
4. 景立志．焙烤食品工艺学．北京：中国商业出版社，1998
5. 李培圩．面包生产工艺与配方．北京：中国轻工业出版社，1999
6. 吴孟．面包糕点饼干工艺学．北京：中国商业出版社，1993
7. 劳动和社会保障部．烘焙工．北京：中国轻工业出版社，2004
8. 劳动和社会保障部．西式面点师（国家职业资格培训教程）．北京：中国劳动和社会保障出版社，2001
9. 职业技能鉴定教材．西式面点师．北京：中国劳动出版社，1995
10. 朱珠．新式糕点工艺．吉林：吉林人民出版社，2002
11. 辛淑秀．食品工艺学（中册）．北京：中国轻工业出版社，1991
12. 刘汉江．焙烤工业实用手册．北京：中国轻工业出版社，2003
13. 薛文通．新版饼干配方．北京：中国轻工业出版社，2002
14. 李文聊．面点工艺学．北京：高等教育出版社，2003
15. 周旺．中国名点．北京：高等教育出版社，2003
16. 空军后勤部军需部．美味面点．北京：金盾出版社，1990
17. 朱蓓薇．实用食品加工技术．北京：化学工业出版社，2005
18. 贺文华．西点制作技术．上海：上海科学技术出版社，1983
19. 肖崇俊．西式糕点制作新技术精选．北京：中国轻工业出版社，1994
20. 吴孟等．中国糕点．北京：中国商业出版社，1989
21. 吴文通．面包蛋糕制作精华．广州：广东科技出版社，1995
22. 伊蕾妮·马格里格著．花色蛋糕装饰教程．才宇舟、孙福广译．辽宁：辽宁科学技术出版社，1999
23. 李东，石伟光．百变实用面包制作．广州：广东旅游出版社，1999
24. 贡汉坤．焙烤食品工艺学．北京：中国轻工业出版社，2002
25. 马涛．西式糕点生产技术与配方精选．北京：化学工业出版社，2008
26. 李学红，王静．现代中西式糕点制作技术．北京：中国轻工业出版社，2008
27. 李里特，江正强．焙烤食品工艺学（第二版）．北京：中国轻工业出版社，2011
28. 王大为，张艳荣．焙烤食品工艺学．长春：吉林科学技术出版社，2002
29. 张研，梁传伟．焙烤食品加工技术．北京：化学工业出版社，2006
30. 刘清，杨邦宇．焙烤食品新产品开发宝典．北京：化学工业出版社，2008
31. 毅峰，杨萍芳，晁文．焙烤食品加工工艺与配方．北京：化学工业出版社，2006